Umfang des Auskunftsrechts nach Art. 15 DSGVO mit Bezug zur arbeitsrechtlichen Praxis

Europäische Hochschulschriften Recht

European University Studies in Law

Publications Universitaires Européennes de Droit

Band/Volume 6778

Timo Pulat

Umfang des Auskunftsrechts nach Art. 15 DSGVO mit Bezug zur arbeitsrechtlichen Praxis

PETER LANG

Berlin - Lausanne - Bruxelles - Chennai - New York - Oxford

Bibliografische Information der Deutschen Nationalbibliothek
Die Deutsche Nationalbibliothek verzeichnet diese Publikation in der Deutschen Nationalbibliografie; detaillierte bibliografische Daten sind im Internet über http://dnb.d-nb.de abrufbar.

Zugl.: Freiburg (Breisgau), Univ., Diss., 2024

D 25
ISSN 0531-7312
ISBN 978-3-631-91406-9
EBOOK 978-3-631-91407-6
E-PUB 978-3-631-91408-3
DOI 10.3726/b21506

Verlegt durch: Peter Lang GmbH, Berlin, Deutschland

info@peterlang.com http://www.peterlang.com/

Diese Publikation wurde begutachtet.

Inhaltsverzeichnis

Literaturverzeichnis

Albrecht, Jan Philipp / Jotzo, Florian: Das neue Datenschutzrecht der EU, 1. Auflage 2017, Baden-Baden (zit.: *Albrecht/Jotzo* Datenschutzrecht EU)

Anders, Monika / Gehle, Burkhard: Das Assessorexamen im Zivilrecht, 14. Auflage 2020, München (zit.: *Anders/Gehle*).

Artikel-29-Datenschutzgruppe: Leitlinien für Transparenz gemäß der Verordnung 2016/679, WP 260 rev.01, angenommen am 29. November 2017, zuletzt überarbeitet und angenommen am 11. April 2018

Bayerisches Landesamt für Datenschutzaufsicht, 8. Tätigkeitsbericht des Bayerischen Landesamts für Datenschutzaufsicht für die Jahre 2017 und 2018, März 2019, URL: https://www.lda.bayern.de/media/baylda_report_08.pdf

Borges, Georg / Hilber, Marc: BeckOK IT-Recht, 9. Edition 2023, München (BeckOK IT-Recht/*Bearbeiter/in* DSGVO)

Bräutigam, Peter / Schmidt-Wudy, Florian: Das geplante Auskunfts- und Herausgaberecht des Betroffenen nach Art. 15 der EU-Datenschutzgrundverordnung, CR 2015, S. 56–63

Brink, Stefan / Joos, Daniel: Reichweite und Grenzen des Auskunftsanspruchs und des Rechts auf Kopie, ZD 2019, S. 483–488

Brink, Stefan / Wolff, Amadeus: BeckOK Datenschutzrecht, 25. Edition 2018, München (zit.: BeckOK DatenschutzR/*Bearbeiter/in* **25. Ed.)**

Brink, Stefan / Wolff, Amadeus: BeckOK Datenschutzrecht, 36. Edition 2021, München (zit.: BeckOK DatenschutzR/Bearbeiter/in)

Brüggemann, Sebastian / Reiher, Anne / Spikowius, Diana: Stellungnahme des Telemedicus e.V. auf Anfrage des Bundesministeriums des Inneren im Rahmen der schriftlichen Anhörung zur Regelung der Profilbildung („Profiling“) in der Datenschutz-Grundverordnung, Telemedicus 05.01.2015, abrufbar unter: https://www.telemedicus.info/telemedicus-stellungnahme-zu-profiling-in-der-ds-gvo/

Bürkle, Jürgen: Compliance in Versicherungsunternehmen, 3. Auflage 2020, München (zit.: Bürkle/*Bearbeiter/in*)

Bydlinski, Franz: Juristische Methodenlehre und Rechtsbegriff, 2. Auflage 1991, Wien (zit.: *Bydlinski,* Methodenlehre und Rechtsbegriff)

Calliess, Christian / Ruffert, Matthias: EUV/AEUV Das Verfassungsrecht der Europäischen Union mit Europäischer Grundrechtecharta, 5. Auflage 2016, München (zit.: Calliess/Ruffert/*Bearbeiter/in* EU-Vertrag (Lissabon)

Cornelius, Kai / Spitz, Markus: Auskunfts- und Einsichtnahmerechte von Patienten im digitalisierten Gesundheitswesen, GesR 2019, S. 69–76

Däubler, Wolfgang / Wedde, Peter / Weichert, Thilo / Sommer, Imke: EU-DSGVO und BDSG, 2. Auflage 2020, Frankfurt am Main (zit.: DWWS/*Bearbeiter/in* DSGVO)

Dausend, Tjorven: Der Auskunftsanspruch in der Unternehmenspraxis, ZD 2019, S. 103–107

Dauses, Manfred A. / Ludwigs, Markus: Handbuch des EU-Wirtschaftsrechts, Band 1 52. Auflage 2021, München (zit.: Dauses/Ludwigs/*Bearbeiter/in* EU-Wirtschaftsrecht)

Dehmel, Susanne / Hullen, Nils: Auf dem Weg zu einem zukunftsfähigen Datenschutz in Europa? – Konkrete Auswirkungen der DS-GVO auf Wirtschaft, Unternehmen und Verbraucher, ZD 2013, S. 147–153

Deutschmann, Lennart: Datenschutzrechtliche Auskunftsansprüche gemäß Art. 15 DS-GVO gegenüber Zivilgerichten, ZD 2021, S. 414–418

DUDEN online-Wörterbuch, abrufbar unter: https://www.duden.de/woerterbuch (Stand: 01.10.2021)

Ehmann, Eugen / Selmayr, Martin: DSGVO Datenschutz-Grundverordnung, 2. Auflage 2018, München (zit.: Ehmann/Selmayr/*Bearbeiter/in* DSGVO)

Engeler, Malte / Quiel, Philipp: Recht auf Kopie und Auskunftsanspruch im Datenschutzrecht, NJW 2019, S. 2201–2206

Eßer, Martin / Kramer, Philipp / von Lewinski, Kai: Auernhammer DSGVO / BDSG, 7. Auflage 2020, Köln (zit.: Auernhammer/*Bearbeiter/in*)

Franck, Lorenz: Das System der Betroffenenrechte nach der Datenschutz-Grundverordnung (DS-GVO), RDV 2016, S. 111–119

Franzen, Martin / Gallner, Inken / Oetker, Hartmut: Kommentar zum europäischen Arbeitsrecht, 4. Auflage 2022, München (zit.: EuArbRK/Bearbeiter/in DSGVO)

Fuhlrott, Michael: Konkretisierung datenschutzrechtlicher Auskunftsansprüche, Anmerkung zu ArbG Bonn v. 16.07.2020, NZA-RR 2020, S. 614

Gierschmann, Sybille / Schlender, Katharina / Stentzel, Rainer / Veil, Winfried: Kommentar Datenschutz-Grundverordnung, 1. Auflage 2017, Köln (zit.: *Gierschmann/Schlender/Stenzel/Veil* DSGVO)

Gola, Peter / Heckmann, Dirk: Bundesdatenschutzgesetz, 3. Auflage 2022, München (zit.: Gola/Heckmann/*Bearbeiter/in* BDSG)

Gola, Peter: Datenschutz-Grundverordnung VO (EU) 2016/679, 2. Auflage 2018, München (zit.: Gola/*Bearbeiter/in* DSGVO)

Grabitz, Eberhard / Hilf, Meinhard / Nettesheim, Martin: Das Recht der Europäischen Union, Band I, 72. Ergänzungslieferung 2021, München (zit.: Grabitz/Hilf/Nettesheim/*Bearbeiter/in)*

Grundmann, Stefan / Riesenhuber, Karl, Die Auslegung des Europäischen Privat- und Schuldvertragsrechts, JuS 2001, S. 529–536

Härting, Niko: Datenschutz-Grundverordnung, Das neue Datenschutzrecht in der betrieblichen Praxis, 2016, Köln (zit.: Härting, Datenschutz-Grundverordnung)

Härting, Niko: Was ist eigentlich eine „Kopie"?, CR 2019, S. 219–225

Heidel, Thomas / Hüßtege, Rainer / Mansel, Heinz-Peter / Noack, Ulrich: BGB Allgemeiner Teil, Band 1, 4. Auflage 2020, Baden-Baden (zit.: Heidel/Hüßtege/Mansel/Noack/*Bearbeiter/in* BGB AT)

Höpfner, Clemens: Die systemkonforme Auslegung: zur Auflösung einfachgesetzlicher, verfassungsrechtlicher und europarechtlicher Widersprüche im Recht, 2008, Dissertation, Grundlagen der Rechtswissenschaften, Universität Konstanz (zit.: *Höpfner,* systemkonforme Auslegung)

Höpfner, Clemens / Rüthers, Bernd: Grundlagen einer europäischen Methodenlehre, AcP (Band 209) 2009, S. 1–36

Horn, Norbert: Einführung in die Rechtswissenschaften und Rechtsphilosophie, 6. Auflage 2016, Heidelberg (zit.: *Horn,* Rechtswissenschaften und Rechtsphilosophie)

Jülicher, Tim / Röttgen, Charlotte / v. Schönfeld, Max: Das Recht auf Datenübertragbarkeit – Ein datenschutzrechtliches Novum, ZD 2016, S. 358–362

Jung, Stefanie / Krebs, Peter / Stiegler Sascha: Gesellschaftsrecht in Europa, 1. Auflage 2019, Baden-Baden (zit.: Jung/Krebs/Stiegler/Krebs/*Bearbeiter/in* EU GesellR)

Köhnlechner, Daniela: Auskunftsrecht des Betroffenen nach der Datenschutzgrundverordnung (DSGVO), DSRITB 2018, S. 173–181

König, Tassilo-Rouven: Das Recht auf eine Datenkopie im Arbeitsverhältnis, CR 2019, S. 295–301

Korch, Stefan / Chatard, Yannick: Reichweite und Grenzen des Anspruchs auf Erhalt einer Kopie gem. Art. 15 Abs. 3 DSGVO, CR 2020, S. 439–447

Kremer, Sascha: Das Auskunftsrecht der betroffenen Person in der DSGVO, CR 2018, S. 560–569

Kühling, Jürgen / Buchner, Benedikt: Datenschutz-Grundverordnung, BDSG, 3. Auflage 2020, München (zit.: Kühling/Buchner/*Bearbeiter/in* DSGVO)

Kurzpapier Nr. 6 der Datenschutzkonferenz, Auskunftsrecht der betroffenen Person, 15 DS-GVO vom 17.12.2018, URL: https://www.datenschutzkonferenz-online.de/media/kp/dsk_kpnr_6.pdf

Laoutoumai, Sebastian / Hoppe, Adrian: Das Recht auf Erhalt einer Kopie personenbezogener Daten, K&R 2019, S. 296–300

Larenz, Karl / Canaris, Claus-Wilhelm: Methodenlehre der Rechtswissenschaft, 3. Auflage 1999, Berlin (zit.: *Larenz/Canaris* Methodenlehre)

Laue, Philip / Kremer, Sascha: Das neue Datenschutzrecht in der betrieblichen Praxis, 2. Auflage 2019, Baden-Baden (zit.: Laue/Kremer/*Bearbeiterin* DatenschutzR)

Lembke, Mark: Der datenschutzrechtliche Auskunftsanspruch im Anstellungsverhältnis, NJW 2020, S. 1841–1846

LEO online-Wörterbuch, abrufbar unter: https://dict.leo.org/englisch-deutsch/ (Stand: 01.10.2021)

Litschen, Kai / Finke, Diana: Reichweite des Herausgabeanspruchs von personenbezogenen Daten nach Art. 15 DSGVO, öAT 2020, S. 227–230

Lutter, Marcus: Die Auslegung angeglichenen Rechts, JZ 1992, S. 593–607

Müller-Glöge, Rudi / Preis, Ulrich / Schmidt, Ingrid: Erfurter Kommentar zum Arbeitsrecht, 21. Auflage 2021, München (zit.: ErfK/*Bearbeiter/in*)

Paal, Boris P. / Pauly, Daniel A.: Datenschutz-Grundverordnung, Bundesdatenschutzgesetz, 3. Auflage 2021, München (zit.: Paal/Pauly/*Bearbeiter/in* DSGVO)

Paschke, Marian / Berlit, Wolfgang / Meyer, Claus / Kröner, Lars: Hamburger Kommentar Gesamtes Medienrecht, 4. Auflage 2021, Baden-Baden (zit.: Paschke/Berlit/Meyer/Kröner/*Bearbeiter/in* MedienR)

Plath, Kai-Uwe: DSGVO/BDSG, 3. Auflage 2018, Köln (zit.: Plath/*Bearbeiter/in* DSGVO)

PONS online-Wörterbuch, abrufbar unter: https://de.pons.com (Stand: 01.10.2021)

Redeker, Helmut: IT-Recht, 7. Auflage 2020, München (zit.: Redeker/*Bearbeiter/in* IT-Recht)

Riemer, Martin: Der Datenauskunftsanspruch als „discovery" im deutschen Zivilprozess, Anmerkung zu LG Köln v. 19.06.2019, ZD 2019, S. 413–415

Riemer, Martin: Der Datenauskunftsanspruch gem. Art. 15 DSGVO als pre-trail-discovery und prima lex des Auskunftsrechts, DSB 2019, S. 223–225

Ronellenfitsch, Michael: 47. Tätigkeitsbericht zum Datenschutz und erster Bericht zur Informationsfreiheit des Hessischen Landesdatenschutzbeauftragten vom 31.12.2018, URL: https://datenschutz.hessen.de/sites/datenschutz.hessen.de/files/2018_47_TB.pdf

Rüthers, Bernd: Methodenrealismus in Jurisprudenz und Justiz, JZ 2006, S. 53–60

Säcker, Franz Jürgen / Rixecker, Roland / Oetker, Hartmut / Limperg, Bettina: Münchener Kommentar zum Bürgerlichen Gesetzbuch, Band 12, 8. Auflage 2020, München (zit.: MüKoBGB/*Bearbeiter/in* EGBGB)

Schantz, Peter / Wolff, Amadeus: Das neue Datenschutzrecht, Datenschutz-Grundverordnung und Bundesdatenschutzgesetz in der Praxis, 1. Auflage 2017, München (zit.: Schantz/Wolff/*Bearbeiter/in* Datenschutzrecht)

Schaub, Günter / Ahrendt, Martina / Koch, Ulrich / Linck, Rüdiger / Treber, Jürgen / Vogelsang, Hinrich: Arbeitsrechts-Handbuch, 18. Auflage 2019, München (zit.: Schaub/*Bearbeiter/in* ArbR-HdB)

Schulte, Willem / Welge Jonas: Der datenschutzrechtliche Kopieanspruch im Arbeitsrecht, NZA 2019, S. 1110–1116

Schwarze, Jürgen / Becker, Ulrich / Hatje, Armin / Schoo, Johann: EU-Kommentar, 4. Auflage 2019, Baden-Baden (zit.: Schwarze/Becker/Hatje/Shoo/*Bearbeiter/in*)

Semler, Johannes / Volhard, Rüdiger / Reichert, Jochem: Arbeitshandbuch für die Hauptversammlung, 5. Auflage 2021, München (zit.: Reichert/*Bearbeiter/in* Arbeitshandbuch)

Simitis, Spiros / Hornung, Gerrit / Spiecker, Indra genannt Döhmann: Datenschutzrecht, 1. Auflage 2019, Baden-Baden (zit.: Simitis/Hornung/Spiecker/*Bearbeiter/in* DatenschutzR)

Snyder, Francis: The Effectiveness of European Community Law: Institutions, Processes, Tools and Techniques, The Modern Law Review (MLR) 1993, S. 19–54

Spindler, Gerald / Schuster, Fabian: Recht der elektronischen Medien, 4. Auflage 2019, München (zit.: Spindler/Schuster/*Bearbeiter/in* DSGVO)

Spindler, Gerald: Die neue EU-Datenschutz-Grundverordnung, DB 2016, S. 937–947

Streinz, Rudolf / Michl, Walther: EUV/AEUV, Bands 57, 3. Auflage 2018, München (zit.: Streinz/*Bearbeiter/in*)

Sydow, Gernot: Europäische Datenschutzgrundverordnung, 2. Auflage 2018, Baden-Baden (zit.: Sydow/*Bearbeiter/in* HK-DSGVO 2. Aufl.)

Sydow, Gernot / Marsch Nikolaus: Datenschutz-Grundverordnung, 3. Auflage 2022, Baden-Baden (zit.: Sydow/Marsch/*Bearbeiter/in HK-DSGVO*)

Taeger, Jürgen / Gabel, Detlev: Kommentar DSGVO – BDSG – TTDSG, 4. Auflage 2022, Frankfurt am Main (zit.: Tager/Gabel/*Bearbeiter/in* DSGVO)

Ulmer-Eilfort / Pbergfell, Eva Inès: Verlagsrecht, 2. Auflage 2021, München (zit.: Ulmer-Eilfort/Obergfell/*Bearbeiter/in* VerlG)

Walter, Stefan: Die datenschutzrechtlichen Transparenzpflichten nach der Europäischen Datenschutz-Grundverordnung, DSRITB 2016, S. 367–386

Walz, Christian: Das Ziel der Auslegung und die Rangfolge der Auslegungskriterien, ZJS 2010, S. 482–490

Weber, Klaus: Rechtswörterbuch, 29. Edition 2022, München (zit.: Weber/*Bearbeiter/in* Rechtswörterbuch)

Wybitul, Tim / Baus, Christoph: Wie weit geht das Recht auf Auskunft und Kopie nach Art. 1 DSGVO?, CR 2019, S. 495–500

Wybitul, Tim / Brams, Isabelle: Welche Reichweite hat das Recht auf Auskunft und auf eine Kopie nach Art. 15 I DS-GVO?, NZA 2019, S. 672–677

Wybitul, Tim / Neu, Leonie / Strauch, Martin: Schadensersatzrisiken für Unternehmen bei Datenschutzverstößen, ZD 2018, S. 202–207

Wybitul, Tim: EU-Datenschutz-Grundverordnung, 2017, Frankfurt am Main (zit.: Wybitul/Bearbeiter/in HdB EU-DSGVO)

Zedler, Friederike: Mehrsprachigkeit und Methode, Der Umgang mit dem sprachlichen Egalitätsprinzip im Unionsrecht, Heidelberger Schriften zum Wirtschaftsrecht und Europarecht, Band 74 2016, Baden-Baden (zit.: *Zedler,* Mehrsprachigkeit und Methode)

Zikesch, Philipp / Sörup, Thorsten: Der Auskunftsanspruch nach Art. 15 DS-GVO, Reichweite und Begrenzung, ZD 2019, S. 239–244

Abkürzungsverzeichnis

* Die in dieser Arbeit verwendeten Abkürzungen entsprechen den Vorschlägen des folgenden Werks: *Kirchner*, Abkürzungsverzeichnis der Rechtssprache, 9. Auflage 2018

** Um eine bessere Lesbarkeit des Textes zu gewähren, wird die sprachliche Reduzierung auf die männliche Form gewählt. Es sollen jedoch immer alle Geschlechter angesprochen werden.

Danksagung

An dieser Stelle möchte ich allen beteiligten Personen meinen großen Dank aussprechen, die mich bei der Anfertigung meiner Dissertation unterstützt haben.

Mein besonderer Dank gilt zunächst Herrn Prof. Dr. Martin Henssler, meinem Doktorvater, für die hervorragende und angenehme Betreuung bei der Durchführung und Umsetzung der gesamten Promotion. Ebenfalls danke ich Herrn Prof. Dr. Clemens Höpfner für die wissenschaftliche Betreuung als Zweitgutachter.

Zuletzt danke ich meiner gesamten Familie für die Unterstützung in allen denkbaren Lebensbereichen und stetigem Zuspruch während des gesamten Studiums sowie der Arbeit an dieser Dissertation. Insbesondere danke ich meinen Eltern, Petra Pulat und Timo Pulat, die mir meinen bisherigen Lebensweg ermöglichten und denen ich diese Arbeit widme.

A. Einleitung

Am 25.05.2018 ist die europäische Datenschutz-Grundverordnung (DSGVO) in Kraft getreten. Mit Art. 15 DSGVO wird ein Auskunftsrecht für betroffene Personen hinsichtlich der sie betreffenden personenbezogenen Daten, welche durch einen Verantwortlichen verarbeitet werden, normiert. Das Auskunftsrecht sieht hierzu die Erteilung einer Auskunft über die verarbeiteten personenbezogenen Daten, sowie weitere genannte Informationen (sog. Metadaten), die Unterrichtung über geeignete Garantien im Zusammenhang mit der Übermittlung in Drittstaaten und die Zurverfügungstellung einer Kopie der personenbezogenen Daten vor.

In der praktischen Umsetzung des Auskunftsrechts nach Art. 15 DSGVO bildeten sich bereits nach kurzer Zeit folgende Grundsatzfragen zur tatsächlichen Abwicklung heraus:

1. In welchem Verhältnis stehen Auskunft i.S.v. Art. 15 Abs. 1 DSGVO und Kopie i.S.v. Art. 15 Abs. 3 DSGVO? Ist von einem einheitlichen Recht oder zwei eigenständigen Rechten der betroffenen Person auszugehen?
2. Welche Informationen sind von der Auskunft i.S.v. Art. 15 Abs. 1 DSGVO und der Kopie i.S.v. Art. 15 Abs. 3 DSGVO umfasst? Liegt dem Auskunftsrecht ein weites Verständnis oder ein enges Verständnis diesbezüglich zu Grunde?
3. In welchen Fällen erfährt das Auskunftsrecht nach Art. 15 DSGVO Restriktionen? Welche gesetzlichen Einschränkungen gelten für Art. 15 DSGVO?
4. Kommt es zu Konfliktsituationen zwischen dem Auskunftsrecht und dem deutschen Zivilprozessrecht? Besteht Handlungsbedarf seitens des deutschen Gesetzgebers, um etwaige Konfliktsituationen zwischen dem Auskunftsrecht und dem deutschen Zivilprozess zu verhindern?

Die rechtswissenschaftliche Aufarbeitung dieser Problemfelder befindet sich bereits in einem dynamischen Prozess. Innerhalb der juristischen Literatur werden unterschiedliche Lösungsansätze zu den jeweiligen Fragen vertreten. Auch die deutsche Rechtsprechung befasste sich bereits mit einzelnen Fragen. Eine abschließende Klärung der offenen Fragen konnte hierbei jedoch mangels höchstrichterlicher Entscheidungen noch nicht erzielt werden. Vielmehr gehen auch innerhalb der deutschen Rechtsprechung die vertretenen Ansichten auseinander. So vertritt beispielhaft die 17. Kammer des LAG Baden-Württemberg[1] ein weites Verständnis der Auskunft, während die neunte Kammer des LAG

1 LAG Baden-Württemberg v. 20.12.2018 – 17 Sa 11/18, NZA-RR 2019, 242.

Niedersachsen[2] ein enges Verständnis vertritt. Infolge der juristischen Ausgangslage ist eine Aufarbeitung der Grundsatzfragen erforderlich.

Besondere Auswirkungen entfalten die Fragestellungen zum grundsätzlichen Umgang mit dem Auskunftsrecht nach Art. 15 DSGVO auf die arbeitsrechtliche Praxis. Im Kontext eines Arbeitsverhältnisses wird täglich eine nahezu unüberschaubare Anzahl personenbezogener Daten von Arbeitnehmern durch die Arbeitgeber verarbeitet. Je nach Beantwortung der jeweiligen Fragestellungen kommt es zu einem erheblich unterschiedlichen Aufwand für den jeweiligen Arbeitgeber zur Erfüllung des geltend gemachten Auskunftsrechts. Dies lässt sich wohl mitunter auf die Aktualität der Problematiken zurückführen. Die meisten Unternehmen besitzen noch keine Organisation und Infrastruktur zur Erfüllung von Auskunftsbegehren nach Art. 15 DSGVO. Die oben genannten Grundsatzfragen konkretisieren sich im arbeitsrechtlichen Kontext. Hinsichtlich des zu bestimmenden Umfanges des Auskunftsrechts nach Art. 15 DSGVO kommt bspw. die Frage auf, ob auch der gesamte E-Mail-Verlauf eines Arbeitnehmers umfasst ist.

Insbesondere im Zusammenhang mit der Beendigung von Arbeitsverhältnissen durch den Arbeitgeber zeichnet sich der Trend ab, dass das Auskunftsrecht gem. Art. 15 DSGVO im Rahmen von eingeleiteten Kündigungsschutzprozessen geltend gemacht wird. Ohne den dahinterstehenden Grund im Einzelnen in Frage stellen zu wollen, entsteht für die Klägerpartei hierdurch Verhandlungsmasse hinsichtlich der Höhe einer im Rahmen eines Vergleichs angestrebten Abfindungszahlung.

Ergebnis dieser Arbeit soll die Klärung der oben genannten Grundsatzfragen sein, deren Beantwortung im Wesentlichen durch die Auslegung von Art. 15 DSGVO erfolgt. Um eine Grundlage bilden zu können, wird in den ersten Kapiteln ein Überblick über die DSGVO im Allgemeinen, ihre Begriffe sowie ihre Grundsätze gegeben. Außerdem wird die anzuwendende Auslegungsmethode hergeleitet und dargestellt. Im Anschluss daran wird ein Überblick über wichtige Betroffenenrechte der DSGVO gegeben. Vorbereitend für die Beantwortung der Kernfragen wird zuletzt das Auskunftsrecht gem. Art. 15 DSGVO in seinen Grundzügen dargestellt. Im Rahmen dieser vorbereitenden Darstellung werden bereits einzelne praxisrelevante Fragestellungen dargestellt und bewertet. Mit den Erkenntnissen der ersten Kapitel wird sodann die grundsätzliche Frage nach dem Umfang des Auskunftsrechts gem. Art. 15 DSGVO bearbeitet. Im Rahmen dessen wird zwischen dem Umfang der Auskunft über personenbezogene Daten

---

2 LAG Niedersachsen v. 09.06.2020 – 9 Sa 608/19, NZA-RR 2020, 571.

(Art. 15 Abs. 1 Hs. 2 Fall 1 DSGVO), dem Umfang der weiteren Informationen im Einzelnen (Art. 15 Abs. 1 Hs. 2 Fall 2 DSGVO) sowie dem Umfang der Kopie (Art. 15 Abs. 3 DSGVO) differenziert. Nachdem der Umfang des Auskunftsrechts nach Art. 15 DSGVO bearbeitet wurde, werden die wesentlichen gesetzlichen Einschränkungen aufgezeigt. Hierbei wird insbesondere Art. 15 Abs. 4 DSGVO dargestellt und hinsichtlich seiner grundsätzlichen Reichweite untersucht. Zuletzt wird die Möglichkeit einer Einschränkung von Art. 15 DSGVO durch das deutsche Prozessrecht diskutiert sowie Argumente hinsichtlich der Frage nach der Notwendigkeit erarbeitet. Die Möglichkeit der Einschränkung durch das deutsche Prozessrecht wird lediglich als Nebengebiet zu dem primären Thema dieser Ausarbeitung behandelt. Daher verfolgen die Ausführungen nicht den Zweck einer abschließenden sowie vollständigen Auseinandersetzung, sondern vielmehr den, einer Anregung zum Einstieg in einen produktiven Diskurs zu dieser Thematik.

Bei der jeweiligen Bearbeitung erfolgt zunächst eine Darstellung der innerhalb der juristischen Literatur vertretenen Ansichten, gefolgt von Ausführungen der Datenschutzbehörden sowie den Ansichten der relevanten Rechtsprechung. Auf diese Ausführungen folgt eine abschließende Stellungnahme. Diese beinhaltet eine Auslegung der Norm unter Bezugnahme der jeweiligen Ansichten. Sofern möglich werden ferner Erwägungen der Praktikabilität angestellt.

Auf Grundlage der aufgestellten abschließenden Thesen erfolgt ein Hinweis zur praktischen Umsetzung des Auskunftsrechts nach Art. 15 DSGVO. Dieser Hinweis enthält einen Gliederungsvorschlag hinsichtlich einer Auskunftserteilung, Erläuterungen sowie zum Teil Beispielformulierungen.

B. Einführung in die Systematik des europäischen Datenschutzrechts

Das Datenschutzrecht unterteilt sich in verschiedene Rechtsquellen, welche im Zusammenhang ein Gesamtwerk bilden. Neben nationalen Regelungen (in Deutschland das Bundesdatenschutzgesetz (BDSG)) stellt die Datenschutz-Grundverordnung (DSGVO) als europäisches Sekundärrecht den Kern des Datenschutzrechts dar.[3] Auf Grund der Ausgestaltung als Verordnung entfaltet die DSGVO für die Mitgliedstaaten gem. Art. 288 Abs. 2 AEUV unmittelbare Wirkung.[4] Eines weiteren Umsetzungsaktes durch die Mitgliedstaaten bedarf es nicht.[5] Nationale Regelungen werden durch die DSGVO grundsätzlich verdrängt.[6] Ausgenommen hiervon sind nationale Regelungen, welche im Rahmen der Öffnungsklauseln der DSGVO erlassen wurden.[7]

I. Die Datenschutz-Grundverordnung (DSGVO)

1. Anwendungsbereich

Die Anwendbarkeit der DSGVO bestimmt sich nach Art. 2 sowie Art. 3 DSGVO.

a) Sachlicher Anwendungsbereich

Nach Art. 2 Abs. 1 DSGVO findet die DSGVO ihren sachlichen Anwendungsbereich grundsätzlich in zwei Verarbeitungskonstellationen.[8] Diese betreffen zum einen die ganz oder teilweise automatisierte Verarbeitung personenbezogener Daten sowie zum anderen die nichtautomatisierte Verarbeitung personenbezogener Daten, sofern diese in einem Dateisystem gespeichert sind oder gespeichert werden sollen. Ferner hat der deutsche Gesetzgeber den sachlichen Anwendungsbereich der DSGVO durch nationale Regelungen auf weitere Konstellationen erweitert.[9] Im hiesigen Kontext ist insbesondere § 26 Abs. 7 BDSG

3 Ulmer-Eilfort/Obergfell/*Herbort* VerlG Kapitel 1 Rn. 1059.
4 EuArbRK/*Höpfner* AEUV Art. 288 Rn. 10; Schaub/*Linck* ArbR-HdB I. Buch § 4 Rn. 8.
5 EuArbRK/*Höpfner* AEUV Art. 288 Rn. 10; Schaub/*Linck* ArbR-HdB I. Buch § 4 Rn. 8.
6 BeckOK DatenschutzR/*Wolff/Brink* DSGVO GVO Rn. 19.
7 BeckOK DatenschutzR/*Wolff/Brink* DSGVO GVO Rn. 19.
8 BeckOK DatenschutzR/*Bäcker* DSGVO Art. 2 Rn. 1.
9 BeckOK DatenschutzR/*Bäcker* DSGVO Art. 2 Rn. 5.

zu nennen, nach welchem die DSGVO im Beschäftigungsdatenschutz auch bei einer nichtautomatisierten Verarbeitung außerhalb von Dateisystemen anzuwenden ist.[10]

b) Räumlicher Anwendungsbereich

Die Anwendbarkeit der DSGVO in räumlicher Hinsicht ist in Art. 3 DSGVO geregelt. Art. 3 Abs. 1 bis 3 DSGVO umfassen drei Fallgestaltungen. Zunächst umfasst Abs. 1 die Konstellation der Verarbeitung personenbezogener Daten, innerhalb der Tätigkeit eines in der EU niedergelassenen Verantwortlichen oder Auftragsverarbeiters. Hierbei ist es nicht notwendig, dass die Verarbeitung als solche in der EU stattfindet.

Nach Abs. 2 wird die Situation geregelt, in welcher personenbezogene Daten von in der EU befindlichen Personen verarbeitet werden, ohne dass der Verantwortliche in der EU niedergelassen ist. Die Datenverarbeitung muss in diesem Fall dazu erfolgen, um den betroffenen Personen Waren oder Dienstleitungen anzubieten oder das Verhalten der Personen zu beobachten. Man spricht vom sog. Marktortprinzip.[11]

Zuletzt findet die DSGVO auf die Verarbeitung personenbezogener Daten Anwendung, sofern diese durch einen (nicht in der EU niedergelassenen) Verantwortlichen an einem Ort vorgenommen wird, welcher nach Völkerrecht dem Recht eines Mitgliedstaats unterliegt. Dies könnten beispielweise diplomatische oder konsularische Vertretungen sein.[12]

2. „Soft Law" rund um die DSGVO

Rund um die DSGVO existiert das sog. Soft Law. Unter Soft Law fallen Regelungen, welche zwar grds. keine rechtliche Verbindlichkeit besitzen, ihre Auswirkung auf Gesetze jedoch dadurch entfalten, dass diese als Anwendungs- und Auslegungshilfen herangezogen werden.[13] In Bezug auf das Datenschutzrecht und die DSGVO sind hierbei insbesondere Erläuterungen und Stellungnahmen der Artikel-29-Datenschutzgruppe, Leitlinien des europäischen Datenschutzausschusses (EDSA) sowie Arbeitspapiere der Datenschutzkonferenz (DSK) zu nennen. Die Artikel-29-Datenschutzgruppe ist eine unabhängige europäische

---

10 BeckOK DatenschutzR/*Riesenhuber* BDSG § 26 Rn. 40.
11 Kühling/Buchner/*Klar* DSGVO Art. 3 Rn. 3.
12 Kühling/Buchner/*Klar* DSGVO Art. 3 Rn. 4.
13 *Snyder*, MLR 1993, 19 (32).

Arbeitsgruppe, welche bis zum 25. Mai 2018 den Schutz der Privatsphäre sowie der personenbezogenen Daten zum Arbeitsgegenstand hatte.[14] Diese wurde von dem Europäischen Datenschutzausschuss abgelöst. Der EDSA ist eine ebenfalls unabhängige europäische Einrichtung, deren Schwerpunkt auf der einheitlichen Anwendung des Datenschutzrechts in der EU liegt.[15] Die DSK agiert hingegen auf nationaler Ebene und besteht aus den unabhängigen Datenschutzbehörden des Bundes und der Länder.[16] Auch die DSK hat die Wahrung des Datenschutzrechts sowie die Erreichung einer einheitlichen Anwendung zur Aufgabe.[17]

II. Begriffsbestimmung

Innerhalb des Datenschutzrechts wird eine besondere Terminologie verwendet. Art. 4 DSGVO definiert die in diesem Kontext für die nachfolgenden Regelungen relevanten Begriffe. Es werden in weiten Teilen die bereits in Art. 2 DS-RL und § 3 BDSG getätigten Definitionen fortgeführt.[18] Darüber hinaus werden mit Art. 4 DSGVO neue Definitionen hinzugefügt.[19] Im nachfolgenden wird ein Katalog der für die Ausarbeitung relevanten Begrifflichkeiten dargestellt und im Einzelnen erläutert.

1. Personenbezogene Daten

Einer der am häufigsten verwendeten Rechtsbegriffe ist derjenige der „personenbezogenen Daten". Nach Art. 4 Nr. 1 DSGVO verstehen sich hierunter alle Informationen, die sich auf eine identifizierte oder identifizierbare natürliche Person beziehen.

14 Über Artikel-29-Datenschutzgruppe, URL: https://edpb.europa.eu/about-edpb/more-about-edpb/article-29-working-party_de (Abrufdatum 05.03.2021).

15 Über EDPB, URL: https://edpb.europa.eu/about-edpb/about-edpb/who-we-are_de (Abrufdatum: 05.03.2021).

16 Über DSK, URL: https://www.datenschutzkonferenz-online.de/dsk.html (Abrufdatum: 05.03.2021).

17 Über DSK, URL: https://www.datenschutzkonferenz-online.de/dsk.html (Abrufdatum: 05.03.2021).

18 Ehmann/Selmayr/*Klabunde* DSGVO Art. 4 Rn. 1; EuArbRK/*Franzen* DSGVO Art. 4 Rn. 1; Gola/*Gola* DSGVO Art. 4 Rn. 1.

19 Ehmann/Selmayr/*Klabunde* DSGVO Art. 4 Rn. 3; EuArbRK/*Franzen* DSGVO Art. 4 Rn. 1; Gola/*Gola* DSGVO Art. 4 Rn. 1.

Informationen im Sinne von Art. 4 Nr. 1 DSGVO unterliegen grundsätzlich einem weitem Verständnis.[20] Darunter fallen sowohl persönliche, als auch sachliche Informationen.[21] Persönliche Informationen umfassen Identifikationsmerkmale, äußere Merkmale oder innere Zustände und Meinungen einer Person.[22] Sachliche Informationen umfassen hingegen alle Beziehungen der betroffenen Person zu Dritten und der Umwelt, wie etwa Kommunikations- und Vertragsbeziehungen oder Vermögens- und Eigentumsverhältnisse.[23] Der Wahrheitsgehalt von Informationen ist dabei unerheblich.[24] Ferner ist auch die Wertigkeit von Informationen im Kontext des Datenschutzes nicht von Bedeutung.[25]

Die erfassten Informationen müssen einen Bezug zu einer Person aufweisen. Der Bezug zu mehreren Personen oder zu einer Sache ist nicht ausreichend, sofern dies nicht unter direktem oder indirektem Bezug zu einer Person geschieht.[26] Die erforderliche Personenbezogenheit ist demnach zunächst gegeben, wenn sich aus der Information bereits eine konkrete Person ergibt (bspw. Nennung des Namens).[27] Darüber hinaus ist es zur Annahme eines Personenbezuges ebenfalls ausreichend, dass sich die Informationen in irgendeiner Art und Weise auf eine Person beziehen lassen.[28] Eine konkrete Namensnennung ist somit nicht notwendig, um Informationen als personenbezogene Daten einzustufen.[29] Art. 4 Nr. 1 DSGVO führt hierzu aus, dass eine Person als identifizierbar anzusehen ist, wenn diese direkt oder indirekt (anhand jedweder Merkmale oder Kennwerte) identifiziert werden kann. Hinsichtlich einer möglichen Identifizierung genügt es, dass ein Dritter, also nicht notwendigerweise der Verantwortliche selbst, die Identifizierung vornehmen kann.[30] Als Anknüpfungspunkte werden in Art. 4

---

20 EuGH Urt. v. 20.12.2017 – C-434/16, ECLI:EU:C:2017:994, Rn. 34; EuArbRK/*Franzen* DSGVO Art. 4 Rn. 3.

21 Kühling/Buchner/*Klar/Kühling* DSGVO Art. 4 Abs. 1 Rn. 8.

22 Gola/*Gola* Art. 4 Rn. 13; Kühling/Buchner/*Klar/Kühling* DSGVO Art. 4 Abs. 1 Rn. 8.

23 Kühling/Buchner/*Klar/Kühling* DSGVO Art. 4 Abs. 1 Rn. 8.

24 Auernhammer/*Eßer* DSGVO Art. 4 Rn. 11; Ehmann/Selmayr/*Klabunde* DSGVO Art. 4 Rn. 9; Kühling/Buchner/*Klar/Kühling* DSGVO Art. 4 Rn. 8; Sydow/Marsch/*Ziebarth* HK-DSGVO Art. 4 Rn. 41.

25 Kühling/Buchner/*Klar/Kühling* DSGVO Art. 4 Abs. 1 Rn. 9.

26 Ehmann/Selmayr/*Klabunde* DSGVO Art. 4 Rn. 10; Gola/*Gola* DSGVO Art. 4 Rn. 8; Kühling/Buchner/*Klar/Kühling* DSGVO Art. 4 Abs. 1 Rn. 11.

27 Gola/*Gola* DSGVO Art. 4 Rn. 4.

28 EuArbRK/*Franzen* DSGVO Art. 4 Rn. 4.

29 EuArbRK/*Franzen* DSGVO Art. 4 Rn. 4.

30 Ehmann/Selmayr/*Klabunde* DS-GVI Art. 4 Rn. 17; EWG 27 S. 3 DSGVO.

Nr. 1 DSGVO beispielhaft „Kennnummer“, „Standortdaten“, „Online-Kennung“ und „besondere Merkmale“ angeführt.[31] Eine Person lässt sich demnach beispielsweise bereits durch die von ihr verwendete Telefonnummer oder E-Mail-Adresse identifizieren.[32]

2. Betroffener

Die im Kontext der personenbezogenen Daten erfasste Person wird in der DSGVO als Betroffener bzw. betroffene Person bezeichnet.[33]

3. Verarbeitung

Unter der Verarbeitung versteht sich nach Art. 4 Nr. 2 DSGVO jeder Vorgang oder jede Vorgangsreihe im Zusammenhang mit personenbezogenen Daten. Es werden beispielhaft Vorgänge aufgeführt, wie das Erheben, das Erfassen, die Organisation, das Ordnen, das Speichern, das Anpassen, das Verändern, das Auslesen, das Abfragen, das Verwenden, das Übermitteln, das Verbreiten, den Abgleich, die Verknüpfung, die Einschränkung, das Löschen oder das Vernichten. Im Ergebnis werden alle datenschutzrechtlich relevanten Vorgänge im Umgang mit personenbezogenen Daten umfasst, wodurch dem Begriff der Verarbeitung eine weite Bedeutung zukommt.[34]

4. Verantwortlicher

Als Verantwortlicher versteht sich nach Art. 4 Nr. 7 DSGVO die über die Zwecke und Mittel der Verarbeitung von personenbezogenen Daten (allein oder mit anderen) entscheidende natürliche oder juristische Person, Behörde, Einrichtung oder andere Stelle. Der Begriff des Verantwortlichen spielt an verschiedenen Stellen im Datenschutzrecht eine entscheidende Rolle. Verantwortliche kommen in datenschutzrechtlicher Hinsicht unterschiedliche Rechte und Pflichten zu.[35] Zu nennen ist beispielsweise die Rechenschaftspflicht nach Art. 5 Abs. 2 DSGVO hinsichtlich der tatsächlichen Einhaltung der datenschutzrechtlichen Grundsätze gem. Art. 5 Abs. 1 DSGVO. Des Weiteren ist der Verantwortliche

---

31 EuArbRK/*Franzen* DSGVO Art. 4 Rn. 4.

32 Gola/*Gola* DSGVO Art. 4 Rn. 5.

33 EurArbRK/*Franzen* DSGVO Art. 4 Rn. 2; Gola/*Gola* Art. 4 Rn. 4.

34 Ehmann/Selmayr/*Klabunde* DSGVO Art. 4 Rn. 10; EurArbRK/*Franzen* DSGVO Art. 4 Rn. 7; Kühling/Buchner/*Herbst* DSGVO Art. 4 Abs. 2 Rn. 3.

35 Kühling/Buchner/*Hartung* DSGVO Art. 4 Abs. 7 Rn. 15.

meist in Bezug auf die Rechte von betroffenen Personen als Anspruchsgegner zu bestimmen.

III. Grundsätze des Datenschutzrechts

Im Datenschutzrecht sind allgemeinen Grundsätze von zentraler Bedeutung. Bei diesen handelt es sich nicht nur um Orientierungshilfen und Gebote im Umgang mit personenbezogenen Daten, sondern vielmehr um verbindliche Regelungen, deren Einhaltung unabdingbar ist.[36] So werden die Grundsätze auch als „Grundpflichten bei der Datenverarbeitung“[37] bezeichnet. Ihre gesetzliche Grundlage finden die datenschutzrechtlichen Grundsätze in Art. 5 DSGVO. Der Norm zu entnehmen sind die Grundsätze der Rechtmäßigkeit, Verarbeitung nach Treu und Glauben, Transparenz, Zweckbindung, Datenminimierung, Richtigkeit, Speicherbegrenzung, Integrität und Vertraulichkeit sowie Rechenschaftspflicht.

Art. 5 DSGVO lässt sich auf die Vorgängernorm des Art. 6 der RL 95/46/EG (DS-RL) zurückführen.[38] Mit Art. 6 DS-RL enthielt die Datenschutz-Richtlinie ebenfalls eine Norm, welche geltende datenschutzrechtliche Grundsätze sammelt und übersichtlich abbildet.[39] Bei einem Vergleich der beiden Vorschriften fällt auf, dass Art. 5 DSGVO die in Art. 6 DS-RL genannten Grundsätze aufgreift, zum Teil weiterentwickelt sowie gänzlich neue aufstellt.[40] Insbesondere die Grundsätze der Transparenz (Abs. 1 lit. c) und der Integrität und Vertraulichkeit (Abs. 1 lit. f) sind mit Art. 5 DSGVO neu aufgestellt worden.[41] Ferner wurde mit Art. 5 Abs. 2 DSGVO eine Rechenschaftspflicht für den Verantwortlichen eingeführt. Hierdurch wird dem Verantwortlichen die konkrete Pflicht auferlegt, einen Nachweis hinsichtlich der Einhaltung der Grundsätze erbringen zu können.[42]

---

36 *Albrecht/Jotzo* Datenschutzrecht EU Teil 2 Rn. 1; Schantz/Wolff/*Wolff* Datenschutzrecht Rn. 382; Gola/*Pötters* DSGVO Art. 5 Rn. 4.

37 Sydow/Marsch /*Reimer* HK-DSGVO Art. 5 Rn. 2.

38 Gola/*Pötters* DSGVO Art. 5 Rn. 1.

39 Gola/*Pötters* DSGVO Art. 5 Rn. 1.

40 Gola/*Pötters* DSGVO Art. 5 Rn. 2.

41 BeckOK DatenschutzR/*Schantz* DSGVO Art. 5 Rn. 1.

42 Gola/*Pötters* DSGVO Art. 5 Rn. 3.

1. Grundsatz der Rechtmäßigkeit

Art. 5 Abs. 1 lit. a DSGVO normiert mit dem Grundsatz der Rechtmäßigkeit der Verarbeitung den ersten Grundsatz im Datenschutzrecht. Als Ausfluss des Rechtsstaatsprinzips[43] hat dieser Grundsatz zur Folge, dass jegliche Verarbeitung von personenbezogenen Daten auf einer Rechtgrundlage beruhen muss.[44] Näheres hierzu lässt sich sowohl aus den Erwägungsgründen als auch aus der DSGVO entnehmen. Erwägungsgrund 40 der DSGVO nennt hierzu, dass eine rechtmäßige Verarbeitung personenbezogener Daten nur mit Einwilligung durch die betroffene Person oder aber auf Grund einer sonstigen zulässigen Rechtsgrundlage erfolgen kann. Diese kann sich aus der DSGVO, sonstigem Unionsrecht oder dem Recht der Mitgliedstaaten ergeben. In Bezug auf Deutschland ist in diesem Kontext das Bundesdatenschutzgesetz (BDSG) von Bedeutung. Von dem Grundsatz der Rechtmäßigkeit der Verarbeitung wird das „Ob“ sowie das „Wie“ einer jeden Verarbeitung erfasst.[45] Art. 6 DSGVO konkretisiert die Anforderungen einer rechtmäßigen Verarbeitung mit seinem Abs. 1 lit. a bis f im Einzelnen.

2. Grundsatz der Verarbeitung nach Treu und Glauben

Der ebenfalls in Art. 5 Abs. 1 lit. a DSGVO normierte Grundsatz der Verarbeitung nach Treu und Glauben betrifft die Art und Weise einer jeden Datenverarbeitung. Unter Treu und Glauben ist jedoch nicht der aus der deutschen Rechtsordnung bekannte und in § 242 BGB kodifizierte Grundsatz zu verstehen.[46] Eine eigenständige Definition des Grundsatzes fällt im Ergebnis schwer.[47] Aus den Sprachfassungen anderer Mitgliedstaaten[48] lässt sich jedenfalls entnehmen, dass die Rechtsausübung sowie der Umgang zwischen Verantwortlichen und Betroffenen auf einer vertrauensvollen Basis stattfinden soll.[49] Dies lässt sich auch aus Erwägungsgrund 45 der DSGVO ableiten. Dieser spricht in dem Zusammenhang von Treu und Glauben von einer Präzisierung der DSGVO im Unionsrecht oder im Recht der Mitgliedstaaten. Es wird so beispielhaft aufgeführt, dass Regelungen zur Ermittlung des Verantwortlichen, der Art

---

43 Ehmann/Selmayr/*Heberlein* DSGVO Art. 5 Rn. 8.

44 Gola/*Pötters* DSGVO Art. 5 Rn. 6.

45 Paal/Pauly/*Frenzel* DSGVO Art. 5 Rn. 14.

46 Ehmann/Selmayr/*Heberlein* DSGVO Art. 5 Rn. 9; Paal/Pauly/*Frenzel* DSGVO Art. 5 Rn. 19.

47 Gola/*Pötters* DSGVO Art. 5 Rn. 8; Paal/Pauly/*Frenzel* DSGVO Art. 5 Rn. 6.

48 Englisch: *„fair“*, französisch: *„loyale“*, italienisch: *„correttezza“*.

49 Ehmann/Selmayr/*Heberlein* DSGVO Art. 5 Rn. 9.

von verarbeiteten personenbezogenen Daten, der betroffenen Personen sowie Zweck und Speicherdauer und anderer Maßnahmen getroffen werden können, um eine Verarbeitung nach Treu und Glauben zu gewährleisten. Der Grundsatz einer Datenverarbeitung nach Treu und Glauben setzt somit eindeutige „Spielregeln“ voraus, die ein faires Miteinander der Beteiligten bewirken.

3. Grundsatz der Transparenz

Eng mit den Grundsätzen der Rechtmäßigkeit sowie der Verarbeitung nach Treu und Glauben verknüpft ist der Grundsatz der Transparenz gem. Art. 5 Abs. 1 lit. a DSGVO. Ausweislich des Erwägungsgrundes 39 der DSGVO setzt Transparenz die Bedingung voraus, dass alle Informationen und Mitteilungen zur Verarbeitung von personenbezogenen Daten leicht zugänglich und in klarer und einfacher Sprache formuliert sind.[50] Der Schutz von Daten ist ohne eine transparente Handhabung nicht möglich.[51] Im Ergebnis muss jeder Betroffene Kenntnis darüber erlangen können, ob seine personenbezogene Daten verarbeitet werden und falls ja, zu welchen Zwecken dies geschieht.[52] In diesem Zusammenhang haben die Rechte der Betroffenen eine grundlegende Bedeutung, durch deren Ausübung die Schaffung von Transparenz ermöglicht werden soll.[53]

4. Grundsatz der Zweckbindung

Ein weiterer Grundsatz des Datenschutzrechts ist der in Art. 5 Abs. 1 lit. b DSGVO normierte Grundsatz der Zweckbindung. Aus diesem resultiert das Erfordernis eines oder mehrerer[54] im Vorfeld festgelegten, eindeutigen und legitimen Zwecke, auf welchen die Verarbeitung von personenbezogenen Daten beruht. An diese / diesen einmal festgelegten Zweck(e) ist die Verarbeitung der Daten über den gesamten Zeitraum gebunden.[55] Zugleich bildet der Zweck eine äußere Grenze des zulässigen Bereiches der Verarbeitung von personenbezogenen Daten.[56] Artikel 6 und 9 der DSGVO enthalten hierzu einen Katalog,

---

50 EWG 39 S. 3 DSGVO.

51 Gola/*Pötters* DSGVO Art. 5 Rn. 11.

52 EuArbRK/*Franzen* DSGVO Art. 5 Rn. 4.

53 Ehmann/Selmayr/*Heberlein* DSGVO Art. 5 Rn. 12; EuArbRK/*Franzen* DSGVO Art. 5 Rn. 4; Gola/*Pötters* DSGVO Art. 5 Rn. 11; Paal/Pauly/*Frenzel* DSGVO Art. 5 Rn. 22.

54 Ehmann/Selmayr/*Heberlein* DSGVO Art. 5 Rn. 13.

55 Ehmann/Selmayr/*Heberlein* DSGVO Art. 5 Rn. 13; Gola/*Pötters* DSGVO Art. 5 Rn. 17.

56 EuArbRK/*Franzen* DSGVO Art. 5 Rn. 6; Kühling/Buchner/*Herbst* DSGVO Art. 5 Rn. 22.

welcher bestimmte Verarbeitungszwecke aufzählt.[57] Die Verarbeitung von Daten zu einem anderen als dem ursprünglich festgelegten Zweck ist grundsätzlich unzulässig.[58] Ausnahmsweise besteht jedoch die Möglichkeit einer Zweckänderung, sofern der neue Zweck mit dem ursprünglichen Zweck vereinbar ist.[59] Die Vereinbarkeit und die damit verbundene Frage der Zulässigkeit einer Zweckänderung orientieren sich an den in Art. 6 Abs. 4 DSGVO aufgestellten Voraussetzungen.[60]

5. Grundsatz der Datenminimierung

Gemäß Art. 5 Abs. 1 lit. c DSGVO müssen personenbezogene Daten dem Zweck angemessen und erheblich sowie auf das für die Zwecke der Verarbeitung notwendige Maß beschränkt sein. Hieraus ergibt sich, dass personenbezogene Daten nur dann verarbeitet werden dürfen, wenn der zugrundeliegende Zweck nicht auf andere, mildere Art und Weise erreicht werden kann.[61] Sofern zur Erreichung des Zwecks also eine Alternativmöglichkeit (bspw. durch den Rückgriff anonymer oder anonymisierter Daten)[62] besteht, ist eine Verarbeitung unzulässig.[63] Die Notwendigkeit der hieraus resultierenden Erforderlichkeit der Verarbeitung personenbezogener Daten lässt sich auf den allgemeinen Grundsatz der Verhältnismäßigkeit zurückführen.[64] Der Grundsatz der Datenminimierung steht, wie sich aus dem Wortlaut ergibt, in einem Gegenseitigkeitsverhältnis zu dem Grundsatz der Zweckbindung.[65] Erneut wird klargestellt, dass eine zulässige Verarbeitung von Daten nur in den Grenzen des festgelegten Zwecks erfolgen darf. Im Ergebnis werden grundsätzliche Datenvermeidung sowie Datensparsamkeit (hinsichtlich Anzahl der verarbeitenden Daten und Anzahl der Nutzenden)[66] bewirkt.[67]

57 Gola/*Pötters* DSGVO Art. 5 Rn. 13.
58 Gola/*Pötters* DSGVO Art. 5 Rn. 18.
59 EuArbRK/*Franzen* DSGVO Art. 5 Rn. 6; Gola/*Pötters* DSGVO Art. 5 Rn. 18.
60 Ehmann/Selmayr/*Heberlein* DSGVO Art. 5 Rn. 16; EuArbRK/*Franzen* DSGVO Art. 5 Rn. 6; Kühling/Buchner/*Herbst* DSGVO Art. 5 Rn. 46.
61 EWG 50 S. 7 DSGVO; EuArbRK/*Franzen* DSGVO Art. 5 Rn. 7.
62 Ehmann/*Heberlein* DSGVO Art. 5 Rn. 22.
63 *Härting*, Datenschutz-Grundverordnung Rn. 98.
64 EuArbRK/*Franzen* DSGVO Art. 5 Rn. 7.
65 Kühling/Buchner/*Herbst* DSGVO Art. 5 Rn. 56.
66 Gola/*Pötters* DSGVO Art. 5 Rn. 22.
67 Ehmann/*Heberlein* DSGVO Art. 5 Rn. 22.

6. Grundsatz der Richtigkeit

Nach Art. 5 Abs. 1 lit. d müssen personenbezogene Daten sachlich richtig und auf dem neusten Stand sein. Um dies zu gewährleisten sind alle angemessenen Maßnahmen zu treffen, personenbezogene Daten, welche für die zweckmäßige Verarbeitung unrichtig sind, unverzüglich zu löschen oder zu berichtigen. Hierbei stellt die sachliche Richtigkeit einen objektiven Anknüpfungspunkt (die Übereinstimmung der Informationen mit der Realität) dar.[68]

7. Grundsatz der Speicherbegrenzung

Nach dem Grundsatz der Speicherbegrenzung sind gem. Art. 5 Abs. 1 lit. e DSGVO personenbezogene Daten in einer Form zu speichern, welche die Identifizierung der betroffenen Personen nur so lange ermöglicht, wie es für die Zwecke der Verarbeitung erforderlich ist. Nach dieser für die Zweckerreichung erforderlichen Zeit sind die Daten derart zu modifizieren, dass eine Identifizierung mit der betroffenen Person nicht mehr möglich ist.[69] Folglich wird eine zeitliche Grenze für die Verarbeitung personenbezogener Daten aufgestellt.[70] Eine Ausnahme vom Grundsatz der Speicherbegrenzung bildet die Datenverarbeitung zu im öffentlichen Interesse liegenden Archivzwecken, wissenschaftlichen und historischen Forschungszwecken sowie statistischen Absichten. Dies regelt Art. 5 Abs. 1 lit. e Hs. 2 DSGVO.

8. Grundsatz der Integrität und Vertraulichkeit

Nach Art. 5 Abs. 1 lit. f DSGVO hat die Verarbeitung personenbezogener Daten derart zu erfolgen, dass durch geeignete technische und organisatorische Maßnahmen eine angemessene Sicherheit der personenbezogenen Daten gewährleistet wird. Hiervon umfasst ist der Schutz vor unbefugter oder unrechtmäßiger Verarbeitung sowie der unbeabsichtigte Verlust, die unbeabsichtigte Zerstörung oder eine unbeabsichtigte Schädigung. Durch den Grundsatz der Integrität und Vertraulichkeit werden allgemeine formelle Vorgaben zur Datensicherheit bestimmt.[71] Hierdurch wird insbesondere auch ein Schutz der

68 Kühling/Buchner/*Herbst* DSGVO Art. 5 Rn. 60.

69 EUArbRK/*Franzen* DSGVO Art. 5 Rn. 10.

70 Gola/*Pötters* DSGVO Art. 5 Rn. 25; Kühling/Buchner/*Herbst* DSGVO Art. 5 Rn. 64.

71 Gola/*Pötters* DSGVO Art. 5 Rn. 28.

personenbezogenen Daten gegen den unbefugten Zugriff Dritter geschaffen.[72] Der Grundsatz wird durch die Maßgaben von Art. 32 DSGVO konkretisiert.[73]

9. Rechenschaftspflicht

Nach Art. 5 Abs. 2 DSGVO ist der Verantwortliche sowohl dazu verpflichtet die in Art. 5 Abs. 1 DSGVO aufgestellten Grundsätze einzuhalten als auch anderen einen Nachweis hierüber erbringen zu können. Hierdurch wird auf Seiten des Verantwortlichen ein geeignetes Datenverarbeitungsmanagement notwendig, um dieser Rechenschaftspflicht nachzukommen.[74] An verschiedenen Stellen der DSGVO lassen sich Konkretisierungen hierzu finden. Art. 24 Abs. 1 S. 1 DSGVO erfordert, durch geeignete technische und organisatorische Maßnahmen die Vereinbarkeit der Verarbeitung personenbezogener Daten mit der DSGVO und ihren Grundsätzen sicherzustellen.[75] Ferner stellt die DSGVO Instrumente bereit, welche die Einhaltung der Grundsätze nachweisen lassen, so z.B. die Datenschutz-Folgeabwägung gem. Art. 35 Abs. 7 DSGVO.[76]

IV. Auslegungsmethodik

Im Rahmen der nachfolgenden Arbeit ist die Auslegung der streitigen Normen von besonderer Relevanz zur Auflösung der im Raum stehenden Problematiken. Im Rahmen der Auslegung von Unionsrecht bestehen jedoch Besonderheiten, welche nachfolgend erläutert werden.

1. Die klassischen Auslegungsmethoden

Die deutsche Methodenlehre der Rechtswissenschaften erkennt die vier klassischen Auslegungskriterien Wortlaut, Systematik, Entstehungsgeschichte und Zweck an.[77]

---

72 Ehmann/Selmayr/*Heberlein* DSGVO Art. 5 Rn. 28; EuArbRK/*Franzen* DSGVO Art. 5 Rn. 11; Kühling/Buchner/*Herbst* DSGVO Art. 5 Rn. 74; EWG 39 S. 12 DSGVO.

73 Ehmann/Selmayr/*Heberlein* DSGVO Art. 5 Rn. 28; EuArbRK/*Franzen* DSGVO Art. 5 Rn. 11; Gola/*Pötters* DSGVO Art. 5 Rn. 29; Kühling/Buchner/*Herbst* DSGVO Art. 5 Rn. 76.

74 Ehmann/Selmayr/*Heberlein* DSGVO Art. 5 Rn. 31; EuArbRK/*Franzen* DSGVO Art. 5 Rn. 1; Gola/*Pötters* DSGVO Art. 5 Rn. 33.

75 Ehmann/Selmayr/*Heberlein* DSGVO Art. 5 Rn. 31; Gola/*Pötters* DSGVO Art. 5 Rn. 31; Kühling/Buchner/*Herbst* DSGVO Art. 5 Rn. 80.

76 Ehmann/Selmayr/*Heberlein* DSGVO Art. 5 Rn. 31.

77 BVerfGE 11, 126; *Larenz*/*Canaris*, Methodenlehre, S. 141 ff.

Der umstrittenen Frage nach dem zugrunde zu legenden Ziel der Auslegung kommt für die Wahl und Gewichtung der Auslegungskriterien eine entscheidende Bedeutung zu. Nach der sog. subjektiven Theorie, welche u.a. Fridrich Carl von Savigny vertrat, ist primäres Ziel der Auslegung, den Willen des historischen Gesetzgebers zu ermitteln.[78] Zur Erreichung dieses Auslegungsziels, sprich zur Ermittlung des historischen Normzwecks, helfen Wortlaut, Systematik und Entstehungsgeschichte des Gesetzes.[79] Die Auslegungskriterien stehen folglich in einem Rangverhältnis.[80] Der Normzweck ist demnach kein eigenständiges Auslegungsmittel, sondern das Ziel einer jeden Auslegung.[81] Eine teleologische Auslegung (als Auslegungsmittel) ist somit nicht existent.[82] Insofern sind Kriterien, welche typischerweise im Rahmen einer teleologischen Auslegung aufgeführt werden, vielmehr der systematischen sowie historischen Auslegung beizumessen.[83] Eine Auslegung nach der subjektiven Theorie berücksichtigt den in einer Demokratie verankerte Gedanke der Gesetzesbindung nach Art. 20 Abs. 3 GG in besonderem Maße.[84]

Im Gegensatz hierzu ist nach der sog. objektiven Theorie der Wille des Gesetzes (nicht des Gesetzgebers) als Ziel der Auslegung zu ermitteln.[85] Der Wille des Gesetzes leitet sich dabei anhand des hypothetischen Willens eines sorgfältigen Gesetzgebers gemessen an den gegenwärtigen Umständen ab.[86] Der wesentliche Vorteil einer Auslegung nach der objektiven Theorie liegt darin, dass sich Gesetze mit dem Wandel der Zeit weiterentwickeln können.[87]

Nach der Rechtsprechung des Bundesverfassungsgerichts wurde lange Zeit vertreten, dass maßgebliches Auslegungsziel einer Norm „der in dieser zum Ausdruck kommende objektivierte Wille des Gesetzgebers“[88] sei.[89] Die „subjektive Vorstellung der am Gesetzgebungsverfahren beteiligten Organe“[90] sei

78 *Höpfner/Rüthers*, AcP 209 2009, 1 (7) m.w.N.
79 *Höpfner/Rüthers*, AcP 209 2009, 1 (7).
80 *Grundmann/Riesenhuber*, JuS 2001, 529 (534).
81 *Höpfner/Rüthers*, AcP 209 2009, 1 (7).
82 *Höpfner/Rüthers*, AcP 209 2009, 1 (7 f.).
83 *Höpfner/Rüthers*, AcP 209 2009, 1 (7 f.).
84 *Rüthers*, JZ 2006, 53 (57).
85 *Kohler*, GrünhutsZ 1886, 1 (1 f.); *Larenz/Canaris*, Methodenlehre, S. 137 f.
86 *Bydlinski*, Methodenlehre und Rechtsbegriff, S. 428.
87 *Larenz/Canaris*, Methodenlehre, S. 138.
88 BVerfGE 1, 299 (299).
89 BVerfGE 1, 299 (299).
90 BVerfGE 1, 299 (299).

hingegen nicht erheblich.[91] Das BVerfG entschied sich folglich zugunsten der objektiven Theorie. Seit 2011 scheint sich das BVerfG jedoch der subjektiven Theorie anzunähern. In seiner Entscheidung vertritt das BVerfG nunmehr die Auffassung, dass Richter im Rahmen der Auslegung „den Willen des Gesetzgebers unter gewandelten Bedingungen“[92] zu beachten haben.[93]

Beiden Auslegungstheorien sind im Ergebnis Vorteile sowie Nachteile beizumessen. So birgt eine Auslegung nach der subjektiven Theorie die Gefahr eine vom Willen des historischen Gesetzgebers abweichende (im Wandel der Zeit jedoch gebotene und notwendige) Auslegung nicht zu ermöglichen.[94] Einer Auslegung nach der objektiven Theorie ist hingegen entgegenzuhalten, dass ein Wille des Gesetzes nicht existieren kann.[95] Das Ergebnis einer von dem Willen des Gesetzgebers abweichenden Auslegung ist im Ergebnis der Wille des Auslegenden.[96]

Überzeugend erscheint daher ein vermittelnder Ansatz.[97] Insofern ist nach dem Alter des Gesetzes zu differenzieren.[98] Gesetze, deren Inkrafttreten nicht lange zurückliegt, sind nach der subjektiven Theorie auszulegen.[99] Mangels möglicher Änderungen aufgrund eines zeitlichen Wandels kann kein Bedarf für eine Abweichung vom Willen des Gesetzgebers bestehen – vielmehr muss die Bindung der Richter an Gesetze nach Art. 97 Abs. 1 GG zwingend gewahrt sein.[100] Haben sich seit Inkrafttreten eines Gesetzes jedoch wesentliche Änderungen von tatsächlichen Umständen ergeben, so ist nicht auf den historischen Willen des Gesetzgebers, sondern auf eine Weiterbildung von diesem unter Beachtung der veränderten gegenwärtigen Umstände abzustellen.[101]

Vor diesem Hintergrund erfolgt in der nachfolgenden Ausarbeitung stets eine Auslegungsmethodik nach der subjektiven Theorie – maßgeblich abgestellt wird folglich auf den Willen des (europäischen) Gesetzgebers.

---

91 BVerfGE 1, 299 (299).
92 BVerfG, NJW 2011, 836 (838).
93 BVerfG, NJW 2011, 836 (838).
94 *Walz*, ZJS 2010, 482 (484).
95 *Höpfner/Rüthers*, AcP 209 2009, 1 (7).
96 *Höpfner/Rüthers*, AcP 209 2009, 1 (7), der in diesem Kontext von einer „Täuschung oder Selbsttäuschung der Interpreten“ spricht.
97 So auch *Walz*, ZJS 2010, 482 (484).
98 *Walz*, ZJS 2010, 482 (484).
99 BVerfG, DATUM, BVerfGE 54, 54; 277, 297; *Walz*, ZJS 2010, 482 (484).
100 *Walz*, ZJS 2010, 482 (484) m.w.N.
101 *Walz*, ZJS 2010, 482 (486) m.w.N.

Den klassischen Auslegungskriterien Wortlaut, Systematik und Entstehungsgeschichte bedient sich grds. auch die Unionsgerichtsbarkeit, sofern sich bei einzelnen Normen des Unionsrecht Auslegungsfragen stellen.[102] Im Kontext der Auslegung von Unionsrecht bedarf es jedoch nachfolgender Modifikationen der klassischen Auslegungsmethoden.[103]

a) Wortlaut

aa) Allgemeine Grundsätze

Gesetzliche Regelungen werden zunächst nach ihrem Wortlaut ausgelegt. Hierbei wird der Gesetzestext grammatisch interpretiert, um die Bedeutung der verwendeten Wörter bzw. Wortverbindungen zu ermitteln.[104] Im Rahmen der Interpretation der Wörter ist grds. zunächst das Wortverständnis des historischen Gesetzgebers aufzuklären.[105] Anknüpfungspunkt ist hierbei zunächst die Bedeutung des Wortes bzw. der Wortverbindung im allgemeinen Sprachgebrauch.[106] Kommt einem Wort hingegen eine „technisch-juristische"[107] Bedeutung zu, geht diese dem allgemeinen Sprachgebrauch vor.[108] Im Rahmen der Wortlautauslegung ist jedoch nicht jedes einzelne Wort isoliert zu deuten.[109] Die Auslegung hat vielmehr im Kontext mit dem Satz oder der gesamten Norm zu erfolgen.[110]

bb) Besonderheiten auf Ebene des Unionsrechts

Auf Ebene des Unionsrechts besteht die Besonderheit der Sprachvielfalt in Europa.[111] Das Unionsrecht wird in verschiedenen Sprachen abgefasst, welche grds.

---

102 Calliess/Ruffert/*Wegener* EU-Vertrag (Lissabon) Art. 19 Rn. 13; *Höpfner*, systemkonforme Auslegung, S. 221; *Höpfner/Rüthers*, AcP 209 2009, 1 (8) m.w.N.

103 Calliess/Ruffert/*Wegener* EU-Vertrag (Lissabon) Art. 19 Rn. 13; *Höpfner/Rüthers*, AcP 209 2009, 1 (8).

104 Heidel/Hüßtege/Mansel/Noack/*Looschelders* BGB AT § 133 Rn. 15; *Larenz/Canaris*, Methodenlehre, S. 141.

105 *Larenz/Canaris*, Methodenlehre, S. 144.

106 *Larenz/Canaris*, Methodenlehre, S. 141.

107 Heidel/Hüßtege/Mansel/Noack/*Looschelders* BGB AT § 133 Rn. 15.

108 Heidel/Hüßtege/Mansel/Noack/*Looschelders* BGB AT § 133 Rn. 16.

109 Heidel/Hüßtege/Mansel/Noack/*Looschelders* BGB AT § 133 Rn. 16.

110 Heidel/Hüßtege/Mansel/Noack/*Looschelders* BGB AT § 133 Rn. 16.

111 *Höpfner/Rüthers*, AcP 209 2009, 1 (10).

als gleichrangig zu qualifizieren sind.[112] Dennoch weichen die Sprachfassungen der einzelnen Mitgliedstaaten oft voneinander ab.[113] Dies lässt sich auf sprachliche Gründe aber auch auf Übersetzungsfehler zurückführen.[114] Auf Grund der Gleichrangigkeit gibt es dennoch keine zur Auslegung vorrangig heranzuziehende Sprachfassung.[115] Sofern sich der Wortlaut unterschiedlicher Sprachfassungen unterscheidet ist weder ein „kleinster gemeinsamer Nenner“[116] noch der in den Sprachfassungen am meisten verbreitete Wortlaut entscheidend.[117] Eine Wortlautauslegung hat daher immer in einer einheitlichen und sprachvergleichenden Art und Weise zu erfolgen.[118] In Mitgliedstaaten, welche kritisch gegenüber Normen des Unionsrechts stehen lasse sich eine „restriktive eigensprachliche Abschlussredaktion der Texte“[119] erkennen.[120] Durch eine einheitliche und sprachvergleichende Auslegung sollen diese erkannt und vereinheitlicht werden.[121] Sofern eine Lösung über eine einheitliche, sprachvergleichende Auslegung nicht herbeizuführen ist, bedarf es der Anwendung anderer Auslegungsmethoden.[122] Vor dem Hintergrund der Sprachvielfalt im Gemeinschaftsrecht kommt der Wortlautauslegung auf Ebene des Gemeinschaftsrechts daher eine geringere Überzeugungskraft zu als im nationalen Recht.[123]

Eine weitere Besonderheit im Rahmen der Auslegung des Wortlautes von Unionsrecht kommt sog. „unionsrechtlichen Begriffen“ zu.[124] Ein unionsrechtlicher Begriff ist jedenfalls dann gegeben, wenn zu einem Wort eine Legaldefinition innerhalb der unionsrechtlichen Norm vorhanden ist.[125] Ist keine Legaldefinition vorhanden kann es sich dennoch dann um einen unionsrechtlichen Begriff

---

112 Calliess/Ruffert/*Wegener* EU-Vertrag (Lissabon) Art. 19 Rn. 13; *Höpfner/Rüthers*, AcP 209 2009, 1 (10).
113 Calliess/Ruffert/*Wegener* EU-Vertrag (Lissabon) Art. 19 Rn. 13.
114 Calliess/Ruffert/*Wegener* EU-Vertrag (Lissabon) Art. 19 Rn. 13; *Höpfner/Rüthers*, AcP 209 2009, 1 (10).
115 Calliess/Ruffert/*Wegener* EU-Vertrag (Lissabon) Art. 19 Rn. 13.
116 MüKoBGB/*v. Hein* EGBGB Art. 3 Rn. 166.
117 MüKoBGB/*v. Hein* EGBGB Art. 3 Rn. 166.
118 Calliess/Ruffert/*Wegener* EU-Vertrag (Lissabon) Art. 19 Rn. 13.
119 Calliess/Ruffert/*Wegener* EU-Vertrag (Lissabon) Art. 19 Rn. 13.
120 Calliess/Ruffert/*Wegener* EU-Vertrag (Lissabon) Art. 19 Rn. 13.
121 Calliess/Ruffert/*Wegener* EU-Vertrag (Lissabon) Art. 19 Rn. 13.
122 MüKoBGB/*v. Hein* EGBGB Art. 3 Rn. 166.
123 *Höpfner/Rüthers*, AcP 209 2009, 1 (10).
124 EuGH Urt. v. 18.10.2011 – C-34/10, ECLI:EU:C:2011:669 Rn. 25.
125 EuGH Urt. v. 18.10.2011 – C-34/10, ECLI:EU:C:2011:669 Rn. 25.

handeln, wenn hinsichtlich der Bedeutung keine Verweisung auf nationales Recht gegeben ist.[126] Sofern ein unionsrechtlicher Begriff gegeben ist, wird dieser nach der Rechtsprechung des EuGHs autonom und einheitlich ausgelegt.[127] Im Rahmen der autonomen Auslegung ist ein Rückgriff auf nationales Recht, insbesondere auf Begriffe des nationalen Rechts versagt.[128] Die autonome Auslegung muss ein einheitliches Ergebnis (Verständnis des Begriffs) auf Ebene der gesamten Europäischen Union zum Ergebnis haben.[129]

b) Systematik

Unter Anwendung einer systematischen Auslegung wird die jeweilige Norm im Kontext der gesamten Rechtsordnung („äußeres System“[130]) sowie anderer Normen des Gesetzes („inneres System“[131]) interpretiert.[132] Der tatsächliche Sinn einer einzelnen Norm eines Gesetzes lässt sich nur im Gesamtzusammenhang mit den weiteren Normen des Gesetzes ableiten.[133] Die einzelne Norm eines Gesetzes ist folglich in einen inneren Zusammenhang mit allen weiteren Normen eines Gesetzes zu bringen um eine widerspruchslose und den Zielen des Gesetzes entsprechende Bedeutung zu bewirken.[134] Die systematische Auslegung findet ihren Ursprung in dem Prinzip der Einheit der Rechtsordnung.[135] Auf Ebene des Unionsrechts bestehen keine wesentlichen Besonderheiten hinsichtlich der systematischen Auslegung im Kontext des äußeren Systems.[136] Anders verhält es sich im Rahmen der systematischen Auslegung im Kontext des inneren Systems.[137] Dies lasse sich darauf zurückführen, dass das Gemeinschaftsrecht im Gegensatz zum nationalen Recht noch keine abschließende

---

126 EuGH Urt. v. 18.10.2011 – C-34/10, ECLI:EU:C:2011:669 Rn. 25.
127 EuGH Urt. v. 18.10.2011 – C-34/10, ECLI:EU:C:2011:669 Rn. 25.
128 EuGH Urt. v. 18.10.2011 – C-34/10, ECLI:EU:C:2011:669 Rn. 25.
129 EuGH Urt. v. 18.10.2011 – C-34/10, ECLI:EU:C:2011:669 Rn. 25.
130 *Höpfner/Rüthers*, AcP 209 2009, 1 (11).
131 *Höpfner/Rüthers*, AcP 209 2009, 1 (12).
132 Heidel/Hüßtege/Mansel/Noack/*Looschelders* BGB AT § 133 Rn. 18; *Höpfner/Rüthers*, AcP 209 2009, 1 (11).
133 *Höpfner/Rüthers*, AcP 209 2009, 1 (11); *Larenz/Canaris*, Methodenlehre, S. 146.
134 Dauses/Ludwigs/*Pieper* EU-Wirtschaftsrecht B. I Rechtsquellen Rn. 25.
135 Heidel/Hüßtege/Mansel/Noack/*Looschelders* BGB AT § 133 Rn. 18.
136 Calliess/Ruffert/*Wegener* EU-Vertrag (Lissabon) Art. 19 Rn. 15; *Höpfner/Rüthers*, AcP 209 2009, 1 (11).
137 *Höpfner/Rüthers*, AcP 209 2009, 1 (12).

innere Ordnung aufweise.[138] In der Folge stelle die Auslegung aus dem inneren System keine überzeugende Auslegung dar.[139]

c) Genese und Historie

aa) Allgemeine Grundsätze

Im Rahmen einer genetischen Auslegung wird die Norm unter Berücksichtigung der Entstehungsgeschichte interpretiert.[140] Zu erkunden ist, welches Verständnis der Norm sich mit den Regelungsabsichten des historischen Gesetzgebers oder dessen eigenen Normvorstellungen vereinbaren lässt.[141] Zur Ermittlung des historischen Willens des Gesetzgebers oder der historischen Funktion der Norm[142] werden die Gesetzesmaterialien (Entwürfe, Beratungsprotokolle, Begründungen)[143] herangezogen.[144]

Bei der historischen Auslegung einer Norm, wird der historische Wille oder die historische Funktion hingegen mit Blick auf die Entwicklung der Norm unter Einbeziehung der Vorgängernormen interpretiert.[145] Änderungen der Norm (bspw. hinsichtlich Struktur oder Begriffe) lassen auf eine Entwicklung des Regelungsgehaltes dieser schließen.[146]

Zur Ermittlung des historischen Willens des Gesetzgebers kommt der historischen Auslegung eine übergeordnete Bedeutung zu.[147]

bb) Besonderheiten auf Ebene des Unionsrechts

Die historische und genetische Auslegung ist auf der Ebene des Unionsrechts unter erschwerten Bedingungen möglich.[148] Dies lässt sich darauf zurückführen, dass abgegeben Begründungen bei weitem nicht die Detailtiefe aufweisen, wie es aus dem nationalen Recht bekannt ist.[149] Auch Protokollerklärungen des

---

138 *Höpfner/Rüthers*, AcP 209 2009, 1 (12).
139 *Höpfner/Rüthers*, AcP 209 2009, 1 (12).
140 Heidel/Hüßtege/Mansel/Noack/*Looschelders* BGB AT § 133 Rn. 22.
141 *Larenz/Canaris*, Methodenlehre, S. 149.
142 Dauses/Ludwigs/*Pieper* EU-Wirtschaftsrecht B. I Rechtsquellen Rn. 46.
143 *Larenz/Canaris*, Methodenlehre, S. 151.
144 Heidel/Hüßtege/Mansel/Noack/*Looschelders* BGB AT § 133 Rn. 22.
145 Heidel/Hüßtege/Mansel/Noack/*Looschelders* BGB AT § 133 Rn. 20.
146 Heidel/Hüßtege/Mansel/Noack/*Looschelders* BGB AT § 133 Rn. 20.
147 *Höpfner/Rüthers*, AcP 209 2009, 1 (13).
148 *Höpfner/Rüthers*, AcP 209 2009, 1 (14).
149 Calliess/Ruffert/*Wegener* EU-Vertrag (Lissabon) Art. 19 Rn. 14; *Höpfner/Rüthers*, AcP 209 2009, 1 (14); *Lutter*, JZ 1992, 593 (599).

Europäischen Rates, der Europäischen Kommission und einzelner Mitgliedstaaten werden in der Regel nicht veröffentlicht und können somit nicht zur Ermittlung eines einheitlichen Willens des historischen Gesetzgebers herangezogen werden.[150] Zum Teil wird angenommen, dass die historische Auslegung von Unionsrecht eher als „Hilfsbegründung“[151] und nicht als „eigenständiger Argumentationsstrang“[152] zu bezeichnen sei.[153] Innerhalb des europäischen Gesetzgebungsverfahrens geben die beteiligten Organe (oftmals entgegengesetzte) einseitige Stellungnahmen ab.[154] Deswegen sei die Herausarbeitung eines einheitlichen historischen Willens des Gesetzgebers nur schwer möglich.[155] Dem lässt sich jedoch zutreffend entgegenhalten, dass sich aus den jeweiligen Stellungnahmen der Beteiligten sowie den letztlich mit der Zeit vorgenommenen oder unterlassenen Änderungen einer Norm Hinweise auf den gewollten Inhalt der Norm ergeben.[156] Eine besondere Bedeutung kommt ferner den Erwägungsgründen im Rahmen der historischen Auslegung zu.[157] Durch diese wird der Wille der zuständigen Verwaltung sowie des Rates wiedergegeben.[158]

d) Sinn und Zweck

Als letzte der vier klassischen Auslegungsmethoden existiert die Auslegung nach dem Sinn und Zweck bzw. die teleologische Auslegung einer Norm. Hierbei ist die Norm derart auszulegen, dass sie den verfolgten Zwecken und der Priorisierung dieser Zwecke bestmöglich entspricht.[159] Im Rahmen der teleologischen Auslegung findet der bereits dargestellte Theorienstreit (objektives vs. subjektives Verständnis) seine wesentliche Bedeutung. Hier wirken sich beide Theorien unmittelbar aus: Ist auf den Zweck des historischen Gesetzgebers abzustellen?[160] Oder ist auf den Zweck des Gesetzes abzustellen?[161] Wie einleitend

150 *Höpfner/Rüthers*, AcP 209 2009, 1 (14).
151 Calliess/Ruffert/*Wegener* EU-Vertrag (Lissabon) Art. 19 Rn. 14.
152 Calliess/Ruffert/*Wegener* EU-Vertrag (Lissabon) Art. 19 Rn. 14.
153 Calliess/Ruffert/*Wegener* EU-Vertrag (Lissabon) Art. 19 Rn. 14.
154 Calliess/Ruffert/*Wegener* EU-Vertrag (Lissabon) Art. 19 Rn. 14.
155 Calliess/Ruffert/*Wegener* EU-Vertrag (Lissabon) Art. 19 Rn. 14.
156 *Höpfner/Rüthers*, AcP 209 2009, 1 (14).
157 *Höpfner/Rüthers*, AcP 209 2009, 1 (15); *Lutter*, JZ 1992, 593 (600).
158 *Lutter*, JZ 1992, 593 (600).
159 *Larenz/Canaris*, Methodenlehre, S. 153.
160 BVerfGE 1, 299 (299); *Höpfner/Rüthers*, AcP 209 2009, 1 (7) m.w.N.
161 So BVerfG, NJW 2011, 836 (838); *Kohler*, GrünhutsZ 1886, 1 (1 ff.); *Larenz/Canaris*, Methodenlehre, S. 137 f.

dargestellt,[162] wird in der nachfolgenden Ausarbeitung der subjektiven Theorie gefolgt und als Ziel der Auslegung der historische Wille des europäischen Gesetzgebers ermittelt. Eine teleologische Auslegung im engeren Sinne erfolgt somit nicht.

2. Effektivitätsgrundsatz / „effet utile"

Von Bedeutung auf Ebene des Unionsrechts ist weiterhin der sog. Effektivitätsgrundsatz („effet utile"), welchen der EuGH befolgt.[163] Nach dem Effektivitätsgrundsatz ist diejenige Auslegung geboten, welche die bestmögliche Verwirklichung der Ziele und die Funktionsfähigkeit der europäischen Gemeinschaft gewährleistet.[164] Wie auch im Rahmen der teleologischen Auslegung kommt es im Rahmen des Effektivitätsgrundsatzes maßgeblich auf den Zweck einer Regelung an.[165] Nach der subjektiven Theorie findet sich der „effet utile" hingegen im Rahmen der systematischen Auslegung wieder.[166]

3. Zwischenergebnis

Bei der Auslegung von Unionsrecht sind grds. die klassischen Auslegungsmethoden heranzuziehen. Auslegungsziel ist hierbei, unter Heranziehung von Entstehungsgeschichte, Systematik und Wortlaut, die Bestimmung des historischen Willens des Gesetzgebers. Innerhalb der jeweiligen Auslegungsmittel gilt es jedoch die Besonderheiten des Unionsrechts zu beachten. Die dargestellten Besonderheiten gilt es Rahmen der Auslegung der DSGVO als Unionsrecht (Sekundärrecht) zu beachten.

---

162 Siehe S. 45 ff.

163 Jung/Krebs/Stiegler/*Krebs/Jung* EU GesellR Teil 1 § 2 Rn. 127.

164 Grabitz/Hilf/Nettesheim/*Mayer* EUV Art. 19 Rn. 57.

165 Jung/Krebs/Stiegler/*Krebs/Jung* EU GesellR Teil 1 § 2 Rn. 129.

166 *Höpfner/Rüthers*, AcP 209 2009, 1 (12).

C. Überblick über die Betroffenenrechte (Informations- und Auskunftsrechte)

Mit den Artikeln 12 bis 21 sieht die DSGVO eine Vielzahl an Rechten für betroffene Personen vor (sog. Betroffenenrechte). Im Kontext des Umfanges und der Reichweite des Rechts auf Auskunft nach Art. 15 DSGVO sind die Informationspflichten nach Art. 13 und 14 DSGVO sowie das Recht auf Datenübertragbarkeit nach Art. 20 DSGVO von Bedeutung. Insbesondere das Recht auf Datenübertragbarkeit nach Art. 20 DSGVO lässt auf Grund seiner Vergleichbarkeit mit dem Recht auf Auskunft gem. Art. 15 DSGVO möglicherweise Rückschlüsse hinsichtlich der Frage nach Reichweite und Umfang von Art. 15 DSGVO zu. Aber auch den durch Art. 13 und 14 DSGVO statuierten Informationspflichten von Verantwortlichen kommt möglicherweise eine Bedeutung im Rahmen des Auskunftsanspruches nach Art. 15 DSGVO zu. Erst dadurch, dass ein Betroffener über die Erhebung personenbezogener Daten informiert wird und somit Kenntnis von dem Vorgang erlangt, eröffnet sich diesem auch die Kenntnis über die Möglichkeit der Geltendmachung von Betroffenenrechten.[167]

I. Art.13 DSGVO – Informationspflicht im Rahmen der Erhebung von personenbezogenen Daten bei der betroffenen Person

1. Allgemeines

Art. 13 DSGVO verpflichtet den Verantwortlichen im Rahmen einer Erhebung von personenbezogenen Daten, die betroffene Person detailliert über diesen Vorgang zu informieren. Die Erhebung stellt dabei einen zu Beginn liegenden Teilvorgang im Rahmen des gesamten Vorganges der Verarbeitung dar.[168] Es handelt sich dabei um eine aktive Pflicht, der zufolge der Verantwortliche die gem. Art. 13 DSGVO erforderlichen Informationen von sich aus zu erteilen hat ohne dass es eines Antrages oder Ähnlichem seitens des Betroffenen bedarf.[169] In Abgrenzung zu Art. 14 DSGVO betrifft Art. 13 DSGVO die Erhebung

---

167 BeckOK DatenschutzR/*Schmidt-Wudy* DSGVO Art. 13 Rn. 2; Paal/Pauly/*Paal/Hennemann* DSGVO Art. 12 Rn. 4.

168 Kühling/Buchner/*Bäcker* DSGVO Art. 13 Rn. 12.

169 Gola/*Franck* DSGVO Art. 13 Rn. 1.

personenbezogener Daten bei der betroffenen Person selbst, sog. Direkterhebung[170]. Die betroffene Person hat hierbei Kenntnis über die Datenerhebung oder wirkt dabei mit.[171]

2. Umfang

Art. 13 DSGVO unterteilt die mitzuteilenden Informationen in zwei Kataloge (Abs. 1 und Abs. 2).[172] Der Katalog nach Art. 13 Abs. 1 lit. a bis f DSGVO umfasst die folgenden Informationen:

- Name und Kontaktdaten des Verantwortlichen sowie ggf. eines Vertreters (lit. a);
- Ggf. Kontaktdaten des Datenschutzbeauftragten (lit. b);
- Zwecke der Verarbeitung der personenbezogenen Daten (lit. c);
- Rechtsgrundlage der Verarbeitung (lit. c);
- Ggf. berechtigte Interessen des Verantwortlichen oder eines Dritten (sofern Verarbeitung auf Art. 6 Abs. 1 lit. f DSGVO beruht) (lit. d);
- Ggf. Empfänger oder Kategorien von Empfängern der personenbezogenen Daten (lit. e);
- Ggf. Absicht des Verantwortlichen, personenbezogene Daten an ein Drittland oder eine internationale Organisation zu übermitteln (lit. f);
- Ggf. Vorhandensein oder Fehlen eines Angemessenheitsbeschlusses der Kommission (lit. f);
- Ggf. Verweis auf geeignete oder angemessene Garantien und die Möglichkeit des Erhaltens einer Kopie hierzu oder Ort der Verfügbarkeit (lit. f).

Der Katalog des Art. 13 Abs. 2 lit. a bis f DSGVO umfasst darüber hinaus folgende weiteren Informationen.

- Speicherdauer der personenbezogenen Daten und ggf. die Kriterien der Festlegung der Speicherdauer (lit. a);
- Bestehen der Betroffenenrechte (Recht auf Auskunft, Berichtigung, Löschung, Einschränkung der Verarbeitung und Datenübertragbarkeit) (lit. b);

---

170 Gola/*Franck* DSGVO Art. 13 Rn. 4.

171 EuArbRK/*Franzen* DSGVO Art. 13 Rn. 1; Gola/*Franck* DSGVO Art. 13 Rn. 4; Sydow/Marsch/*Ingold* Art. 13 Rn. 8.

172 Gola/*Franck* DSGVO Art. 13 Rn. 5; Kühling/Buchner/*Bäcker* DSGVO Art. 13 Rn. 20.

- Bestehen des Rechts, eine erteile Einwilligung jederzeit widerrufen zu können, ohne dass die Rechtmäßigkeit, der bis zum Widerruf erfolgten Verarbeitung berührt wird (lit. c);
- Bestehen eines Beschwerderechts bei der Aufsichtsbehörde (lit. d);
- Bestehen einer gesetzlichen oder Vertraglichen Pflicht hinsichtlich der Bereitstellung der personenbezogenen Daten oder ggf. Erforderlichkeit der Bereitstellung für einen Vertragsschluss sowie die Folgen einer Nichtbereitstellung für den Betroffenen (lit. e);
- Bestehen einer automatisierten Entscheidungsfindung (einschließlich dem Profiling gem. Art. 22 Abs. 1, 4 DSGVO) sowie aussagekräftige Informationen über involvierte Logik und Tragweite sowie angestrebte Auswirkungen einer derartigen Verarbeitung für den Betroffenen (lit. f).

Ob die nach Abs. 2 des Kataloges mitzuteilenden Informationen als weitere Informationen einzustufen sind, welche nicht in jedem Fall zwingend mitzuteilen sind, oder als solche, welche neben den Informationen des Kataloges nach Abs. 1 immer mitzuteilen sind, ist indes umstritten.[173] Dies resultiert daraus, dass Abs. 2 seinem Wortlaut nach – anders als Abs. 1 – an die Notwendigkeit der Informationen zur Gewährleistung einer fairen und transparenten Verarbeitung anknüpft.[174]

3. Zeitpunkt der Mitteilung

Die notwendigen Informationen müssen zum Zeitpunkt der Erhebung mitgeteilt werden.[175] Im Falle einer zulässigen Zweckänderung hat die Mitteilung gem. Art. 13 Abs. 3 DSGVO vor der Verarbeitung zum geänderten Zweck zu erfolgen.[176]

4. Ausnahmen

Die DSGVO sieht ferner Ausnahmen der Informationspflicht im Rahmen der Erhebung von personenbezogenen Daten bei der betroffenen Person vor.

---

173 BeckOK DatenschutzR/*Schmidt-Wudy* DSGVO Art. 13 Rn. 58 f.
174 BeckOK DatenschutzR/*Schmidt-Wudy* DSGVO Art. 13 Rn. 59.
175 Gola/*Franck* DSGVO Art. 13 Rn. 36.
176 Gola/*Franck* DSGVO Art. 13 Rn. 36.

a) Kenntnis

Nach Art. 13 Abs. 4 DSGVO bestehen die Informationspflichten des Art. 13 DSGVO nicht, soweit die betroffene Person bereits Kenntnis über Informationen hat. Hinsichtlich des Nachweises der Kenntnis der betroffenen Person trägt der Verantwortliche die Beweislast.[177]

b) Unmöglichkeit

EWG 62 DSGVO sieht keine Informationspflicht vor, wenn die Unterrichtung der betroffenen Person unmöglich ist.[178] Zu denken sei insbesondere an Zugangshindernisse, welche aus der Sphäre der betroffenen Person stammen (bspw. erschöpfter Postfachspeicher oder ablehnende Mailserverkonfiguration).[179]

c) Öffnungsklausel

Darüber hinaus sind nationale Ausnahmetatbestände zu beachten, welche im Rahmen der Öffnungsklausel des Art. 23 DSGVO bzw. Art. 85 Abs. 2 DSGVO getroffen worden sind.[180] Hierzu ist § 29 Abs. 2 BDSG n.F. als Beispiel anzuführen. Sofern personenbezogene Daten im Rahmen eines Mandatsverhältnisses an einen Berufsgeheimnisträger übermittelt werden, besteht eine Informationspflicht nur sofern das Interesse der betroffenen Person (des Mandanten) an der Informationserteilung überwiegt.

II. Art. 14 DSGVO – Informationspflicht im Rahmen der Erhebung von nicht bei der betroffenen Person

1. Allgemeines

Ebenso wie Art. 13 DSGVO normiert Art. 14 DSGVO eine aktive Informationspflicht des Verantwortlichen.[181] Die Informationspflicht des Art. 14 DSGVO bezieht sich hierbei auf personenbezogene Daten, welche nicht bei der betroffenen Person selbst sondern auf andere Weise erhoben worden sind.[182] Erfasst ist also die indirekte Erhebung von personenbezogenen Daten. Von einer solchen

177 Gola/*Franck* DSGVO Art. 13 Rn. 43.
178 Paal/Pauly/*Paal/Hennemann* DSGVO Art. 13 Rn. 35.
179 Gola/*Franck* DSGVO Art. 13 Rn. 45.
180 Gola/*Franck* DSGVO Art. 13 Rn. 46.
181 Gola/*Franck* DSGVO Art. 14 Rn. 1.
182 Kühling/Buchner/*Bäcker* DSGVO Art. 14 Rn. 1.

ist auszugehen, wenn die betroffene Person für den Verantwortlichen weder körperlich noch mental an der Datenerhebung beteiligt ist.[183] Die Informationspflicht des Art. 14 DSGVO ist vom Regelungsgehalt weitgehend mit der des Art. 13 DSGVO übereinstimmend, enthält jedoch darüberhinausgehend eine spezifische Fristenregelung sowie weitere Ausnahmetatbestände.[184]

2. Umfang

Wie auch Art. 13 DSGVO unterteilt Art. 14 DSGVO die mitzuteilenden Informationen in zwei Kataloge (Abs. 1 und Abs. 2). Die in Art. 14 Abs. 1 und Abs. 2 DSGVO aufgeführten Informationsgehalte sind hierbei größtenteils deckungsgleich mit Art. 13 Abs. 1 und Abs. 2 DSGVO.[185] Unterschiede ergeben sich lediglich hinsichtlich Art. 14 Abs. 1 lit. d DSGVO und Art. 14 Abs. 2 lit. f DSGVO.

Gemäß Art. 14 Abs. 1 lit. d DSGVO sind dem Betroffenen die Kategorein der personenbezogenen Daten, welche verarbeitet werden, mitzuteilen. Dies resultiert daraus, dass eine betroffene Person, welche im Rahmen einer indirekten Datenerhebung nicht beteiligt ist andernfalls keinen Überblick über die erhobenen Daten erhalten kann.[186]

Gemäß Art. 14 Abs. 2 lit. f DSGVO sind dem Betroffenen ferner die Quellen, aus welcher die personenbezogenen Daten stammen mitzuteilen sowie, ob diese ggf. öffentlich zugängliche Quellen sind. Die Angaben beziehen sich hierbei auf die vom Verantwortlichen konkret genutzten Quellen.[187] Durch die nach Art. 14 Abs. 2 lit. f DSGVO mitzuteilenden Informationen wird die betroffene Person in die Lage versetzt, ggf. unrichtige Daten zurückzuverfolgen und entsprechend bei der Ursprungsquelle eine Berichtigung anzustreben.[188]

3. Zeitpunkt der Mitteilung

Im Rahmen der Informationspflichten gem. Art. 14 DSGVO hat der Verantwortliche die in Abs. 3 der Norm statuierten spezifischen Fristenregelungen zur Mitteilungspflicht zu beachten. Nach Art. 14 Abs. 3 lit. a DSGVO hat der Verantwortliche die Informationen grundsätzlich innerhalb einer angemessenen Frist

---

183 BeckOK DatenschutzR/*Schmidt-Wudy* DSGVO Art. 14 Rn. 31.

184 Gola/*Franck* DSGVO Art. 14 Rn. 2; Kühling/Buchner/*Bäcker* DSGVO Art. 14 Rn. 1.

185 Siehe S. 56 f.

186 Ehmann/Selmayr/*Knyrim* DSGVO Art. 14 Rn. 28; Gola/*Franck* DSGVO Art. 14 Rn. 7.

187 Gola/*Franck* DSGVO Art. 14 Rn. 13.

188 Ehmann/Selmayr/*Knyrim* Art. 14 Rn. 38; Gola/*Franck* DSGVO Art. 14 Rn. 13; Kühling/Buchner/*Bäcker* DSGVO Art. 14 Rn. 19.

nach Erlangung der personenbezogenen Daten, spätestens jedoch innerhalb eines Monats mitzuteilen. Bei der hier benannten Monatsfrist handelt es sich um eine Maximaldauer, welche nicht als Pauschalfrist genutzt werden darf.[189] Die Monatsfrist darf nur dann vollständig ausgenutzt werden, wenn nach den Umständen des Einzelfalls eine frühere Mitteilung nicht möglich ist.[190] Sofern die personenbezogenen Daten zur Kommunikation mit der betroffenen Person verwendet werden sollen, hat der Verantwortliche seine Informationspflichten gem. Art. 14 Abs. 3 lit. b) DSGVO spätestens zum Zeitpunkt der ersten Kontaktaufnahme zu erfüllen. Die Informationspflicht kann in einem solchen Fall im Rahmen der eigentlichen Kommunikation erfolgen.[191] Letztlich hat der Verantwortlich die Informationen gem. Art. 14 Abs. 3 lit. c DSGVO im Falle einer beabsichtigten Offenlegung an einen anderen Empfänger spätestens zum Zeitpunkt der ersten Offenlegung erfüllt haben. Die gemäß Art. 14 Abs. 3 lit. a DSGVO vorgegebene Monatsfrist gilt absolut mit der Folge, dass die Zeitpunkte des Abs. 3 lit. b und lit. c nicht über diese Monatsfrist hinausgehen dürfen.[192]

4. Ausnahmen

Mit Art. 14 Abs. 5 lit. a bis d DSGVO enthält die Norm unmittelbare Ausschlusstatbestände für die Informationspflicht hinsichtlich der Verarbeitung von personenbezogenen Daten, welche nicht bei der betroffenen Person erhoben wurden. Diese gehen über die Ausnahmetatbestände der Informationspflicht nach Art. 13 DSGVO hinaus.[193]

a) Kenntnis des Betroffenen

Entsprechend der Regelung des Art. 13 Abs. 4 DSGVO trifft den Verantwortlichen auch im Rahmen von Art. 14 DSGVO gemäß Abs. 5 lit. a keine Informationspflicht, soweit die betroffene Person bereits über die jeweiligen Informationen verfügt.[194]

---

189 Gola/*Franck* DSGVO Art. 14 Rn. 18.
190 Kühling/Buchner/*Bäcker* DSGVO Art. 14 Rn. 31.
191 Gola/*Franck* DSGVO Art. 14 Rn. 19.
192 Gola/*Franck* DSGVO Art. 14 Rn. 21.
193 Gola/*Franck* DSGVO Art. 14 Rn. 23.
194 Zu Art. 13 Abs. 4 DSGVO, siehe S. 57.

b) Unmöglichkeit, unverhältnismäßiger Aufwand und Beeinträchtigung der Ziele

Darüber hinaus enthält Art. 14 Abs. 5 lit. b DSGVO ausdrücklich die Ausschlusstatbestände der Unmöglichkeit, des unverhältnismäßigen Aufwandes der Informationserteilung sowie die Beeinträchtigung der mit der Datenerhebung verbundenen Ziele durch die Erteilung der Informationen. Sofern ein Ausnahmetatbestand des Art. 14 Abs. 5 lit. b DSGVO greift, hat der Verantwortliche gem. Art. 14 Abs. 5 lit. b DSGVO geeignete Maßnahmen zum Schutz der Rechte, Freiheiten und berechtigten Interessen der betroffenen Person vorzunehmen, inklusive der Bereitstellung dieser Informationen für die Öffentlichkeit.

aa) Unmöglichkeit

Hinsichtlich der Annahme einer Unmöglichkeit der Informationserteilung, muss der Verantwortliche tatsächlich daran gehindert sein, der betroffenen Person die entsprechenden Informationen zu übermitteln.[195] Darunter fallen Situationen in denen der Verantwortliche keine Kenntnis über die Identität der betroffenen Person hat oder erlangen kann.[196] Sollte der Umstände, welcher die Unmöglichkeit bewirkt nach gewisser Zeit nicht mehr gegeben sein und damit eine Informationserteilung möglich werden, ist der Informationspflicht unverzüglich nachzukommen.[197] Ausweislich des Wortlautes der Norm gelten die Ausnahmetatbestände der Unmöglichkeit und des unverhältnismäßigen Aufwandes insbesondere für die Verarbeitung im öffentlichen Interesse liegender Archivzwecke, wissenschaftliche oder historische Forschungszwecke oder statistische Zwecke.[198]

---

195 Artikel-29-Datenschutzgruppe, WP 260, S. 35.

196 Simitis/Hornung/Spiecker/*Dix* DSGVO Art. 14 Rn. 2; Fallbeispiel bei Artikel-29-Datenschutzgruppe, WP 260, S. 36.

197 Artikel-29-Datenschutzgruppe, WP 260, S. 35; Ehmann/Selmayr/*Knyrim* DSGVO Art. 14 Rn. 43; Paal/Pauly/*Paal/Hennemann* DSGVO Art. 13 Rn. 40; Simitis/Hornung/Spiecker/*Dix* DSGVO Art. 14 Rn. 21; a.A. BeckOK DatenschutzR/*Schmidt-Wudy* Art. 14 Rn. 100.

198 Nach Ansicht der Artikel-29-Datenschutzgruppe sollten sich Verantwortliche, welche sich außerhalb dieser Verarbeitungszwecke bewegen, nicht auf Art. 14 Abs. 5 lit. b) DSGVO berufen (Artikel-29-Datenschutzgruppe WP 260, S. 37); a.A.: Kühling/Buchner/*Bäcker* DSGVO Art. 14 Rn. 56; Paal/Pauly/*Paal/Hennemann* DSGVO Art. 14 Rn. 40c; Simitis/Hornung/Spiecker/*Dix* DSGVO Art. 14 Rn. 23; wohl auch Sydow/Marsch/*Ingold* HK-DSGVO Art. 14 Rn. 15; Taeger/Gabel/*Mester* DSGVO Art. 14 Rn. 23.

bb) Unverhältnismäßiger Aufwand

Der Ausschlussgrund des unverhältnismäßigen Aufwandes der Informationsmitteilung räumt einen Bewertungsspielraum ein.[199] Im Rahmen dieser Bewertung ist eine Abwägung zwischen dem mit der Informationsmitteilung entstehenden Aufwand für den Verantwortlichen und dem Informationsinteresse der betroffenen Person vorzunehmen.[200] Der für einen Verantwortlichen zuzumutende Aufwand vergrößert sich dabei mit zunehmenden Interesse der betroffenen Person an der Informationsmitteilung sowie steigendem Risiko der Datenverarbeitung für die betroffene Person.[201] Ob die Unmöglichkeit bzw. die Unverhältnismäßigkeit an objektiven oder subjektiven Merkmalen zu bestimmen ist, ist indes umstritten.[202]

cc) Beeinträchtigung der Ziele

Weiterhin sieht Art. 14 Abs. 5 DSGVO eine Ausnahme der Informationspflicht vor, soweit die Informationsmitteilung die Verwirklichung der Ziele der Verarbeitung voraussichtlich unmöglich macht oder ernsthaft beeinträchtigt. Als Fallbeispiel lässt sich hier eine, im Sinne der Geldwäschegesetze eines Mitgliedstaates, verdächtige Geldüberweisung auf das Konto einer Bank und eine damit verbundene behördliche Ermittlung anführen, wobei eine Information darüber an den Kontoinhaber eine erhebliche Beeinträchtigung dieser Ermittlung darstellen würde.[203]

c) Ausdrückliche Regelung

Nach Art. 14 Abs. 5 lit. c DSGVO ist die Informationspflicht ferner ausgeschlossen, sofern die Erlangung oder Offenlegung der personenbezogenen Daten durch

---

199 Simitis/Hornung/Spiecker/*Dix* DSGVO Art. 14 Rn. 22.

200 Simitis/Hornung/Spiecker/*Dix* DSGVO Art. 14 Rn. 22.

201 Kühling/Buchner/*Bäcker* DSGVO Art. 14 Rn. 55; Simitis/Hornung/Spiecker/*Dix* DSGVO Art. 14 Rn. 21; Sydow/Marsch/*Ingold* HK-DSGVO Art. 14 Rn. 14; Taeger/Gabel/*Mester* DSGVO Art. 14 Rn. 22.

202 Für die Bestimmung anhand objektiver Merkmale: Simitis/Hornung/Spiecker/*Dix* DSGVO Art. 14 Rn. 21; Gola/*Franck* DSGVO Art. 14 Rn. 25; Schantz/Wolff/*Schanz* Datenschutzrecht Rn. 1169. Für die Bestimmung anhand subjektiver Merkmale: BeckOK/*Schmidt-Wudy* DatenschutzR Art. 14 Rn. 98; Plath/*Kamlah* DSGVO Art. 14 Rn. 15. Für die Bestimmung anhand objektiver und subjektiver Merkmale: Paal/Pauly/*Paal/Hennemann* DSGVO Art. 14 Rn. 40d.

203 Fallbeispiel Artikel-29-Datenschutzgruppe, WP 260, S. 39.

Rechtsvorschriften der Union oder der Mitgliedstaaten ausdrücklich geregelt ist, der Verantwortliche diesen Vorschriften unterliegt und diese geeigneten Maßnahmen zum Schutz der betroffenen Person vorsehen. Aus der Rechtsvorschrift im Sinne von lit. c müssen Erlaubnis zur Datenverarbeitung, deren Rahmenbedingungen (Art der erhobenen Daten, Voraussetzungen für die Erhebung, Verarbeitungszweck) sowie geeignete Schutzmaßnahmen für die betroffene Person hervorgehen.[204] Eine Generalklausel genügt dem nicht.[205]

d) Berufsgeheimnis

Letztlich ist ein Ausschluss der Informationsplicht nach Art. 14 Abs. 5 lit. d DSGVO dann gegeben, wenn die personenbezogenen Daten nach dem Unionsrecht oder dem Recht der Mitgliedstaaten dem Berufsgeheimnis oder einer satzungsmäßigen Geheimhaltungspflicht unterliegen und somit vertraulich behandelt werden müssen. Beispielhaft lassen sich hier die Berufsgruppen der Mediziner, Rechtsanwälte und Steuerberater anführen, deren Geheimhaltungspflichten im deutschen Recht in den jeweiligen Berufsgesetzen (für Rechtsanwälte etwa in § 43a Abs. 2 BRAO) verankert sind und bei denen eine Verletzung der Schweigepflicht durch § 203 StGB strafrechtlich sanktioniert ist.[206]

e) Öffnungsklausel

Ebenso wie bei der Informationspflicht nach Art. 13 DSGVO sind auch bei der Informationspflicht nach Art. 14 DSGVO Ausnahmeregelungen im nationalem Recht zu beachten, welche im Rahmen der Öffnungsklausel des Art. 23 DSGVO getroffen worden sind.[207] Im deutschen Recht enthält beispielsweise § 33 BDSG n.F. ergänzende Ausnahmetatbestände zu Art. 14 Abs. 5 DSGVO für öffentliche und nichtöffentliche Stellen.[208]

---

204 Kühling/Buchner/*Bäcker* DSGVO Art. 14 Rn. 65; Taeger/Gabel/*Mester* DSGVO Art. 14 Rn. 26.

205 Kühling/Buchner/*Bäcker* DSGVO Art. 14 Rn. 65; Paal/Pauly/Paal/Hennemann DSGVO Art. 14 Rn. 42; Simitis/Hornung/Spiecker/*Dix* DSGVO Art. 14 Rn. 27.

206 Gola/*Franck* DSGVO Art. 14 Rn. 27.

207 Ehmann/Selmayr/*Knyrim* DSGVO Art. 14 Rn. 48; Gola/*Franck* DSGVO Art. 14 Rn. 28 ff.; Kühling/Buchner/*Bäcker* DSGVO Art. 14 Rn. 71; Simitis/Hornung/Spiecker/*Dix* DSGVO Art. 14 Rn. 31; Taeger/Gabel/*Mester* DSGVO Art. 14 Rn. 28.

208 Gola/*Franck* DSGVO Art. 14 Rn. 30.

III. Art. 20 DSGVO – Recht auf Datenübertragbarkeit

1. Allgemeines

Mit dem in Art. 20 DSGVO geregeltem Recht auf Datenportabilität wurde ein neues Betroffenenrecht im Datenschutzrecht eingeführt.[209] Das Recht auf Datenportabilität ermöglicht es der betroffenen Person, in Fällen der automatisierten Datenverarbeitung auf Grundlage einer Einwilligung oder eines Vertrags, die von ihr bereitgestellten (sie betreffenden) personenbezogenen Daten von dem Verantwortlichen zu erhalten und an einen anderen Verantwortlichen zu übertragen.[210] Zweck der Regelung ist es, der betroffenen Person Kontrolle über ihre personenbezogenen Daten zu geben, um einen Wechsel zwischen Verantwortlichen (insbesondere Anbietern von Dienstleistungen) zu erleichtern.[211] Hierdurch wird zugleich der Wettbewerb zwischen Verantwortlichen gefördert.[212]

2. Umfang

Das Recht auf Datenportabilität gem. Art. 20 DSGVO enthält verschiedene Regelungsgehalte. Zunächst steht es der betroffenen Person nach Art. 20 Abs. 1 DSGVO zu, die bereitgestellten personenbezogenen Daten von dem Verantwortlichen zu erhalten.[213] Lediglich der Zugang zu den Daten ist insofern nicht ausreichend.[214] Vielmehr ist der tatsächliche Erhalt (Gelangen in den Verfügungs- und Machtbereich) notwendig.[215] Die im Zuge dessen erhaltenen personenbezogenen Daten kann die betroffene Person an einen anderen Verantwortlichen übermitteln.[216] Darüber hinaus kann die betroffene Person nach Art. 20 Abs. 2 DSGVO von dem Verantwortlichen eine direkte Übertragung der

---

209 BeckOK DatenschutzR/*von Lewinski* DSGVO Art. 20 Rn. 1; *Dehmel/Hullen,* ZD 2013, 147 (153); *Jülicher/Röttgen/v. Schönfeld,* ZD 2016, 358.

210 Ehmann/Selmayr/Kamann/*Braun* DS-GVO Art. 20 Rn. 1.

211 BeckOK IT-Recht/*Steinrötter* DS-GVO Art. 20 Rn. 13; Gola/*Piltz* DSGVO Art. 20 Rn. 2 f.; Sydow/Marsch/*Sydow/Wilhelm-Robertson* HK-DSGVO Art. 20 Rn. 9.

212 Gola/*Piltz* DSGVO Art. 20 Rn. 3.

213 Gola/*Piltz* DSGVO Art. 20 Rn. 9.

214 Gola/*Piltz* DSGVO Art. 20 Rn. 9.

215 BeckOK IT-Recht/*Steinrötter* DS-GVO Art. 20 Rn. 26; Gola/*Piltz* DSGVO Art. 20 Rn. 9.

216 BeckOK IT-Recht/*Steinrötter* DS-GVO Art. 20 Rn. 34; Gola/*Piltz* DSGVO Art. 20 Rn. 10.

personenbezogenen Daten an einen anderen Verantwortlichen verlangen.[217] Von diesen Rechten sind ausschließlich solche personenbezogenen Daten umfasst, welche automatisiert verarbeitet werden und auf Grund einer Einwilligung oder eines Vertrages durch die betroffene Person bereitgestellt worden sind.[218]

217 BeckOK IT-Recht/*Steinrötter* DS-GVO Art. 20 Rn. 40 ff.; Gola/*Piltz* DSGVO Art. 20 Rn. 26.

218 BeckOK DatenschutzR/*von Lewinski* DSGVO Art. 20 Rn. 28.

D. Überblick zu Art. 15 DSGVO – Auskunftsanspruch

I. Normhistorie

Die heutige Ausgestaltung von Art. 15 DSGVO ist das Ergebnis eines jahrelangen Entstehungsprozesses, welcher von grundlegenden Änderungen der konkreten Ausgestaltung geprägt ist.[219] Nicht zuletzt deswegen ist die Heranziehung der Normhistorie zur Klärung von Streitfragen bezüglich der praktischen Anwendung von Art. 15 DSGVO von besonderer Relevanz. Signifikante Änderungen lassen sich bei einem Vergleich des ersten Vorschlages der europäischen Kommission vom 25.01.2012, dem Beschluss des europäischen Parlaments vom 12.03.2014, der Allgemeinen Ausrichtung des europäischen Rats vom 11.06.2015 sowie dem Gesetzgebungsakt vom 27.04.2016 erkennen.

1. Die Vorgängernorm Art. 12 lit. a RL 95/46/EG

Bereits vor der Geltung von Art. 15 DSGVO existierte mit Art. 12 RL 95/46/EG ein datenschutzrechtliches Auskunftsrecht für betroffene Personen. Hiervon erfasst war unteranderem das Recht auf „eine Mitteilung in verständlicher Form über die Daten, die Gegenstand der Verarbeitung sind“. Anders als die Vorschrift des Art. 15 DSGVO enthielt Art. 12 RL 95/46/EG hingegen keinen ausdrücklichen Anspruch auf Erteilung einer Kopie.

2. Gesetzgebungsverfahren zu Art. 15 DSGVO

a) Erster Vorschlag der europäischen Kommission vom 25.01.2012

Am 25.01.2012 legte die europäische Kommission den ersten Vorschlag hinsichtlich der Ausgestaltung der DSGVO vor. Dieser sah für das Auskunftsrecht nach Art. 15 DSGVO nachfolgende Regelung vor.

aa) Wortlaut

„Artikel 15 Auskunftsrecht der betroffenen Person

219 BeckOK DatenschutzR/*Schmidt-Wudy* DSGVO Art. 15 Rn. 1.

1. Die betroffene Person hat das Recht, von dem für die Verarbeitung Verantwortlichen jederzeit eine Bestätigung darüber zu verlangen, ob sie betreffende personenbezogene Daten verarbeitet werden oder nicht. Werden personenbezogene Daten verarbeitet, teilt der für die Verarbeitung Verantwortliche Folgendes mit:

a) die Verarbeitungszwecke,
b) die Kategorien personenbezogener Daten, die verarbeitet werden,
c) die Empfänger oder Kategorien von Empfängern, an die die personenbezogenen Daten weitergegeben werden müssen oder weitergegeben worden sind, speziell bei Empfängern in Drittländern,
d) die Dauer, für die die personenbezogenen Daten gespeichert werden,
e) das Bestehen eines Rechts auf Berichtigung oder Löschung der sie betreffenden personenbezogenen Daten durch den für die Verarbeitung Verantwortlichen beziehungsweise eines Widerspruchrechts gegen die Verarbeitung dieser Daten,
f) das Bestehen eines Beschwerderechts bei der Aufsichtsbehörde sowie deren Kontaktdaten,
g) diejenigen personenbezogenen Daten, die Gegenstand der Verarbeitung sind, sowie alle verfügbaren Informationen über die Herkunft der Daten,
h) die Tragweite der Verarbeitung und die mit ihr angestrebten Auswirkungen, zumindest im Fall der Maßnahmen gemäß Artikel 20.

2. Die betroffene Person hat Anspruch darauf, dass ihr von dem für die Verarbeitung Verantwortlichen mitgeteilt wird, welche personenbezogenen Daten verarbeitet werden. Stellt die betroffene Person den Antrag in elektronischer Form, ist sie auf elektronischem Weg zu unterrichten, sofern sie nichts anderes angibt.

3. Die Kommission wird ermächtigt, delegierte Rechtsakte nach Maßgabe von Art. 86 zu erlassen, um Einzelheiten zu den Kriterien und Anforderungen in Bezug auf die Mitteilung über den Inhalt der personenbezogenen Daten gemäß Absatz 1 Buchstabe g an die betroffene Person festzulegen.

4. Die Kommission kann Standardvorlagen und -verfahren für Auskunftsgesuche und die Erteilung der Auskünfte gemäß Absatz 1 festlegen, darunter auch für die Überprüfung der Identität der betroffenen Person und die Mitteilung der personenbezogenen Daten an die betroffene Person, wobei sie gegebenenfalls die Besonderheiten und Bedürfnisse der verschiedenen Sektoren und Verarbeitungssituationen berücksichtigt. Die entsprechenden Durchführungsrechtsakte werden in Übereinstimmung mit dem Prüfverfahren gemäß Art. 87 Abs. 2 erlassen."

bb) Erläuterung

Im ersten Vorschlag der europäischen Kommission vom 25.01.2012[220] (DSGVO-E(K)) war Art. 15 DSGVO-E(K) als reines Auskunftsrecht ausgestaltet.[221] Der betroffenen Person wurde hierbei nach Abs. 1 das Recht eingeräumt, „Bestätigung darüber zu verlangen, ob sie betreffende personenbezogene Daten verarbeitet werden oder nicht."[222] Sofern es zu einer positiven Bestätigung hinsichtlich der Verarbeitung kam, sah Art. 15 Abs. 1 S. 2 lit. a)–h) einen Katalog an auskunftspflichtigen Informationen vor. Ferner räumte Abs. 2 einen Anspruch der betroffenen Person gegenüber dem Verantwortlichen dahingehend ein, dass ihr „mitgeteilt wird, welche personenbezogenen Daten verarbeitet werden."[223] Ein Anspruch auf Erteilung einer Kopie war in dem Vorschlag der europäischen Kommission vom 25.01.2012 nicht vorgesehen.

b) Beschluss des europäischen Parlaments vom 12.03.2014

Der Vorschlag der europäischen Kommission wurde sodann im Rahmen des ordentlichen Gesetzgebungsverfahrens in einer ersten Lesung am 12.03.2014 im Europäischen Parlament beraten. Die hieraus folgende legislative Entschließung[224] sah eine Vielzahl von Änderungen[225] gegenüber dem Vorschlag der europäischen Kommission vom 25.01.2012 vor.

aa) Wortlaut

Nachfolgend der originale Wortlaut des in dem Beschluss des europäischen Parlaments vom 12.02.2014 vorgesehenen Artikels 15. Änderungen sind **fett** und *kursiv* geschrieben. Streichungen wurden durchgestrichen.

„Artikel 15

~~Auskunftsrecht~~ ***Recht*** der betroffenen Person ***auf Auskunft und auf Herausgabe der Daten***

---

220 Vorschlag für Verordnung des Europäischen Parlaments und des Rates zum Schutz natürlicher Personen bei der Verarbeitung personenbezogener Daten und zum freien Datenverkehr (Datenschutz-Gundverordnung), KOM(2012)0011.

221 BeckOK DatenschutzR/*Schmidt-Wudy* DSGVO Art. 15 Rn. 1.

222 Art. 15 Abs. 1 Vorschlag zur DSGVO vom 25.01.2012 KOM(2012)0011.

223 Art. 15 Abs. 1 Vorschlag zur DSGVO vom 25.01.2012 KOM(2012)0011.

224 ABl. C 378 vom 09.11.2017, S. 399–492.

225 Bezeichnet als [Abänd. 111].

(1) Die betroffene Person hat – ***vorbehaltlich des Artikels 12 Absatz 4*** – das Recht, von dem für die Verarbeitung Verantwortlichen jederzeit eine Bestätigung darüber zu verlangen, ob ~~sie~~ betreffende personenbezogene Daten verarbeitet werden oder nicht, ***und folgende in einfacher und verständlicher Sprache abgefasste Informationen zu verlangen.*** ~~Werden personenbezogene Daten verarbeitet, teilt der für die Verarbeitung Verantwortliche Folgendes mit:~~

a) die Verarbeitungszweck ***für jede Kategorie personenbezogener Daten,***
b) die Kategorien personenbezogener Daten, die verarbeitet werden,
c) die Empfänger ~~oder Kategorien von Empfängern~~, an die die personenbezogenen Daten weitergegeben werden müssen oder weitergegeben worden sind, ~~speziell~~***darunter auch*** bei Empfängern in Drittländern,
d) die Dauer, für die die personenbezogenen Daten gespeichert werden, ***oder, falls dies nicht möglich ist, die Kriterien für die Festlegung dieser Dauer,***
e) das Bestehen eines Rechts auf Berichtigung oder Löschung der sie betreffenden personenbezogenen Daten durch den für die Verarbeitung Verantwortlichen beziehungsweise eines Widerspruchrechts gegen die Verarbeitung dieser Daten,
f) das Bestehen eines Beschwerderechts bei der Aufsichtsbehörde sowie deren Kontaktdaten,
~~g) diejenigen personenbezogenen Daten, die Gegenstand der Verarbeitung sind, sowie alle verfügbaren Informationen über die Herkunft der Daten,~~
h) die Tragweite der Verarbeitung und die mit ihr angestrebten ~~Auswirkungen, zumindest im Fall der Maßnahmen gemäß Artikel 20~~ ***Wirkungen.***

ha) aussagekräftige Informationen über die Logik einer automatisierten Datenverarbeitung;

hb) im Falle der Weitergabe personenbezogener Daten an eine Behörde infolge eines Antrags einer Behörde, die Bestätigung, dass solch ein Antrag gestellt wurde, wobei Artikel 21 unberührt bleibt

(2) Die betroffene Person hat Anspruch darauf, dass ihr von dem für die Verarbeitung Verantwortlichen mitgeteilt wird, welche personenbezogenen Daten verarbeitet werden. Stellt die betroffene Person den Antrag in elektronischer Form, ist sie ~~auf elektronischem Weg~~ ***in einem strukturierten elektronischen Format*** zu unterrichten, sofern sie nichts anderes angibt. ***Unbeschadet des Artikels 10 ergreift der für die Verarbeitung Verantwortliche alle zumutbaren Maßnahmen, um zu überprüfen, ob die Person, die Zugang zu Daten beantragt, die betroffene Person ist.***

(2a) Hat die betroffene Person die personenbezogenen Daten zur Verfügung gestellt und werden diese elektronisch verarbeitet, hat sie das Recht, von dem

für die Verarbeitung Verantwortlichen eine Kopie der zur Verfügung gestellten personenbezogenen Daten in einem interoperablen gängigen elektronischen Format zu verlangen, das sie weiter verwenden kann, ohne dabei von dem für die Verarbeitung Verantwortlichen, von dem die personenbezogenen Daten herausgegeben werden, behindert zu werden. Soweit technisch machbar und verfügbar, werden die Daten auf Verlangen der betroffenen Person unmittelbar von dem für die Verarbeitung Verantwortlichen an einen anderen für die Verarbeitung Verantwortlichen übermittelt

(2b) Dieser Artikel gilt unbeschadet der Verpflichtung, nicht mehr benötigte Daten gemäß Artikel 5 Absatz 1 Buchstabe e zu löschen.

(2c) Das Recht auf Auskunft nach Absatz 1 und 2 besteht nicht in Bezug auf Daten im Sinne von Artikel 14 Absatz 5 Buchstabe da, es sei denn, die betroffene Person ist befugt, die Geheimhaltung aufzuheben und handelt dementsprechend.

~~(3) Die Kommission wird ermächtigt, delegierte Rechtsakte nach Maßgabe von Artikel 86 zu erlassen, um Einzelheiten zu den Kriterien und Anforderungen in Bezug auf die Mitteilung über den Inhalt der personenbezogenen Daten gemäß Absatz 1 Buchstabe g an die betroffene Person festzulegen.~~

~~(4) Die Kommission kann Standardvorlagen und -verfahren für Auskunftsgesuche und die Erteilung der Auskünfte gemäß Absatz 1 festlegen, darunter auch für die Überprüfung der Identität der betroffenen Person und die Mitteilung der personenbezogenen Daten an die betroffene Person, wobei sie gegebenenfalls die Besonderheiten und Bedürfnisse der verschiedenen Sektoren und Verarbeitungssituationen berücksichtigt. Die entsprechenden Durchführungsrechtsakte werden in Übereinstimmung mit dem Prüfverfahren gemäß Artikel 87 Absatz 2 erlassen.~~ **[Abänd. 111]**“

bb) Erläuterung

Durch Beschluss des Europäischen Parlaments vom 12.03.2014[226] (DSGVO-E(EP)) wurde Art. 15 sodann als Auskunfts- und Herausgaberecht ausgestaltet.[227] Bereits die Überschrift wurde von „Auskunftsrecht der betroffenen Person“ zu „Recht der betroffenen Person auf Auskunft und auf Herausgabe der Daten“ abgeändert.[228] Während der ursprünglich vorgesehene Anspruch

---

226 Legislativ Entschließung des Europäischen Parlaments vom 12 März 2014, COM(2012)0011 – C7-0025/2012 – 2012/0011(COD).

227 BeckOK DatenschutzR/*Schmidt-Wudy* DSGVO Art. 15 Rn. 1.

228 Abänderung 111, Beschluss des Europäischen Parlaments vom 12.03.2014 (7427/1/14, REV1).

auf Bestätigung, ob personenbezogene Daten verarbeitet werden erhalten blieb, wurde der Katalog (der im Falle einer Verarbeitung mitzuteilenden Informationen) nach Satz 2 in Satz 1 inkludiert. Ferner wurde dieser insofern ergänzt, als dass die Informationen in „einfacher und verständlicher Sprache" zu formulieren seien.[229] Neben weiteren redaktionellen Änderungen ist insbesondere auffällig, dass mit einem neu eingefügtem Absatz 2a erstmals ein Anspruch auf Erteilung einer Kopie normiert worden ist. Hiervon wurden jedoch nur solche personenbezogenen Daten erfasst, welche die betroffene Person „zur Verfügung" gestellt hat. Das in Art. 15 Abs. 2a DSGVO-E(EP) geregelte Institut entspricht dem heute in Art. 20 DSGVO geregelte Recht auf Datenübertragbarkeit.[230] Ein Anspruch auf Kopie, wie dieser in Art. 15 Abs. 3 DSGVO enthalten ist, existierte zu diesem Zeitpunkt nicht.

c) Allgemeine Ausrichtung des europäischen Rats vom 11.06.2015

Am 15.06.2015 einigten sich der Justizministerrat und Innenministerrat der europäischen Union auf eine allgemeine Ausrichtung auf Grundlage einer Vorbereitung vom 11.06.2015[231].

aa) Wortlaut

Nachfolgend der originale Wortlaut des in der allgemeinen Ausrichtung vom 11.06.2015 vorgesehenen Art. 15. Änderungen sind unterstrichen, Streichungen sind mit (…) angegeben.

„Artikel 15

Auskunftsrecht der betroffenen Person

1. Die betroffene Person hat das Recht, von dem für die Verarbeitung Verantwortlichen <u>in angemessenen Abständen unentgeltlich</u> (…) eine Bestätigung darüber zu verlangen, ob <u>sie betreffende</u> personenbezogene Daten verarbeitet werden; <u>ist dies der Fall, so hat sie ein Recht auf Auskunft über diese Daten und auf folgende Informationen</u>:

(a) die Verarbeitungszwecke;

---

229 Abänderung 111, Beschluss des Europäischen Parlaments vom 12.03.2014 (7427/1/14, REV1).

230 Abänderung 111, Beschluss des Europäischen Parlaments vom 12.03.2014 (7427/1/14, REV1); BeckOK DatenschutzR/*Schmidt-Wudy* DSGVO Art. 15 Rn. 1.

231 Vorbereitung einer allgemeinen Ausrichtung vom 11.06.2015, 9565/15.

(b) (…)
(c) die Empfänger oder Kategorien von Empfängern, an die die personenbezogenen Daten weitergegeben worden sind oder noch weitergegeben werden, speziell bei Empfängern in Drittländern oder bei internationalen Organisationen;
(d) wenn möglich, die geplante Speicherfrist;
(e) das Bestehen eines Rechts auf Berichtigung oder Löschung der sie betreffenden personenbezogenen Daten oder auf Einschränkung der Verarbeitung dieser Daten durch den für die Verarbeitung Verantwortlichen oder eines Widerspruchrechts gegen die Verarbeitung dieser Daten;
(f) das Bestehen eines Beschwerderechts bei einer Aufsichtsbehörde (…);
(g) wenn die personenbezogenen Daten nicht bei der betroffenen Person erhoben werden, alle verfügbaren Informationen über die Herkunft der Daten;
(h) im Fall von Entscheidungen, die auf einer automatisierten Verarbeitung einschließlich Profiling gemäß Artikel 20 Absätze 1 und 3 beruhen, Angaben zu der verwendeten Logik sowie zur Tragweite und zu den angestrebten Auswirkungen einer derartigen Verarbeitung.

1a. Werden personenbezogene Daten an ein Drittland oder an eine internationale Organisation übermittelt, so hat die betroffene Person das Recht, über die geeigneten Garantien gemäß Artikel 42 im Zusammenhang mit der Übermittlung unterrichtet zu werden.

1b. Auf Antrag stellt der für die Verarbeitung Verantwortliche der betroffenen Person, ohne eine überhöhte Gebühr zu verlangen, eine Kopie der personenbezogenen Daten, die Gegenstand der Verarbeitung sind, zur Verfügung.

2. (…)

2a. Der Anspruch auf eine Kopie gemäß Absatz 1b (…) besteht nicht, wenn eine solche nicht zur Verfügung gestellt werden kann, ohne personenbezogene Daten anderer betroffener Personen oder vertrauliche Daten des für die Verarbeitung Verantwortlichen offenzulegen. Ferner besteht dieser Anspruch nicht, wenn die Offenlegung personenbezogener Daten Rechte an geistigem Eigentum in Bezug auf die Verarbeitung dieser personenbezogenen Daten verletzen würde.

3. (…)

4. (…)“

bb) Erläuterungen

Art. 15 DSGVO wurde im gemeinsamen Standpunkt des europäischen Rats sowie im Ergebnis der Trilogparteien wieder als Auskunftsrecht ausgestaltet.[232] Dies ergibt sich bereits aus der Änderung der Überschrift. Darüber hinaus wurde mit den neu eingefügten Absätzen 1b und 2a erstmals ein Anspruch der betroffenen Person gegenüber dem Verantwortlichen auf Erteilung einer Kopie statuiert. Dieser Anspruch ist tatbestandlich – wie Absatz 1b erkennen lässt – ausschließlich an die Antragstellung seitens der betroffenen Person geknüpft. Umfasst werden „die personenbezogenen Daten, die Gegenstand der Verarbeitung" sind. Ferner darf der Verantwortliche keine „überhöhte Gebühr" verlangen, woraus sich schließen lässt, dass eine angemessene Gebühr verlangt werden darf. Mit Absatz 2a wurden weiterhin Ausnahmen hinsichtlich des Kopieanspruchs nach Absatz 1b geschaffen. Zunächst sollte ein Anspruch auf Erteilung einer Kopie gem. Absatz 2a S. 1 dann nicht bestehen, wenn hierdurch unvermeidbar personenbezogene Daten anderer betroffener Personen oder vertrauliche Daten des Verantwortlichen offengelegt werden würden. Erläuterungen dazu, welche Daten als vertraulich anzusehen sind wurden nicht festgelegt. Darüber hinaus sollte ein Anspruch auf Erteilung einer Kopie auch dann nicht bestehen, wenn hierdurch eine Verletzung der „Rechte an geistigem Eigentum in Bezug auf die Verarbeitung dieser personenbezogenen Daten" eintreten würde.

d) Fassung nach Einigung zwischen europäischem Parlament und europäischem Rat / Gesetzgebungsakt vom 27.04.2016

Am 04.05.2016 wurde die Datenschutz-Grundverordnung in der vom Präsidenten des Europäischen Parlaments sowie vom Präsidenten des Europäischen Rates am 27.04.2016 unterschrieben Fassung im Amtsblatt der Europäischen Union veröffentlicht. Im Rahmen von nachfolgenden Berichtigungen wurden lediglich Redaktionsfehler, wie bspw. die falsche Bezeichnung von in Bezug genommen Absätzen, korrigiert. Inhaltlich änderte sich im Nachgang weder die DSGVO als solche noch der konkrete Art. 15 DSGVO. Nachfolgend der Wortlaut des Art. 15 DSGVO nach Vornahme der Berichtigungen.

aa) Wortlaut

„Artikel 15

232 BeckOK DatenschutzR/*Schmidt-Wudy* DSGVO Art. 15 Rn. 1.

Auskunftsrecht der betroffenen Person

(1) Die betroffene Person hat das Recht, von dem Verantwortlichen eine Bestätigung darüber zu verlangen, ob sie betreffende personenbezogene Daten verarbeitet werden; ist dies der Fall, so hat sie ein Recht auf Auskunft über diese personenbezogenen Daten und auf folgende Informationen:

a) die Verarbeitungszwecke;
b) die Kategorien personenbezogener Daten, die verarbeitet werden;
c) die Empfänger oder Kategorien von Empfängern, gegenüber denen die personenbezogenen Daten offengelegt worden sind oder noch offengelegt werden, insbesondere bei Empfängern in Drittländern oder bei internationalen Organisationen;
d) falls möglich die geplante Dauer, für die die personenbezogenen Daten gespeichert werden, oder, falls dies nicht möglich ist, die Kriterien für die Festlegung dieser Dauer;
e) das Bestehen eines Rechts auf Berichtigung oder Löschung der sie betreffenden personenbezogenen Daten oder auf Einschränkung der Verarbeitung durch den Verantwortlichen oder eines Widerspruchsrechts gegen diese Verarbeitung;
f) das Bestehen eines Beschwerderechts bei einer Aufsichtsbehörde;
g) wenn die personenbezogenen Daten nicht bei der betroffenen Person erhoben werden, alle verfügbaren Informationen über die Herkunft der Daten;
h) das Bestehen einer automatisierten Entscheidungsfindung einschließlich Profiling gemäß Artikel 22 Absätze 1 und 4 und – zumindest in diesen Fällen – aussagekräftige Informationen über die involvierte Logik sowie die Tragweite und die angestrebten Auswirkungen einer derartigen Verarbeitung für die betroffene Person.

(2) Werden personenbezogene Daten an ein Drittland oder an eine internationale Organisation übermittelt, so hat die betroffene Person das Recht, über die geeigneten Garantien gemäß Artikel 46 im Zusammenhang mit der Übermittlung unterrichtet zu werden.

(3) Der Verantwortliche stellt eine Kopie der personenbezogenen Daten, die Gegenstand der Verarbeitung sind, zur Verfügung. Für alle weiteren Kopien, die die betroffene Person beantragt, kann der Verantwortliche ein angemessenes Entgelt auf der Grundlage der Verwaltungskosten verlangen. Stellt die betroffene Person den Antrag elektronisch, so sind die Informationen in einem gängigen elektronischen Format zur Verfügung zu stellen, sofern sie nichts anderes angibt.

(4) Das Recht auf Erhalt einer Kopie gemäß Absatz 3 darf die Rechte und Freiheiten anderer Personen nicht beeinträchtigen."

bb) Erläuterungen

Hinsichtlich des Auskunftsanspruches unterscheidet sich der Wortlaut des Gesetzgebungsaktes von dem der allgemeinen Ausrichtung des europäischen Rates in verschiedenen Aspekten. Zunächst fällt auf, dass die in Art. 15 Abs. 1 S. 1 DSGVO im Rahmen der allgemeinen Ausrichtung des europäischen Rats eingefügte Einschränkung („in angemessenen Abständen") hinsichtlich eines Auskunftsverlangens wieder gestrichen worden ist. Dies führte im Ergebnis jedoch nicht dazu, dass die betroffene Person zeitraumunabhängig, beliebig oft einen Anspruch auf Auskunft geltend machen kann.[233] Ferner wurde die Unentgeltlichkeit des Auskunftsanspruches nicht übernommen. Neben kleineren redaktionellen Änderungen (bspw. Anpassung von Absatzbezeichnungen) wurde insbesondere der Anspruch auf Kopie nochmals überarbeitet. Die Regelung einer angemessenen Gebühr wurde dem Wortlaut nach – jedenfalls für die erste beantragte Kopie – gestrichen. Dafür wurde mit Abs. 3 S. 2 die Möglichkeit für den Verantwortlichen geschaffen, für alle weiteren von der betroffenen Person beantragten Kopien ein „angemessenes Entgelt" verlangen zu dürfen. Darüber hinaus wurde mit Abs. 3 S. 3 eine Regelung bzgl. der elektronischen Antragsstellung eingefügt, nach welcher in einem solchen Falle auch von dem Verantwortlichen ein „gängiges elektronischen Format" zur Erfüllung des Anspruchs auf Kopie zu verwenden sei. Besonders auffällig ist die Modifikation der Ausnahmen vom Anspruch auf Kopie. Nach Abs. 4 gilt als Ausnahme des Rechts auf Erhalt einer Kopie nunmehr die Beeinträchtigung von Rechten und Freiheiten anderer Personen. Dies wirkt auf den ersten Blick im Verhältnis zur in der allgemeinen Ausrichtung des europäischen Rates vorgesehenen Ausnahmeregelung weniger umfangreich. Jedoch sorgt die allgemeine Formulierung („Rechte und Freiheiten anderer Personen") dafür, dass ein größerer Spielraum bezüglich der darunter zu definierenden Rechte entsteht. Lediglich mit Blick auf die zuvor vorgesehene Ausnahme hinsichtlich der (durch Erfüllung des Anspruchs) drohenden Offenlegung vertraulicher Daten des Verantwortlichen stellt sich die Frage, ob dies auch von der endgültigen Fassung des Gesetzgebungsaktes umfasst ist. Während zuvor die Offenlegung vertraulicher Daten des Verantwortlichen durch die Zurverfügungstellung einer Kopie ausreichte, bedarf es nun der Beeinträchtigung von Rechten und Pflichten.

233 Siehe S. 205.

II. Erwägungsgrund 63 DSGVO

Die DSGVO enthält 173 Erwägungsgründe (EWG DSGVO), welche auf die jeweiligen Regelungen Bezug nehmen, Erläuterungen enthalten und Konkretisierungen vornehmen. Für den Auskunftsanspruch gem. Art. 15 DSGVO ist EWG 63 DSGVO von besonderer Bedeutung.

1. Sinn und Zweck

Aus EWG 63 S. 1 DSGVO ergibt sich zunächst die Notwendigkeit der Existenz eines Auskunftsrechts bezogen auf verarbeitete personenbezogene Daten. Nach EWG 63 S. 1 DSGVO soll ein Auskunftsrecht dazu führen, dass „sich [die betroffene Person] der Verarbeitung bewusst" werden und „deren Rechtmäßigkeit" überprüfen kann.

2. Sonderreglung zu gesundheitsbezogenen Daten

Mit EWG 63 S. 2 DSGVO besteht eine Sonderregelung hinsichtlich der von der Auskunft umfassten „gesundheitsbezogenen Daten". Demnach sind „Daten in Patientenakten", „Informationen wie beispielsweise Diagnosen, Untersuchungsergebnisse, Befunde der behandelnden Ärzte" und „Angaben zu Behandlungen oder Eingriffen" von dem Auskunftsrecht erfasst.

3. Weitere Informationen

Neben der Auskunft über die personenbezogenen Daten sind nach EWG 63 S. 3 DSGVO auch weitere Informationen (Zwecke der Datenverarbeitung, Speicherdauer, Empfänger, Logik und Folgen im Rahmen automatischer Verarbeitung) von dem Auskunftsrecht umfasst.

4. Mögliche Umsetzungsform

Nach EWG 63 S. 4 DSGVO stellt die Bereitstellung eines „Fernzugangs zu einem sicheren System", durch welches der betroffenen Person „direkter Zugang zu ihren personenbezogenen Daten" gegeben wird, eine mögliche Umsetzungsform der Auskunft dar.[234]

---

234 Näher dazu siehe S. 94 f.

5. Grenzen des Auskunftsrechts

Durch das Auskunftsrecht dürfen nach EWG 63 S. 5 DSGVO nicht „Rechte und Freiheiten anderer Personen“ beeinträchtigt werden. EWG 63 S. 5 DSGVO nennt insbesondere „Geschäftsgeheimnisse“, „Rechte des geistigen Eigentums“ und „Urheberrechte an Software“. Gemäß EWG 63 S. 6 DSGVO dürfen die genannten Grenzen jedoch nicht zur vollständigen Verweigerung der Auskunft führen.

6. Präzisierungsverlangen des Verantwortlichen

Zuletzt steht jedem Verantwortlichen, welcher „eine große Menge von Informationen über die betroffene Person“ verarbeitet gem. EWG 63 S. 7 DSGVO die Möglichkeit zu, von der betroffenen Person eine Präzisierung des Auskunftsersuchens verlangen zu können. Hierbei soll die betroffene Person eingrenzen „welche Informationen oder welche Verarbeitungsvorgänge“ beauskunftet werden sollen.

III. Genereller Aufbau von Art. 15 DSGVO

Wie bereits im Rahmen der Normhistorie kurz dargestellt, ist Art. 15 DSGVO in verschiedene Regelungsabschnitte unterteilt. Hierbei behandeln Abs. 1 und Abs. 2 zunächst das Recht der betroffenen Person auf Auskunft über die verarbeiteten personenbezogenen Daten.[235] Sodann sieht Abs. 3 vor, dass der Verantwortliche eine Kopie über diese personenbezogenen Daten zur Verfügung zu stellen hat. Der Anspruch auf Erteilung einer Kopie wird durch Abs. 4 insofern begrenzt, als dass Rechte und Freiheiten anderer Personen nicht beeinträchtigt werden dürfen.

IV. Bezug zu Art. 8 GRCh

Neben dem in Art. 15 DSGVO normierten Auskunftsrecht finden sich auch in der weiteren Unionsrechtsordnung Auskunftsrechte. Zu nennen sind hier Art. 8 Abs. 2 S. 2 GRCh und Art. 16 AEUV.[236] Auf Grund des Rangverhältnisses zwischen der DSGVO als Sekundärrecht und der GRCh als Primärrecht, sind die Regelungen der DSGVO grundrechtskonform auszulegen.[237] Daher ist auch

---

235 Taeger/Gabel/*Mester* DSGVO Art. 15 Rn. 1.

236 BeckOK DatenschutzR/*Schmidt-Wudy* DSGVO Art. 15 Rn. 5.

237 BeckOK DatenschutzR/*Schmidt-Wudy* DSGVO Art. 15 Rn. 6.

der Auskunftsanspruch nach Art. 15 DSGVO stets im Lichte von Art. 8 GRCh grundrechtskonform auszulegen.[238]

V. Telos

Zusammen mit den Betroffenenrechten aus Art. 13 und Art. 14 bildet Art. 15 die sog. „Magna Charta der Betroffenenrechte".[239] Durch das in Art. 15 DSGVO statuierte Auskunftsrecht soll die betroffene Person in die Lage versetzt werden, Kenntnis über das Bestehen eines Verarbeitungsprozesses sowie über den konkreten Ablauf und die Modalitäten von diesem zu erlangen.[240] In dem Recht auf Auskunft nach Art. 15 DSGVO verkörpern sich unmittelbar wie auch mittelbar eine Vielzahl der Grundsätze des Datenschutzrechtes.

Zunächst wird durch das Auskunftsrecht nach Art. 15 DSGVO Transparenz hinsichtlich des Verarbeitungsvorganges gewährleistet. Während die betroffene Person bereits im Rahmen der Informationspflichten des Verantwortlichen nach Art. 13 und Art. 14 DSGVO in Kenntnis über einen Verarbeitungsvorgang gesetzt wird, wird durch die nach Art. 15 DSGVO zu erteilende Auskunft ein weiterer Einblick in den Verarbeitungsvorgang gewährleistet.

Erst durch die geschaffene Transparenz wird es einer betroffenen Person ermöglicht, Überprüfungen hinsichtlich der Rechtmäßigkeit der Verarbeitung vornehmen zu können. Die Überprüfung der rechtmäßigen Datenverarbeitung stellt dabei den Hauptzweck des Auskunftsrechts nach Art. 15 DSGVO dar.[241] Ohne die Auskunft über das „Ob" und „Wie" eines Verarbeitungsprozesses wäre eine Überprüfung für eine betroffene Person wohl kaum möglich.

Hiermit verbunden erfüllt Art. 15 DSGVO den weiteren Zweck einer effektiven Rechtsdurchsetzung.[242] Nach dem Erhalt einer Auskunft entsteht auf Seiten der betroffenen Person die Möglichkeit Erwägungen hinsichtlich der Geltendmachung weiterer Rechte anzustellen. Zu nennen sind insbesondere die Rechte des dritten Abschnittes der DSGVO (z.B. das Recht auf Berichtigung nach Art. 16 DSGVO oder das Recht auf Löschung nach Art. 17 DSGVO). Mit diesen Rechten verbunden ist stets der Grundsatz der Richtigkeit.

238 BeckOK DatenschutzR/*Schmidt-Wudy* DSGVO Art. 15 Rn. 6.
239 BeckOK DatenschutzR/*Schmidt-Wudy* DSGVO Art. 15 Rn. 2.
240 BeckOK DatenschutzR/*Schmidt-Wudy* DSGVO Art. 15 Rn. 2
241 Sydow/Marsch/*Bienemann* HK-DSGVO Art. 15 Rn. 1.
242 Sydow/Marsch/*Bienemann* HK-DSGVO Art. 15 Rn. 1.

VI. Anspruchsvoraussetzungen

Die Voraussetzungen dafür, dass ein Anspruch auf Auskunft gem. Art. 15 DSGVO entsteht, bestehen notwendig in der Eröffnung des Anwendungsbereichs der Norm und zudem darin, dass die betroffene Person ein Auskunftsverlangen gegenüber dem (vermeintlichen) Verantwortlichen stellt.[243]

1. Anwendungsbereich

Der Anwendungsbereich von Art. 15 DSGVO ist grundsätzlich mit dem Anwendungsbereich der DSGVO eröffnet.[244] Einschränkungen von Art. 15 DSGVO können jedoch durch den nationalen Gesetzgeber erfolgen, sofern er von den in der DSGVO vorgesehenen Öffnungsklauseln[245] Gebrauch macht.[246] Mit den Regelungen des Bundesdatenschutzgesetztes (BDSG) hat der deutsche Gesetzgeber von seinen Kompetenzen bereits Gebrauch gemacht.[247] Zu nennen sind insbesondere § 27 Abs. 2 BDSG, § 28 Abs. 2 BDSG, § 29 Abs. 1 S. 2 BDSG sowie § 34 BDSG.[248] Diese lassen sich auf die Öffnungsklausel des Art. 23 DSGVO zurückführen.[249]

2. Auskunftsverlangen

Sofern der Anwendungsbereich von Art. 15 DSGVO eröffnet ist und nicht zulässigerweise eingeschränkt wurde, bedarf es zur Entstehung des Anspruchs sodann eines Auskunftsverlangens durch die betroffene Person gegenüber dem Verantwortlichen. Ohne ein entsprechendes Auskunftsverlangen ist der Verantwortliche nicht verpflichtet eine Auskunft zu erteilen.[250] Das Auskunftsverlangen ist grds. weder formgebunden noch begründungspflichtig.[251] Für den Verantwortlichen besteht jedoch nach Erwägungsgrund 64 S. 7 die Möglichkeit, eine Präzisierung des gestellten Antrages verlangen zu können.[252]

---

243 BeckOK DatenschutzR/*Schmidt-Wudy* DSGVO Art. 15 Rn. 32.
244 BeckOK DatenschutzR/*Schmidt-Wudy* DSGVO Art. 15 Rn. 33.
245 Art. 23, Art. 85, Art. 88, Art. 89 DSGVO.
246 BeckOK DatenschutzR/*Schmidt-Wudy* DSGVO Art. 15 Rn. 34.
247 BeckOK DatenschutzR/*Schmidt-Wudy* DSGVO Art. 15 Rn. 34.
248 Siehe S. 207 ff.
249 Siehe S. 210.
250 BeckOK DatenschutzR/*Schmidt-Wudy* DSGVO Art. 15 Rn. 49; Kühling/Buchner/*Bäcker* DSGVO Art. 15 Rn. 1.
251 BeckOK DatenschutzR/*Schmidt-Wudy* DSGVO Art. 15 Rn. 46; Gola/*Franck* DSGVO-Art. 15 Rn. 25; Simitis/Hornung/Spiecker/*Dix* DSGVO Art. 15 Rn. 11.
252 EWG 63 S. 7 DSGVO, siehe S. 78.

a) *Erfordernis der Präzisierung eines Antrages auf Verlangen eines privaten Verantwortlichen*

Bei der Verarbeitung von großen Mengen an Informationen, wie etwa im Rahmen eines Arbeitsverhältnisses, wird der Verantwortliche bei der Erfüllung eines pauschal gestellten Auskunftsverlangens regelmäßig vor eine große Herausforderung gestellt. Für diese Fallgestaltung sieht EWG 63 S. 7 DSGVO Abhilfe vor. Dem Verantwortlichen wird die Möglichkeit eingeräumt, eine Präzisierung des Auskunftsverlangens der betroffenen Person auf „bestimmte Informationen oder Verarbeitungsvorgänge" verlangen zu können, bevor eine Auskunft erteilt wird.

Sofern die betroffene Person einem Präzisionsverlangen nicht nachkommt, stellt sich die Frage, welche Auswirkungen dies hinsichtlich der Auskunftserteilung für den Verantwortlichen hat. Während einheitlich vertreten wird, dass dem Verantwortlichen nach EWG 64 S. 7 DSGVO das Recht zusteht, eine Präzisierung des Auskunftsantrages verlangen zu können,[253] gehen die Meinungen hinsichtlich der Auswirkungen einer unterbliebenen Präzisierung auseinander.

aa) *Präzisierungsverlangen ohne zwingenden Charakter*

Einerseits wird die Ansicht vertreten, dass der Verantwortliche bei unterbliebener Präzisierung des Antrages durch die betroffene Person dennoch eine vollumfängliche Auskunft zu erteilen habe.[254] Dies wird zunächst damit begründet, dass die in EWG 64 S. 7 DSGVO enthaltene Vorschrift inhaltsgleich mit § 19 Abs. 1 S. 2 BDSG a.F. bzw. § 34 Abs. 1 S. 2 BDSG a.F. sei.[255] In deren Anwendung sei anerkannt gewesen, dass die betroffene Person nicht zu einer Präzisierung gezwungen werden könne.[256] Ferner deute die Ausgestaltung der Regelung als Soll-Vorschrift (im Gegensatt zu einer Muss-Vorschrift) darauf hin, dass ein zwingender Charakter vom Gesetzgeber nicht gewollt sei.[257]

---

253 DSK, Kurzpapier Nr. 6, S. 2 (Stand: 26.07.2017).

254 BeckOK DatenschutzR/*Schmidt-Wudy* DSGVO Art. 15 Rn. 47; DWWS/*Däubler* DSGVO Art. 15 Rn. 20; Laue/Kremer/*Kremer*, DatenschutzR § 4 Rn. 27; Paal/Pauly/*Paal* DSGVO Art. 15 Rn. 8; Simitis/Hornung/Spiecker/*Dix* DatenschutzR Art. 15 Rn. 11; Sydow/Marsch/*Bienemann*, Art. 15 Rn. 17.

255 BeckOK DatenschutzR/*Schmidt-Wudy* DSGVO Art. 15 Rn. 47; Sydow/Marsch/*Bienemann*, Art. 15 Rn. 17.

256 BeckOK DatenschutzR/*Schmidt-Wudy* DSGVO Art. 15 Rn. 47; Sydow/Marsch/*Bienemann*, Art. 15 Rn. 17.

257 BeckOK DatenschutzR/*Schmidt-Wudy* DSGVO Art. 15 Rn. 47.

bb) Präzisierungsverlangen ohne zwingenden Charakter, aber Fristverlängerung

In einer Modifikation der vorgenannten Ansicht wird vertreten, dass dem Verantwortlichen, welcher in Folge eines gescheiterten Präzisierungsverlangens eine umfängliche Auskunft zu erteilen hat, jedenfalls die Möglichkeit einer angemessenen Fristverlängerung gem. Art. 12 Abs. 3 DSGVO zustehe.[258] Sofern ein Präzisierungsverlangen zu einer Verzögerung der Auskunftserteilung führt, folge daraus keine Rechtswidrigkeit der Auskunft.[259]

cc) Präzisierungsverlangen mit zwingendem Charakter

Andererseits wird eine von dem Verantwortlichen gegenüber der betroffenen Person verlangte Präzisierung in den Fällen der Verarbeitung von großen Mengen an Informationen als zwingend (für die betroffene Person) angesehen.[260] Dies sei jedenfalls dann der Fall, wenn die betroffene Person ein Interesse nur an bestimmten Informationen habe.[261] Sofern die Erfüllung eines Präzisierungsverlangens als verpflichtend erachtet werde, bestünde jedoch weiterhin die Möglichkeit die gesamten Daten zu fordern (bspw. Interesse an allen Daten).[262] Dies sei insbesondere unter Wahrung von Art. 8 Abs. 2 S. 2 GRCh notwendig.[263]

dd) Interpretationsmöglichkeit des Verantwortlichen

Anknüpfend an die zuletzt genannte Ansicht entstehe im Rahmen eines nicht hinreichend präzisierten Antrages ein Interpretationsspielraum für den Verantwortlichen.[264] Der Verantwortliche solle dann entscheiden können, auf welche Informationen sich der Antrag beziehe.[265] Im Rahmen dessen sei der Auskunftsanspruch auch dann erfüllt, wenn nicht über sämtliche gespeicherte Daten Auskunft erteilt wird.[266]

---

258 Sydow/Marsch/*Bienemann*, Art. 15 Rn. 17.

259 Gola/Franck DSGVO Art. 15 Rn. 40.

260 So wohl Kühling/Buchner/*Bäcker* DSGVO Art. 15 Rn. 30, welcher der betroffenen Person (nur) „im Übrigen", also außerhalb der Verarbeitung großer Mengen an Informationen, ein vollumfängliches Auskunftsverlangen einräumt; Schantz/Wolff/*Schantz* Datenschutzrecht, Rn. 1193.

261 Ehmann/Selmayr/*Ehmann* DSGVO Art. 15 Rn. 24.

262 Ehmann/Selmayr/*Ehmann* DSGVO Art. 15 Rn. 24.

263 Schantz/Wolff/*Schantz* Datenschutzrecht, Rn. 1193.

264 *Köhnlechner*, DSRITB 2018, 173 (178).

265 *Köhnlechner*, DSRITB 2018, 173 (178).

266 *Köhnlechner*, DSRITB 2018, 173 (178).

ee) Rechtsprechung Landgericht Heidelberg v. 21.02.2020 – 4 O 6/19

Nach der Rechtsprechung des Landgerichts Heidelberg sei die Geltendmachung des Auskunftsanspruchs gem. Art. 15 DSGVO – im Rahmen der Verarbeitung großer Mengen an Informationen – ohne Nennung von Bereichen oder Kategorien, auf welche sich die Auskunft erstrecken solle zu unbestimmt.[267] Eben für diese Konstellation sehe EWG 64 S. 7 DSGVO für den Verantwortlichen die Erleichterung vor, eine Präzisierung des Auskunftsbegehrens verlangen zu können.[268] Nach Ansicht des Landgerichts Heidelberg „hat [die betroffene Person] klarzustellen“[269], an welchen Informationen ein Interesse bestehe.[270] Als ausreichend präzise sieht das Landgericht Heidelberg ein Auskunftsverlangen hinsichtlich der „Datenkategorie E-Mail-Korrespondenz“[271] in einem festgelegten Zeitraum an.[272]

Durch das Urteil des Landgerichts Heidelberg vom 21.02.2020[273] wird im Ergebnis der Eindruck vermittelt, dass die in EWG 64 S. 7 DSGVO vorgesehene Möglichkeit des Verantwortlichen eine Präzisierung des Auskunftsbegehrens verlangen zu können als verbindlich für die betroffene Person anzusehen ist.

ff) Stellungnahme

Die Frage nach der rechtlichen Bedeutung der in EWG 64 S. 7 DSGVO vorgesehenen Möglichkeit des Verantwortlichen eine Präzisierung des Auskunftsverlangens fordern zu können sollte im Rahmen einer vermittelnden und praxisorientierten Ansicht gelöst werden. Im Ergebnis ist die Möglichkeit des Präzisierungsverlangens als vollwertiges Recht einzustufen, dessen Erfüllung durch die verpflichtete Person obligatorisch ist. In der praktischen Umsetzung einer Auskunft gem. Art. 15 DSGVO ist die Erteilung einer Auskunft über wesentliche Informationen bereits vor Präzisierung dennoch ggf. sachdienlich und bleibt dem Verantwortlichen möglich.[274]

---

267 LG Heidelberg v. 21.02.2020 – 4 O 6/19, ZD 2020, 313 (313).
268 LG Heidelberg v. 21.02.2020 – 4 O 6/19, ZD 2020, 313 (313).
269 LG Heidelberg v. 21.02.2020 – 4 O 6/19, ZD 2020, 313 (313).
270 LG Heidelberg v. 21.02.2020 – 4 O 6/19, ZD 2020, 313 (313).
271 LG Heidelberg v. 21.02.2020 – 4 O 6/19, ZD 2020, 313 (313).
272 LG Heidelberg v. 21.02.2020 – 4 O 6/19, ZD 2020, 313 (313).
273 LG Heidelberg v. 21.92.2020 – 4 O 6/19, ZD 2020, 313.
274 Siehe S. 219 f.

(1) Historie

Zunächst drängt sich die Frage auf, ob die Kommentierung zu einer ähnlichen Norm innerhalb einer alten Fassung des BDSG tatsächlich herangezogen werden kann.[275] Hierzu müsste der Nachweis gelingen, dass der europäische Gesetzgeber bei der Festlegung des EWG 63 S. 7 DSGVO die Vorschrift des deutschen Gesetzgebers als Vorlage verwendet hat bzw. verwenden wollte und darüber hinaus denselben Regelungswillen verfolgte. Eine derartige Bestätigung lässt sich aus den zur Verfügung stehenden Gesetzesmaterialien jedoch nicht entnehmen.

Die Formulierung von EWG 63 S. 7 DSGVO („sollte er verlangen können, dass die betroffene Person präzisiert") deutet hingegen darauf hin, dass der europäische Gesetzgeber Verantwortliche in der genannten Verarbeitungssituation entlasten wollte. Durch EWG 63 S. 7 DSGVO stellt der europäische Gesetzgeber für den Verantwortlichen ein Mittel bereit, welches die Erteilung der Auskunft (in der besonderen Situation der Verarbeitung großer Mengen an Daten) erleichtern soll. Diesem Anliegen liefe es gänzlich zuwider, die vorgesehene Möglichkeit des Präzisierungsverlangens bei Nichterfüllung als folgenlos und rechtlich irrelevant zu bewerten. Es sollte nicht vernachlässigt werden, dass die Präzisierungsmöglichkeit bereits auf Verarbeitungsprozesse von großen Mengen an Informationen beschränkt ist. Hieraus lässt sich ableiten, dass der Gesetzgeber zwar grundsätzlich ein möglichst uneingeschränktes Auskunftsrecht für betroffene Personen schaffen wollte, in der bestimmten Verarbeitungssituation jedoch eine Ausnahme zur Entlastung Verantwortlicher als erforderlich erachtete. Der Gesetzgeber ist sich dieser besonderen Situation folglich bewusst gewesen, weshalb er es für notwendig empfand, diese ausdrücklich in einen eigenen Satz in den Erwägungsgründen aufzunehmen.

Dem Wortlaut von EWG 63 S. 7 DSGVO lässt sich ferner entnehmen, dass eine Präzisierung verlangt werden kann, „bevor" Auskunft erteilt wird. Aus der Formulierung einer solchen zeitlichen Reihung dieser Schritte (erst Präzisierung und dann die Auskunft) ergibt sich, dass der Präzisierung ein verpflichtender Charakter zukommen muss. Andernfalls ergibt die Verwendung des Wortes „bevor" keinen logischen Sinn.

Darüber hinaus lässt sich aus der Ausgestaltung von EWG 63 S. 7 DSGVO als Soll-Vorschrift nicht ableiten, dass einem Präzisierungsverlangens kein obligatorischer Charakter für die betroffene Person zukommen solle.[276] Soll-Vorschriften

---

275 BeckOK DatenschutzR/*Schmidt-Wudy* DSGVO Art. 15 Rn. 47; Sydow/Marsch/*Bienemann*, Art. 15 Rn. 17.

276 Entgegen BeckOK DatenschutzR/*Schmidt-Wudy* DSGVO Art. 15 Rn. 47.

sind gesetzliche Bestimmungen, die ein Tun oder Unterlassen zwar für den Regelfall, aber nicht zwingend vorschreiben.[277] Eine Soll-Vorschrift räumt der Person, welche durch diese mit Rechten ausgestattet wird, einen Spielraum ein, tatsächlich von dem Recht Gebrauch zu machen. Demnach bleibt es im Ermessen der mit Rechten ausgestatteten Person, ob sie von ihrem Recht Gebrauch macht. Übertragen auf EWG 63 S. 7 DSGVO lässt sich aus der Ausgestaltung als Soll-Vorschrift folglich entnehmen, dass es dem Verantwortlichen freistehen soll, ob dieser von seinem Recht des Präzisierungsverlangens Gebrauch macht oder nicht. Die Ausgestaltung als Soll-Vorschrift entfaltet jedoch keine Wirkung zu Gunsten der betroffenen Person derart, dass die Verbindlichkeit der Erfüllung eines Präzisierungsverlangens abzulehnen sei.

Vor diesem Hintergrund spricht eine historische Auslegung von Art. 15 DSGVO dafür, dass es dem gesetzgeberischen Willen entspricht im Falle der Verarbeitung von großen Mengen an Daten eine obligatorische Erleichterung für den Verantwortlichen zu schaffen.

(2) Systematik

Weiterhin lässt sich die Systematik von Art. 15 DSGVO anführen. Art. 15 DSGVO dient nicht dazu den betroffenen Personen eine vollumfängliche Überwachung der Datenverarbeitung als solche zu ermöglichen. Vielmehr ist die gezielte Kontrolle hinsichtlich der Rechtmäßigkeit der Datenverarbeitung sowie die Möglichkeit der Informationsbeschaffung zur Durchsetzung der weiteren Rechte von Betroffenen primäres Ziel. Die von der betroffenen Person begehrte Überprüfung der Datenverarbeitung dürfte regelmäßig leichter zu erreichen sein, wenn die Prüfung auf bestimmte Vorgänge eingeschränkt werden kann. Sollte dies für die betroffene Person nicht möglich sein, bleibt es weiterhin bei der Möglichkeit eine umfängliche Auskunft verlangen zu können.[278]

(3) Wortlaut

Aus dem Wortlaut von Art. 15 DSGVO lassen sich mangels ausdrücklicher Regelung der Möglichkeit des Verlangens einer Präzisierung keine Rückschlüsse hinsichtlich des gesetzgeberischen Willens hierzu ziehen.

---

277 Weber/*Weber*, Rechtswörterbuch, Soll-Vorschrift.

278 Hiervon unabhängig bleibt die Frage, ob die verlangten Informationen vom Umfang und der Reichweite des Art. 15 DSGVO im Einzelfall umfasst sind, siehe S. 73 ff.

(4) Auslegungsergebnis: Präzisierungsverlangen mit zwingendem Charakter

Die in EWG 63 S. 7 DSGVO verankerte Entstehungsgeschichte zu Art. 15 DSGVO deutet unmissverständliche auf den gesetzgeberischen Willen hin, die Möglichkeit zur erleichterten Erfüllung von Auskunftsbegehren für Verantwortliche zu gewährleisten, sofern eine Verarbeitung großer Mengen an Daten stattfindet. Dieses gesetzgeberische Anliegen lässt sich nur dann umsetzen, wenn ein Präzisierungsverlangen für betroffene Personen verpflichtend ist. Andere Ansichten lassen sich daher nicht in Einklang mit dem Willen des europäischen Gesetzgebers bringen. Die Nichterfüllung eines Präzisierungsverlangens führt dazu, dass der Verantwortliche so lange keine Auskunft zu erteilen hat wie keine Präzisierung durch die betroffene Person erfolgt. Sofern dem Art. 8 Abs. 2 S. 2 GRCh entgegengehalten wird, ist dies nicht überzeugend. Der betroffenen Person wird durch einen obligatorischen Charakter der Präzisierung nicht das Auskunftsrecht verwehrt. Dieses bleibt dem Grunde nach bestehen. Lediglich hinsichtlich einer Teilinformation der Auskunft (personenbezogene Daten) sind Konkretisierungen vorzunehmen. Die Umsetzung einer derartigen Praxis zeigt sich bereits in der Rechtsprechung, durch welche die Anforderungen an eine Präzisierung konkretisiert werden.[279]

b) Präzisierung eines Antrages gegenüber einer öffentlichen Stelle, § 34 Abs. 4 BDSG n.F.

Im Rahmen von Auskunftsverlangen gegenüber öffentlichen Stellen statuiert das nationale Recht mit § 34 Abs. 4 BDSG eine Pflicht der betroffenen Person zur Präzisierung eines Auskunftsverlangens. Hiervon umfasst sind Datenverarbeitungen, welche weder automatisiert noch nicht automatisiert stattfinden und in einem Dateisystem gespeichert werden. Im Sinn hatte der Gesetzgeber hier insbesondere „Akten oder Aktensammlungen sowie deren Deckblätter, die nicht nach bestimmten Kriterien geordnet sind“[280]. Das Bestehen eines Auskunftsanspruchs nach Art. 15 DSGVO ist – dem Wortlaut von § 34 Abs. 4 BDSG nach – an die Erteilung von Angaben zur Konkretisierung seitens der betroffenen Person gebunden. Durch die Angaben muss der Verantwortliche objektiv in die Lage versetzt werden, die Daten finden zu können.[281] Etwaige Defizite aus der Sphäre des Verantwortlichen gehen zu dessen eigenen Lasten.[282]

---

279 So etwa LG Heidelberg v. 21.02.2020 – 4 O 6/19, ZD 2020, 313.
280 BT-Drs. 18/11325, 104 f.
281 BeckOK DatenschutzR/*Schmidt-Wudy* BDSG § 34 Rn. 71.
282 BeckOK DatenschutzR/*Schmidt-Wudy* BDSG § 34 Rn. 71.

Zusätzlich zu der Verpflichtung der Konkretisierung des Antrages ist hinsichtlich der Erfüllung des Auskunftsanspruchs nach Art. 15 DSGVO eine Interessenabwägung durch den Verantwortlichen vorzunehmen. Nach § 34 Abs. 4 BDSG darf der für die Erteilung der Auskunft erforderliche Aufwand nicht außer Verhältnis zu dem von der betroffenen Person geltend gemachten Informationsinteresse stehen.

c) Erfordernis der ausdrücklichen Benennung des Begehrens einer Kopie i.S.v. Art. 15 Abs. 3 DSGVO

Weiterhin stellt sich die Frage, ob hinsichtlich der in Art. 15 Abs. 3 DSGVO vorgesehenen Kopie der personenbezogenen Daten, welche Gegenstand der Verarbeitung sind, eine ausdrückliche Bezeichnung innerhalb des Antrages zu erfolgen hat.

Die hierzu in der Literatur vertretenen Ansichten sind gespalten. Dies beruht insbesondere auf der damit verbundenen Frage nach der Beurteilung des Verhältnisses von Art. 15 Abs. 1 DSGVO zu Art. 15 Abs. 3 DSGVO.[283] Ohne dieser Thematik grundlegend vorweggreifen zu wollen, werden nachfolgende Ansichten hinsichtlich der Notwendigkeit einer ausdrücklichen Geltendmachung von Art. 15 Abs. 3 DSGVO vertreten.

aa) Ausdrückliche Bezeichnung notwendig

Einerseits wird vertreten, dass aus dem Antrag der betroffenen Person eindeutig hervorgehen müsse, ob lediglich eine Auskunft i.S.v. Art. 15 Abs. 1 DSGVO, eine Datenkopie i.S.v. Art. 15 Abs. 3 DSGVO oder beides begehrt werde.[284]

Hierfür spreche zunächst die redaktionelle Gestaltung von Art. 15 DSGVO und die damit verbundenen textlichen Trennung von Auskunft (Abs. 1) und Kopie (Abs. 3).[285]

Ferner sei dem Wortlaut von Art. 15 Abs. 3 S. 3 DSGVO nach auch der Erhalt einer Kopie an einen Antrag gebunden, welcher entsprechend nicht den Antrag nach Abs. 1 meinen könne.[286]

Im Sinne des Transparenzgebotes gem. Art. 12 Abs. 1 S. 1 DSGVO solle außerdem die betroffene Person darüber entscheiden können, ob diese (über die

283 Siehe S. 181 f.

284 BeckOK DatenschutzR/*Schmidt-Wudy* DSGVO Art. 15 Rn. 86; Kühling/Buchner/*Bäcker* DSGVO Art. 15 Rn. 44.

285 *Litschen*, öAT 2020, 227 (229).

286 BeckOK DatenschutzR/*Schmidt-Wudy* DSGVO Art. 15 Rn. 86.

Auskunft hinaus) eine Kopie erhalten möchte oder nicht.[287] Dies solle sicherstellen, dass die betroffene Person nicht automatisch bei jedem Auskunftsverlangen die Ausfertigung einer Kopie erhält, welche diese nicht bekommen möchte und unter Umständen zu Verwirrung führt.[288]

Auch aus finanzieller Sicht seien Erteilung von Auskunft sowie Ausstellung einer Datenkopie nicht miteinander zu verbinden.[289] Während die Auskunft kostenfrei für die betroffene Person ist, sind weitere Kopien (über die erst erhaltene Datenkopie) nach Art. 15 Abs. 3 S. 2 DSGVO mit Kosten für die betroffene Person verbunden. Dies führe im Ergebnis dazu, dass der betroffenen Person bei der zwingenden Verbindung von Auskunft und Datenkopie die Möglichkeit einer kostenfreien Zweitauskunft genommen werden würde.[290]

bb) Antrag auf Auskunft i.S.v. Abs. 1 impliziert Datenkopie i.S.v. Abs. 3

Anderseits wird vertreten, dass eine ausdrückliche Geltendmachung des Anspruchs auf Erteilung einer Kopie nach Art. 15 Abs. 3 DSGVO nicht notwendig sei.[291] Bereits in einer Geltendmachung des Anspruchs auf Auskunft nach Art. 15 Abs. 1 DSGVO sei die Kopie i.S.v. Art. 15 Abs. 3 DSGVO implementiert.[292] Die Zurverfügungstellung einer Datenkopie wird von einigen als Bestandteil der Erfüllungshandlung der Auskunftserteilung nach Abs. 1 angesehen.[293] Ohne die Nennung konkreter Argumente lässt sich nur vermuten, dass sich diese Ansicht überwiegend auf den Wortlaut von Art. 15 Abs. 3 S. 1 DSGVO stützt. Ferner sei die Datenkopie nach Abs. 3 nicht als Sonderform anzusehen, sondern vom Grundtatbestand der Auskunft nach Abs. 1 umfasst.[294]

---

287 BeckOK DatenschutzR/*Schmidt-Wudy* DSGVO Art. 15 Rn. 86.

288 BeckOK DatenschutzR/*Schmidt-Wudy* DSGVO Art. 15 Rn. 86.

289 BeckOK DatenschutzR/*Schmidt-Wudy* DSGVO Art. 15 Rn. 86.

290 BeckOK DatenschutzR/*Schmidt-Wudy* DSGVO Art. 15 Rn. 86.

291 Ehmann/Selmayr/*Ehmann* DSGVO Art. 15 Rn. 25; EuArbRK/*Franzen* DSGVO Art. 15 Rn. 4; Gola/*Franck* DSGVO Art. 15 Rn. 27; Paal/Pauly/*Paal* DSGVO Art. 15 Rn. 33; Simitis/Hornung/Spiecker/*Dix* DatenschutzR Art. 15 Rn. 29; Spindler/Schuster/*Nink* DSGVO Art. 15 Rn. 11; Taeger/Gabel/*Mester* DSGVO Art. 15 Rn. 18.

292 Ehmann/Selmayr/*Ehmann* DSGVO Art. 15 Rn. 25; EuArbRK/*Franzen* DSGVO Art. 15 Rn. 4; Gola/*Franck* DSGVO Art. 15 Rn. 27; Paal/Pauly/*Paal* DSGVO Art. 15 Rn. 33; Simitis/Hornung/Spiecker/*Dix* DatenschutzR Art. 15 Rn. 29; Spindler/Schuster/*Nink* DSGVO Art. 15 Rn. 11; Taeger/Gabel/*Mester* DSGVO Art. 15 Rn. 18.

293 EuArbRK/*Franzen* DSGVO Art. 15 Rn. 4; Spindler/Schuster/*Nink* DSGVO Art. 15 Rn. 11.

294 Gola/*Franck* DSGVO Art. 15 Rn. 27.

cc) *Ausdrücklicher Antrag nur für weitere Datenkopien*

In Abwandlung zur zuvor genannten Ansicht wird vertreten, dass ein ausdrücklicher Antrag hinsichtlich einer Datenkopie i.S.v. Art. 15 Abs. 3 DSGVO jedenfalls für weitere Kopien erforderlich werde.[295] Jedoch bleibe es dabei, dass im Rahmen eines ersten Auskunftsverlangens stets auch eine Datenkopie auszustellen sei.[296] Dies lasse sich auf den Wortlaut von Art. 15 Abs. 3 DSGVO zurückführen, welcher erst in Bezug auf weitere Kopien ein Antragserfordernis vorsehe.[297]

dd) *Stellungnahme*

Nach dem ausdrücklichen Wortlaut von Art. 15 Abs. 3 S. 1 DSGVO bedarf es keines Antrages und somit auch keiner Benennung innerhalb des Auskunftsbegehrens. Die Bindung an einen Antrag und somit an eine ausdrückliche Benennung innerhalb des Auskunftsbegehrens ergibt sich dem Wortlaut der Norm nach nur für „weitere Kopien". Dass das Gesetz in diesen Fällen eine Antragspflicht statuiert, lässt sich auf die Entgeltlichkeit zurückführen, welche dem Wortlaut des Art. 15 Abs. 3 DSGVO zu entnehmen ist. Die Antragspflicht in einer solchen Situation lässt sich wohl darauf zurückführen, dass der betroffenen Person nicht unwissentlich Kosten entstehen sollen.

Gegen die Annahme einer Pflicht zur ausdrücklichen Benennung der Kopie i.S.v. Art. 15 Abs. 3 DSGVO innerhalb des Auskunftsbegehrens spricht ferner das systematische Verständnis zwischen Art. 15 Abs. 1 DSGVO und Art. 15 Abs. 3 DSGVO. Nach hier vertretender Ansicht ist ein einheitliches Verständnis zu Grunde zu legen, sodass Art. 15 DSGVO als einheitliches Auskunftsrecht anzusehen ist.[298] Als Bestandteil davon ist stets auch die Kopie von einem Auskunftsbegehren umfasst.

Letztlich lässt sich dem Gesetzgebungsverfahren entnehmen, dass die Kopie i.S.v. Art. 15 Abs. 3 DSGVO ursprünglich[299] ausdrücklich antragsgebunden war, dies jedoch mit der Fassung nach Einigung zwischen Europäischen Parlament und Europäischen Rat vom 27.04.2016[300] verworfen wurde. Dies spricht

---

295 Sydow/Marsch/*Bienemann* HK-DSGVO Art. 15 Rn. 50.

296 Sydow/Marsch/*Bienemann* HK-DSGVO Art. 15 Rn. 50.

297 Sydow/Marsch/*Bienemann* HK-DSGVO Art. 15 Rn. 50.

298 Im Detail siehe S. 181 ff.

299 So noch in der allgemeinen Ausrichtung des europäischen Rats vom 11.06.2015, siehe S. 72.

300 Siehe S. 74.

dafür, dass der Gesetzgeber die Erteilung einer Kopie nicht von einem separaten Antrag bzw. der ausdrücklichen Benennung abhängig machen wollte.

Hinsichtlich der Anforderungen an den Antrag einer betroffenen Person bzgl. eines Auskunftsbegehrens lässt sich zusammenfassend festhalten, dass grds. keine besonderen Voraussetzungen bestehen. Die betroffene Person hat hinsichtlich der Datenkopie i.S.v. Art. 15 Abs. 3 DSGVO keine ausdrückliche Benennung vorzunehmen. Es gilt jedoch zu beachten, dass die betroffene Person (im Falle eines pauschal gestellten Antrages, im Rahmen der Verarbeitung großer Mengen an Informationen) verpflichtet ist, auf Verlangen des Verantwortlichen das Auskunftsbegehren hinsichtlich konkreter Informationen oder Verarbeitungsvorgänge zu präzisieren.

3. Identifikation der betroffenen Person als Rechtsinhaber

Vom Auskunftsanspruch nach Art. 15 DSGVO wird als Anspruchsberechtigter die von der Datenverarbeitung betroffene Person erfasst. Sofern auf Seiten des Verantwortlichen Zweifel über die Identität der antragsstellenden Person bestehen, hat dieser zu prüfen, ob es sich auch tatsächlich um die von der Datenverarbeitung betroffene Person handelt.[301] Hierzu steht dem Verantwortlichen gem. Art. 12 Abs. 6 DSGVO die Möglichkeit offen, weitere erforderliche Informationen zur Bestätigung der Identität zu fordern.[302] Bei elektronisch gestellten Anträgen könnte beispielsweise eine Postadresse zur Identifikation gefordert angefordert werden.[303] Zum Zwecke der Identitätsprüfung erhaltene weitere Informationen dürfen ausschließlich zu dieser verwendet werden (Grundsatz der Zweckbindung).[304]

4. Geltendmachung gegenüber dem Verantwortlichen

Gemäß Art. 15 DSGVO ist der Verantwortliche zur Erfüllung eines Auskunftsverlangens verpflichtet. Demnach ist grds. nur der Verantwortliche als richtiger Antragsgegner zu klassifizieren.[305] Sollten mehrere Verantwortliche im Sinne vom Art. 26 DSGVO gemeinsam bei der Datenverarbeitung agieren, so ist jeder einzelne auskunftspflichtig.[306]

---

301 BeckOK DatenschutzR/*Schmidt-Wudy* DSGVO Art. 15 Rn. 37.

302 BeckOK DatenschutzR/*Schmidt-Wudy* DSGVO Art. 15 Rn. 37.

303 DSK, Kurzpapier Nr. 6, S. 2 (Stand: 26.07.2017).

304 BeckOK DatenschutzR/*Schmidt-Wudy* DSGVO Art. 15 Rn. 39.

305 BeckOK DatenschutzR/*Schmidt-Wudy* DSGVO Art. 15 Rn. 40.

306 BeckOK DatenschutzR/*Schmidt-Wudy* DSGVO Art. 15 Rn. 40.

VII. Rechtsfolgen

Sofern die Anspruchsvoraussetzungen erfüllt sind, sieht Art. 15 DSGVO unterschiedliche Rechtsfolgen vor. Neben der Auskunft hinsichtlich der Verarbeitung personenbezogener Daten (Abs. 1) und der Erteilung einer Datenkopie (Abs. 3) stellt auch die Unterrichtung über geeignete Garantien im Sinne des Art. 46 DSGVO (Abs. 2) eine Rechtsfolge von Art. 15 DSGVO dar.

Die Erteilung der Auskunft nach Art. 15 Abs. 1 DSGVO erstreckt sich auf verschiedene Informationsgehalte. Nach Art. 15 Abs. 1 Hs. 1 DSGVO hat der Verantwortliche der antragstellenden Person zunächst mitzuteilen ob personenbezogene Daten von ihr verarbeitet werden.[307] Werden keine personenbezogenen Daten der antragstellenden Person verarbeitet, teilt dies der Verantwortliche im Rahmen einer sog. Negativauskunft mit.[308] Sofern sich ergibt, dass personenbezogene Daten der antragsstellenden Person (sodann betroffene Person) verarbeitet werden, hat der Verantwortliche über diese Daten Auskunft zu erteilen.[309] Der Umfang dieser Auskunftserteilung ist im Einzelnen umstritten.[310] Darüber hinaus hat der Verantwortliche Auskunft über die in Art. 15 Abs. 1 Hs. 2 lit. a bis h DSGVO aufgelisteten „weiteren Informationen" zu erteilen. Innerhalb der jeweiligen Informationsarten besteht nicht immer Einigkeit über Ausgestaltung, Reichweite sowie Umfang der entsprechenden Auskunft.[311]

Sofern eine Übermittlung von personenbezogenen Daten an ein Drittland oder eine internationale Organisation stattfindet, umfasst die Auskunft gem. Art. 15 Abs. 2 DSGVO Informationen über geeigneten Garantien i.S.v. Art. 46 DSGVO. Eine Übermittlung von personenbezogenen Daten an Drittländer oder internationale Organisationen unterliegt den gesetzlichen Voraussetzungen der Art. 44 ff. DSGVO.[312] Ein Datentransfer an Drittländer oder internationale Vereinigungen kann demnach entweder auf Grund eines sog. Angemessenheitsbeschlusses der EU-Kommission nach Art. 45 DSGVO, auf Grund von geeigneten Schutzgarantien nach Art. 46 und 47 DSGVO, auf Anforderung von Gerichten oder Verwaltungsbehörden des Drittlandes nach Art. 48 DSGVO oder auf Grund bestimmter Sonderregelungen nach Art. 49 DSGVO erfolgen.[313]

---

307 Kühling/Buchner/*Bäcker* DSGVO Art. 15 Rn. 7.

308 Kühling/Buchner/*Bäcker* DSGVO Art. 15 Rn. 7.

309 BeckOK DatenschutzR/*Schmidt-Wudy* DSGVO Art. 15 Rn. 51.

310 Im Detail, siehe S. 106 ff.

311 Im Detail, siehe S. 139 ff.

312 Paal/Pauly/*Pauly* DSGVO Art. 44 Rn. 1.

313 Gola/*Klug* DSGVO Art. 44 Rn. 2.

Neben den in Art. 15 Abs. 1 und Abs. 2 DSGVO enthaltenen Auskunftsrechten beinhaltet Art. 15 Abs. 3 DSGVO das Recht auf eine Datenkopie. Der Verantwortliche muss demnach eine Kopie der personenbezogenen Daten, welche Gegenstand der Datenverarbeitung sind zur Verfügung stellen. Das Recht der Datenkopie nach Art. 15 Abs. 3 DSGVO ist im Einzelnen umstritten und sorgt in der praktischen Abwicklung oftmals für Streitigkeiten zwischen betroffener Person und Verantwortlichen. Angefangen bei der Frage nach dem Verhältnis zu den Rechten der Abs. 1 und Abs. 2, bis hin zur Frage nach Umfang und Einschränkbarkeit herrscht Unstimmigkeit. Die jeweiligen Streitfelder werden in den nächsten Kapiteln dezidiert dargestellt und bearbeitet.

VIII. Form

1. Auskunft nach Art. 15 Abs. 1 und Abs. 2 DSGVO

Die Form der Auskunft gem. Art. 15 Abs. 1 und Abs. 2 DSGVO richtet sich nach Art. 12 Abs. 1 DSGVO. Die Formvorgaben lassen sich in zwei Kategorien aufteilen.[314] Zum einen in Vorgaben, welche den Stil bzw. die Darstellungsweise[315] bestreffen (Satz 1) und zum anderen Vorgaben, welche die Rechtsförmlichkeit betreffen (Satz 2 und 3).[316]

a) Form im Sinne der Darstellungsart, Art. 12 Abs. 1 S. 1 DSGVO

Art. 12 Abs. 1 S. 1 DSGVO regelt hierzu zunächst, dass die Mitteilung bzw. Auskunft in „präziser, transparenter, verständlicher und leicht zugänglicher Form" sowie in „klaren und einfachen Sprachen" zu erfolgen hat.

Unter einer präzisen Form verstehen sich möglichst genaue und abgrenzbare Informationen, welche nicht mehrdeutig sind.[317] Die Information muss im umgangssprachlichen Sinne auf den Punkt gebracht sein. Eine „Informationsermüdung"[318] bei der betroffenen Person ist zu vermeiden.[319]

---

314 Gola/*Franck* DSGVO Art. 12 Rn. 17 ff.; Kühling/Buchner/*Bäcker* DSGVO Art. 15 Rn. 31 f.

315 Kühling/Buchner/*Bäcker* DSGVO Art. 15 Rn. 32.

316 Gols/*Franck* DSGVO Art. 12 Rn. 17 ff.

317 Gola/*Franck* DSGVO Art. 12 Rn. 18.

318 Artikel-29-Datenschutzgruppe, WP 260, S. 7.

319 Artikel-29-Datenschutzgruppe, WP 260, S. 7.

Unter einer transparenten Form ist (wie im Sinne von Art. 5 Abs. 1 lit. a DSGVO) die Nachvollziehbarkeit der Auskunft für die betroffene Person sowie die Vollständigkeit der Informationen zu verstehen.[320]

Ebenso wie die Transparenz, zielt die Vorgabe verständlicher Informationen auf die Nachvollziehbarkeit für die betroffene Person ab. Die Verständlichkeit stellt dabei auch einen Bezug zur verwendeten Sprache her. Maßstab ist der jeweilige Empfängerkreis.[321] Somit sollten die Informationen grds. in der Sprache erfolgen, welche die im Verkehr übliche Sprache darstellt, ggf. zusätzlich in einer weiteren Sprache, sofern dies zu einer besseren Verständlichkeit führt (bspw. Englisch).[322] Im Rahmen des Auskunftsrechts nach Art. 15 DSGVO kommt der im Antrag verwendeten Sprache insofern eine entscheidende Bedeutung zu.[323] Aber auch der Aufbau sowie die Darstellung der Auskunft sollten verständlich erfolgen.[324] Dies lässt sich bspw. durch eine systematische Gliederung, Nummerierung oder Unterteilung erreichen.[325]

Die leichte Zugänglichkeit der Informationen bezieht sich auf die Schwere der Möglichkeit des Zugriffs auf die Informationen.[326] Die betroffene Person sollte nicht erst noch erhebliche Mühen aufwenden müssen, um an die Informationen gelangen zu können.[327] Der Zugang zu Informationen darf folglich nicht durch finanzielle, technische oder sonstige Hürden erschwert werden.[328]

Auch die Formvorgabe einer klaren und einfachen Sprache verfolgt letztlich die gleichen Ziele wie die der Präzision und Verständlichkeit. Eine klare und einfache Sprache ist gegeben, wenn „komplexe Satz- und sprachliche Strukturen“ nicht verwendet werden.[329] Sätze sollten möglichst genau und kurz formuliert werden.[330] Hier gilt es bspw. sehr lange Schachtelsätze zu vermeiden.[331] Die Wortwahl sollte keine abstrakten Worte beinhalten, welche einen weiten Interpretationsspielraum eröffnen.[332] In diesem Zusammenhang sind auch Wörter

---

320 Gola/*Franck* DSGVO Art. 12 Rn. 19.
321 Gola/*Franck* DSGVO Art. 12 Rn. 20.
322 Gola/*Franck* DSGVO Art. 12 Rn. 20.
323 Gola/*Franck* DSGVO Art. 12 Rn. 20.
324 Paal/Pauly/Paal/*Hennemann* DSGVO Art. 12 Rn. 30.
325 Paal/Pauly/Paal/*Hennemann* DSGVO Art. 12 Rn. 31, näher hierzu S. 219 ff.
326 Artikel-29-Datenschutzgruppe, WP 260, S. 9.
327 Artikel-29-Datenschutzgruppe, WP 260, S. 9.
328 Gola/*Franck* DSGVO Art. 12 Rn. 21.
329 Artikel-29-Datenschutzgruppe, WP 260, S. 10.
330 Paal/Pauly/Paal/*Hennemann* DSGVO Art. 12 Rn. 33.
331 Paal/Pauly/Paal/*Hennemann* DSGVO Art. 12 Rn. 33.
332 Artikel-29-Datenschutzgruppe, WP 260, S. 10.

wie „könnte“, „möglicherweise“ usw. ebenso wie fachliche Begrifflichkeiten und Fremdwörter, welche für einen nicht Fachkundigen zu Missverständnissen führen, zu vermeiden.[333] Im Ergebnis soll es der betroffenen Person möglich sein, den Inhalt und Aussagegehalt der Informationen – bzw. im Falle von Art. 15 Abs. 1 und 2 DSGVO der Auskunft – ohne eine außerordentliche geistige Anstrengung verstehen zu können.[334]

b) Form im Rechtssinne, Art. 12 Abs. 1 S. 2 und 3 DSGVO

Neben den Formvorgaben nach Art. 12 Abs. 1 S. 1 DSGVO werden mit Art. 12 Abs. 1 S. 2, S. 3, Abs. 3 S. 4 DSGVO weitere Formvorgaben (betreffend die Form im Rechtssinne) aufgestellt. Eine Auskunft hat nach Art. 12 Abs. 1 S. 2 DSGVO schriftlich oder in anderer Form, ggf. auch elektronisch zu erfolgen. Auf Verlangen der betroffenen Person genügt gem. Art. 12 Abs. 1 S. 3 DSGVO auch eine mündliche Mitteilung. Sofern ein Antrag auf Auskunft in elektronischer Form erfolgt, hat die Auskunft nach Art. 12 Abs. 3 S. 4 DSGVO ebenfalls auf elektronischem Wege zu erfolgen, sofern die betroffene Person keine andere Angabe macht. Als mögliche elektronische Formate kommen beispielsweise Dokumente als PDF-Dateien[335], Fotos als JPEG-Dateien oder Texte als RTF-Dateien in Betracht.[336]

c) Direkter elektronischer Zugang?

Mit Blick auf die Vorgabe der leichten Zugänglichkeit i.S.v. Art. 12 Abs. 1 S. 1 DSGVO sowie einer elektronischen Form nach Art. 12 Abs. 3 S. 4 DSGVO stellt sich die Frage, ob eine Verpflichtung des Verantwortlichen zur Gewährleistung eines direkten elektronischen Zugangs zu den Informationen besteht. Dies resultiert insbesondere aus der in EWG 63 S. 4 DSGVO enthaltenen Formulierung. Nach dieser sollte der Verantwortliche nach Möglichkeit einen Fernzugang zu einem sicheren System bereitstellen können, mittels dessen die betroffene Person direkten Zugang zu ihren personenbezogenen Daten erlangt.

Nach überwiegender Ansicht wird eine Rechtspflicht des Verantwortlichen zur Bereitstellung eines derartigen elektronischen Systems richtigerweise

---

333 Artikel-29-Datenschutzgruppe, WP 260, S. 11; Gola/Franck DSGVO Art. 12 Rn. 22.

334 Paal/Pauly/Paal/*Hennemann* DSGVO Art. 12 Rn. 33.

335 DSK, Kurzpapier Nr. 6, S. 2 (Stand: 26.07.2017).

336 Spindler/Schuster/*Nink* DSGVO Art. 15 Rn. 9.

abgelehnt.[337] Hierin sei vielmehr ein Beispiel einer zulässigen Möglichkeit für den Verantwortlichen zu sehen, um dem Auskunftsanspruch nach Art. 15 DSGVO in elektronischer Form zu erfüllen.[338] Dieses Verständnis von EWG 63 S. 4 DSGVO überzeugt aus verschiedenen Gründen.

Im Rahmen einer historischen Auslegung von europäischen Sekundärrecht dienen die Erwägungsgründe als Hilfsmittel. Nicht zu verwechseln ist hierbei, dass die Erwägungsgründe zur historischen Auslegung einer Norm und nicht umgekehrt herangezogen werden. Der europäische Gesetzgeber hat sich dazu entschieden, die Möglichkeit des Fernzugangs im Rahmen von Erwägungsgründen zu benennen, nicht jedoch im Rahmen einer Norm (etwa Art. 12 oder Art. 15 DSGVO). Hieraus lässt sich ableiten, dass ein obligatorischer Charakter bezüglich der Erfüllung in Form eines Fernzugriffs nicht dem Willen des Gesetzgebers entsprechen kann. Vielmehr lässt sich gegenteiliges Ableiten. Unter Heranziehung von EWG 63 S. 4 DSGVO im Rahmen der historischen Auslegung von Art. 15 DSGVO wird man den Rückschluss ziehen können, dass es dem Willen des europäischen Gesetzgebers entspricht, dem Verantwortlichen die Möglichkeit der Form des direkten Fernzugriffs einzuräumen.

Auch eine systematische Auslegung spricht gegen die Verpflichtung des Verantwortlichen zur Bereitstellung eines direkten elektronischen Zugangs i.S.v. EWG 63 S. 4 DSGVO. Die Annahme einer solchen Verpflichtung widersprechen dem in den Regelungen des Art. 12 Abs. 1 S. 2, 3 Abs. 3 S. 4 DSGVO vorgesehenen weiten Spielraum und der Vielfalt an zulässigen Formen zur Erfüllung des Auskunftsrechts nach Art. 15 DSGVO. Hiernach räumt der Gesetzgeber ausdrücklich neben der elektronischen und schriftlichen Form auch „andere“ Formen ein. Auch eine mündliche Form ist auf Verlangen der betroffenen Person möglich.

Ferner spricht die vom Gesetzgeber gewählte überaus vorsichtige Wortwahl „Nach Möglichkeit sollte [...] bereitstellen können [...]“ nicht dafür, dass ein obligatorischer Charakter dem Willen des europäischen Gesetzgebers

---

337 DSK, Kurzpapier Nr. 6, S. 2 (Stand: 26.07.2017); Ehmann/Selmayr/*Ehmann* DSGVO Art. 15 Rn. 15; Kühling/Buchner/*Bäcker* DSGVO Art. 15 Rn. 31; Paal/Pauly/*Paal* DSGVO Art. 15 Rn. 14; Spindler/Schuster/*Nink* DSGVO Art. 15 Rn. 9; Sydow/Marsch/*Bienemann* HK-DSGVO Art. 15 Rn. 41; Taeger/Gabel/*Mester* DSGVO Art. 15 Rn. 15.

338 Ehmann/Selmayr/*Ehmann* DSGVO Art. 15 Rn. 15; Kühling/Buchner/*Bäcker* DSGVO Art. 15 Rn. 31; Paal/Pauly/*Paal* DSGVO Art. 15 Rn. 14; Spindler/Schuster/*Nink* DSGVO Art. 15 Rn. 9; Sydow/Marsch/*Bienemann* HK-DSGVO Art. 15 Rn. 40; Taeger/Gabel/*Mester* DSGVO Art. 15 Rn. 15.

entspricht. Ganz im Gegenteil drängt es sich aufgrund der dreifach fakultativ wirkenden Wortwahl („nach Möglichkeit", „sollte", „könnte") geradezu auf, dass der Gesetzgeber hier nur eine unverbindliche Empfehlung für die Form einer Auskunft auf elektronischem Wege aussprechen wollte.[339]

In den weiteren Sprachfassungen der DSGVO lässt sich eine derartige vorsichtige Wortwahl ebenfalls finden. So spricht die englische Fassung von „Where possible, [...] should be able to [...]" oder die französische Sprachfassung von „Lorsque c'est possible, [...] devrait pouvoir donner [...]".

Im Ergebnis ist in EWG 63 S. 4 DSGVO eine ernstzunehmende Möglichkeit zur elektronischen Abwicklung von Auskunftsansprüchen zu sehen. Es wäre wünschenswert, wenn eine elektronische Abwicklung von Auskunftsansprüchen zum Regelfall werden würde. Eine Rechtspflicht des Verantwortlichen zur Bereitstellung eines direkten elektronischen Fernzugriffs wird hingegen nicht statuiert.

Das gefundene Ergebnis steht auch mit Erwägungen der Praktikabilität im Einklang. Auch wenn die Abwicklung des datenschutzrechtlichen Auskunftsrechts nach Art. 15 DSGVO via elektronischem direkten Zugang im Zeitalter der Digitalisierung wünschenswert und vorzugswürdig ist, so ist doch zu erwarten, dass mit der Einführung eines derartigen Systems jedenfalls in der Anfangsphase erhebliche Hürden (insbesondere praktischer Art hinsichtlich der Stabilität des Systems) verbunden sind. Bei einer Verpflichtung zur zwangsweisen kurzfristigen Bereitstellung eines Direkt-Zugang-Systems von heute auf morgen bestünde die Gefahr, dass die Abwicklung von Auskunftsansprüchen zu Lasten aller Beteiligten fehlschlägt. Ursachen für entsprechende Störungen könnten sich sowohl aus der Sphäre des Verantwortlichen (bspw. Serverüberlastungen) als auch aus derjenigen der betroffenen Person (bspw. mangelnde technische Fähigkeiten)[340] ergeben.

2. Kopie nach Art. 15 Abs. 3 DSGVO

Die Form, in welcher eine Datenkopie i.S.v. Art. 15 Abs. 3 DSGVO zu ergehen hat, richtet sich gem. Art. 12 Abs. 1 S. 2 DSGVO nach dem Antrag der betroffenen Person.[341] Nach Art. 15 Abs. 3 S. 3 DSGVO ist die Kopie in einem gängigen

---

339 Zustimmend Ehmann/Selmayr/Ehmann DSGVO Art. 15 Rn. 15; Kühling/Buchner/*Bäcker* DSGVO Art. 15 Rn. 31; Paal/Pauly/*Paal* DSGVO Art. 15 Rn. 14; Spindler/Schuster/*Nink* DSGVO Art. 15 Rn. 9; Taeger/Gabel/*Mester* DSGVO Art. 15 Rn. 15.

340 BeckOK DatenschutzR/*Schmidt-Wudy* DSGVO Art. 15 Rn. 84.

341 Ehmann/Selmayr/*Ehmann* DSGVO Art. 15 Rn. 32; Kühling/Buchner/*Bäcker* DSGVO Art. 15 Rn. 44a.

elektronischen Format zur Verfügung zu stellen, sofern der Antrag elektronisch erfolgt und die betroffene Person nichts anderes angibt. Sofern die betroffene Person in ihrem Antrag eine Datenkopie in Papierformat fordert, ist dem entsprechend nachzukommen.[342]

Ebenso wie im Rahmen der Auskunft nach Art. 15 Abs. 1 und Abs. 2 DSGVO trifft den Verantwortlichen auch im Rahmen der Datenkopie keine Verpflichtung zur Errichtung eines Fernzugang im Sinne von Erwägungsgrund 63 S. 4.[343]

IX. Art der Schuld

Weiterhin stellt sich die Frage nach der Art der Schuld des Auskunftsrechts gem. Art. 15 DSGVO. Dies hat insbesondere Gründe praktischer Natur. So dürfte die Frage danach, ob die betroffene Person eine Auskunft inkl. Datenkopie bei dem Verantwortlichen abzuholen oder ob der Verantwortliche diese zu verschicken hat, für die Beteiligten von besonderer Bedeutung sein. Die Meinungen sind hierzu gespalten; während zum Teil eine Holschuld[344] angenommen wird, wird andererseits von einer Schickschuld[345] ausgegangen.

Die Beantwortung dieser Frage sollte in Bezug auf das ganze Auskunftsrecht (Informationen nach Abs. 1, 2 und 3) einheitlich ergehen. Auch wenn bei einem Vergleich des Wortlautes von Art. 15 Abs. 1 DSGVO und Art. 15 Abs. 2 DSGVO Abweichungen zutage treten, welche unterschiedliche Anforderungen an die Erfüllungshandlung vermuten lassen, so handelt es sich hierbei lediglich um Unterschiede sprachlicher Natur.[346]

1. Holschuld

Hinsichtlich der Einordnung des Auskunftsrechts nach Art. 15 DSGVO als Holschuld wird primär angeführt, dass eine Pflicht des Verantwortlichen zur Erfüllung von Art. 15 DSGVO – im Gegensatz zu den Informationspflichten gem. Art. 13 und 14 DSGVO – erst durch die Initiative der betroffenen Person

---

342 Ehmann/Selmayr/*Ehmann* DSGVO Art. 15 Rn. 32.

343 Kühling/Buchner/*Bäcker* DSGVO Art. 15 Rn. 44a.

344 Gierschmann/Schlender/Stenzel/Veil DSGVO Art. 15 Rn. 19; Simitis/Hornung/Spiecker/*Dix* DSGVO Art. 15 Rn. 3.

345 BeckOK DatenschutzR/*Schmidt-Wudy* DSGVO Art. 15 Rn. 84; *Cornelius/Spitz*, GesR 2019, 69 (70); *Härting*, CR 2019, 219; *König*, CR 2019, 295 (300); *Riemer*, DSB 2019, 223; LAG Niedersachsen v. 09.06.2020 – 9 Sa 608/19, NZA-RR 2020, 571 (574).

346 *Engeler/Quiel*, NJW 2019, 2201 (2204).

(Antragstellung) ausgelöst werde.[347] Hieraus lasse sich eine „passive Form der Transparenz" ableiten, was letztlich eine Holschuld begründe.[348]

2. Schickschuld

Zur Einordnung der Rechte des Art. 15 DSGVO als Schickschuld wird hingegen der Wortlaut von Art. 12 Abs. 1 S. 1 DSGVO („übermittelt") und Art. 15 Abs. 3 S. 1 DSGVO („stellt zur Verfügung") angeführt.[349]

3. Stellungnahme

Eine Einordnung des Auskunftsrechts nach Art. 15 DSGVO als Holschuld überzeugt nicht. Der Argumentation, welche dieser Ansicht zu Grunde liegt, lässt sich entgegenhalten, dass sich aus der Anspruchsvoraussetzung des Antrages durch die betroffene Person nicht automatisch eine Schickschuld ausschließen und eine Holschuld begründen lässt. Die überzeugenderen Argumente sprechen für die Einordnung des Auskunftsrechts nach Art. 15 DSGVO als Schickschuld.

a) Historie

Das in Erwägungsgrund 63 S. 4 DSGVO enthaltene Formbeispiel des Fernzugangs zur Abwicklung des Auskunftsrechts nach Art. 15 DSGVO deutet darauf hin, dass eine Holschuld nicht dem Willen des europäische Gesetzgebers entspricht. Die hierbei vorgeschlagene Bereitstellung eines derartigen Zugangs durch den Verantwortlichen lässt vielmehr nur auf eine Schickschuld schließen. Im Rahmen eines Fernzugangs ist dabei nicht darauf abzustellen, dass der Betroffene die Auskunft bei dem Verantwortlichen abrufen muss, sondern darauf, dass der Verantwortliche der betroffenen Person zunächst einen Zugang (bspw. durch einen Link zu einem Portal) zuzuschicken hat.

b) Systematik

Des Weiteren lässt sich die generelle Systematik der DSGVO anführen. Leistungshandlung und Leistungsort liegen grundsätzlich beim Verantwortlichen, Erfolgsort hingegen bei der betroffenen Person. Dies zeigt sich neben den Informationspflichten nach Art. 13 und Art. 14 DSGVO auch in anderen Kapiteln der

---

347 Simitis/Hornung/Spiecker/Dix DSGVO Art. 15 Rn. 3.

348 Simitis/Hornung/Spiecker/Dix DSGVO Art. 15 Rn. 3.

349 BeckOK DatenschutzR/*Schmidt-Wudy* DSGVO Art. 15 Rn. 84.

DSGVO, beispielsweise mit der in Art. 26 Abs. 2 S. 2 DSGVO des Kapitel IV normierten Regelungen der gemeinsamen Verantwortlichkeit mehrerer handelnder Verantwortlicher.[350] Sofern gemeinsam Verantwortliche handeln, haben diese nach Art. 26 Abs. 1 DSGVO Vereinbarungen abzuschließen, welche das Innenverhältnis der gemeinsam Verantwortlichen regeln.[351] Diese Vereinbarungen müssen der betroffenen Person nach Art. 26 Abs. 2 S. 2 DSGVO „zur Verfügung gestellt werden". Insofern hat sich der europäische Gesetzgeber auch an anderer Stelle für eine Schickschuld entschieden.

Hierzu ergänzend lässt sich anführen, dass die Annahme einer Holschuld im Ergebnis dem obersten Ziel der DSGVO, dem Schutz von natürlichen Personen gem. Art. 1 Abs. 1 DSGVO, widerspricht. Mit einer Holschuld der betroffenen Person ist in den meisten Fällen ein erheblicher Aufwand verbunden. Dieser kann sich insbesondere in einer großen räumlichen Entfernung zwischen Aufenthaltsort der betroffenen Person und Niederlassungssitz des Verantwortlichen begründen. Hierdurch wird die Möglichkeit einer Rechtmäßigkeitsprüfung der Datenverarbeitung und in der Folge die etwaige Geltendmachung von Betroffenenrechten nicht erleichtert sondern erschwert. Dies widerspricht eindeutig dem in Art. 1 Abs. 1 DSGVO zum Ausdruck gebrachten Willen des europäischen Gesetzgebers eines effektiven Schutzes betroffener Personen.

Aus selben Gründen spricht auch das in Art. 5 Abs. 1 lit. a DSGVO normierte Gebot der Transparenz für den Regelungswillen einer Schickschuld. Eine effektive Gewährleistung von Transparenz lässt sich nur dann erzielen, wenn diese nicht auf Grund von Hürden für die betroffene Person (welche eine Holschuld mit sich bringt, s.o.) gefährdet wird. Zur Einhaltung der Transparenz ist ferner der Verantwortliche verpflichtet. Eine Abwälzung dieser Pflicht durch die Annahme von Handlungspflichten der betroffenen Person entspricht ebenfalls nicht dem Ziel nach Art. 1 Abs. 1 DSGVO.

c) Wortlaut

Auch aus dem Wortlaut des Art. 15 Abs. 3 DSGVO lässt sich der Regelungswille einer Schickschuld ableiten. Mit der Wortwahl „der Verantwortliche stellt [...] zur Verfügung" hat sich der Gesetzgeber dafür entschieden, dem Verantwortlichen die Erfüllungshandlung zuzusprechen. Mögliche Formulierungen nach

350 Kühling/Buchner/*Hartung* DSGVO Art. 26 Rn. 1.
351 Kühling/Buchner/*Hartung* DSGVO Art. 26 Rn. 1.

denen der betroffenen Person eine die Pflicht zur Erfüllungshandlung zukäme hat der europäische Gesetzgeber hingegen nicht gewählt.

d) Auslegungsergebnis: Schickschuld

Im Ergebnis lässt sich daher feststellen, dass Historie, Systematik sowie Wortlaut der Norm auf den Willen des europäischen Gesetzgebers schließen lassen, die Erfüllung von Art. 15 DSGVO als Schickschuld zu regulieren.

Das gefundene Ergebnis überzeugt auch aus Gründen der Praktikabilität. Die Abwicklung des Art. 15 Abs. 3 DSGVO als Holschuld ist in praktischer Hinsicht kaum möglich. Neben etwaigen Hürden auf Seiten des Betroffenen (bspw. Anreise) dürfte auch ein Verantwortlicher kein Interesse daran haben die notwendige Infrastruktur zur reibungslosen Gewährleistung der Abholung von Auskünften für eine unbestimmbare Anzahl an betroffenen Personen zu errichten. Dies gilt umso mehr für Verantwortliche, welche weder Platz noch Personal zur Verfügung stehen haben. Es entspricht wohl überwiegend nicht dem Kerngeschäft von Verantwortlichen, die Abwicklung von Auskünften im Rahmen einer Holschuld der betroffenen Personen zu ermöglichen.

X. Kosten

Mit Art. 12 Abs. 5 DSGVO sowie Art. 15 Abs. 3 DSGVO enthält die DSGVO Regelungen hinsichtlich der Kostentragung von Auskunft und Kopie nach Art. 15 DSGVO.

1. Auskunft i.S.v. Art. 15 Abs. 1 und 2 DSGVO

Die Erteilung der Auskunft i.S.v. Art. 15 Abs. 1 und 2 DSGVO ist für die betroffene Person nach Art. 12 Abs. 5 S. 1 DSGVO grds. kostenlos.[352] In den Ausnahmefällen des Art. 12 Abs. 5 S. 2 DSGVO kann der Verantwortliche hingegen ein angemessenes Entgelt verlangen.[353] Umfasst werden die Fälle der offenkundig unbegründeten oder exzessiven (häufige Wiederholung in kurzer Zeit) Antragstellung. Das Vorliegen eines Ausnahmefalls hat der Verantwortliche zu beweisen.[354]

352 BeckOK DatenschutzR/*Schmidt-Wudy* DSGVO Art. 15 Rn. 92.
353 BeckOK DatenschutzR/*Schmidt-Wudy* DSGVO Art. 15 Rn. 92.
354 BeckOK DatenschutzR/*Schmidt-Wudy* DSGVO Art. 15 Rn. 92.

2. Datenkopie i.S.v. Art. 15 Abs. 3 DSGVO

Die im Rahmen der Auskunft zur Verfügung zu stellende Datenkopie i.S.v. Art. 15 Abs. 3 DSGVO ist für die betroffene Person hingegen lediglich bzgl. der ersten Kopie kostenfrei. Für „jede weitere Kopie" kann der Verantwortliche nach Art. 15 Abs. 3 S. 2 DSGVO eine angemessene Gebühr verlangen.

In Bezug auf die Beurteilung ab wann eine „weitere Kopie" im Sinne von Art. 15 Abs. 3 S. 2 DSGVO vorliegt werden verschiedene Ansichten vertreten.

a) Inhalt als Kriterium

Zunächst wird vertreten, dass eine „weitere Kopie" im Sinne von Art. 15 Abs. 3 S. 2 DSGVO dann vorliegt, sofern kein inhaltlicher Unterschied zur ersten Kopie gegeben sei.[355] Wenn sich die Daten hingegen wesentlich geändert haben, sei eine Kopie nicht als „weitere Kopie", sondern erneut als „erste und entgeltfreie"[356] Kopie zu bewerten.[357]

b) Angemessener Zeitraum als Kriterium

Weiterhin wird vertreten, dass die erste Kopie von der „weiteren Kopie" in zeitlicher Hinsicht abzugrenzen sei.[358] Eine kostenpflichtige „weitere Kopie" sei demnach gegeben, wenn zwischen dieser und der letzten kein angemessener Zeitraum liege.[359]

c) Bestimmter Zeitraum als Kriterium

In Abwandlung zu dieser Ansicht wird ferner vertreten, dass zur Förderung der Rechtssicherheit auf einen konkret bestimmten Zeitraum abzustellen sei.[360] Hierzu sei in Anlehnung an Art. 12 Abs. 3 S. 1 und 2 DSGVO ein Zeitraum von drei Monaten sachgerecht.[361]

---

355 Kühling/Buchner/Bäcker DSGVO Art. 15 Rn. 45; Simitis/Hornung/Spiecker/*Dix* DSGVO Art. 14 Rn. 30.

356 Simitis/Hornung/Spiecker/*Dix* DSGVO Art. 14 Rn. 30.

357 Kühling/Buchner/Bäcker DSGVO Art. 15 Rn. 45; Simitis/Hornung/Spiecker/Dix DSGVO Art. 14 Rn. 30.

358 Gola/*Franck* DSGVO Art. 12 Rn. 32.

359 Gola/*Franck* DSGVO Art. 12 Rn. 32.

360 BeckOK DatenschutzR/*Schmidt-Wudy* DSGVO Art. 15 Rn. 93.

361 BeckOK DatenschutzR/*Schmidt-Wudy* DSGVO Art. 15 Rn. 93.

d) Stellungnahme

Die erstgenannte Ansicht, nach welcher eine weitere Kopie erst dann vorliegt, wenn sich der Inhalt der Kopie ändert, überzeugt im Ergebnis nicht. Der hierin vertretene Ansatz, es sei auf den Inhalt der Datenkopie abzustellen, führt zu einer erheblichen praktischen Abwicklungshürde und somit zur Rechtsunsicherheit.[362] Die Anknüpfung an das Kriterium des Inhalts führt zu Folgefragen, welche unbeantwortet bleiben. So drängt sich zunächst die Frage auf, wen eine Kontrollpflicht hinsichtlich der inhaltlichen Abweichungen trifft. Auch stellt sich die Frage, ab wann eine inhaltliche Abweichung als „wesentlich" zu qualifizieren ist. Darüber hinaus entsteht auf Seiten der betroffenen Person eine Unsicherheit, ob mit ihrer Antragsstellung Kosten verbunden sein werden oder nicht. Im Zeitpunkt der weiteren Antragstellung kann jedenfalls die betroffene Person keine Kenntnis über etwaige inhaltliche Änderungen haben.[363] Dies wiederum kann dazu führen, dass eine betroffene Person aus Furcht vor Kosten von einer Antragstellung absieht. Eine derartige Konstellation widerspricht dem Sinn und Zweck der DSGVO sowie dem der Betroffenenrechte.

Die Anknüpfung an einen Zeitraum als Anhaltspunkt zur Differenzierung zwischen der ersten Kopie und „weiteren Kopie" ist indes vorzugswürdiger. Im Rahmen dessen bleibt zu klären, ob Anknüpfungspunkt ein abstrakter Zeitraum[364] oder ein konkreter Zeitraum[365] ist. Dem Argument, dass Rechtssicherheit eher durch einen konkreten Zeitraum geschaffen werden kann,[366] ist zwar grds. beizupflichten. Die Anknüpfung an die „Angemessenheit"[367] des Zeitraums bringt hingegen einen Entscheidungsspielraum mit sich, welcher auch zu Vorteilen für die betroffene Person führt. In der Praxis wird es auch Fällen geben, in denen auch ein kürzerer Zeitraum als angemessen angesehen werden kann. Vor diesem Hintergrund empfiehlt sich eine vermittelnde Ansicht. Insofern ist ein Regelzeitraum von bspw. drei Monaten denkbar, dessen Unterschreiten jedoch in Einzelfällen angemessen sein kann. Die entsprechenden Fälle einer solchen Angemessenheit werden sich im Laufe der Zeit durch die Praxis und der damit verbundenen Rechtsprechung herauskristallisieren.

---

362 So auch BeckOK DatenschutzR/*Schmidt-Wudy* DSGVO Art. 15 Rn. 93.
363 So auch BeckOK DatenschutzR/*Schmidt-Wudy* DSGVO Art. 15 Rn. 93.
364 Gola/*Franck* DSGVO Art. 12 Rn. 32.
365 BeckOK DatenschutzR/*Schmidt-Wudy* DSGVO Art. 15 Rn. 93.
366 BeckOK DatenschutzR/*Schmidt-Wudy* DSGVO Art. 15 Rn. 93.
367 Gola/*Franck* DSGVO Art. 12 Rn. 32.

E. Ergebnis zu den ersten Kapiteln

In den vorgehenden Kapiteln wurde ein Überblick über die Grundlagen des Datenschutzrechts (insb. der DSGVO), Betroffenenrechte der DSGVO sowie das Auskunftsrecht gem. Art. 15 DSGVO gegeben. Für den weiteren Verlauf der Untersuchung des Hauptthemas der Arbeit sollen die wichtigsten Erkenntnisse festgehalten werden.

1. Die DSGVO enthält verbindliche datenschutzrechtliche Grundsätze, deren Einhaltung jeder Verantwortliche zu gewährleisten hat. Dies sind die Grundsätze der Rechtmäßigkeit, Verarbeitung nach Treu und Glauben, Transparenz, Zweckbindung, Datenminimierung, Richtigkeit, Speicherbegrenzung, Integrität und Vertraulichkeit sowie Rechenschaftspflicht.
2. Im Rahmen der Auslegung von Unionsrecht finden grds. die klassischen Auslegungsmethoden Anwendung (Wortlaut, Systematik, Sinn und Zweck und Historie). Im Rahmen der jeweiligen Auslegungsmethodik gilt es jedoch unionsrechtliche Besonderheiten zu beachten. Nach der hier vertretenen subjektiven Theorie ist dabei auf den Willen des historischen Gesetzgebers abzustellen. Sinn und Zweck einer Norm stellen kein Auslegungsmittel, sondern das Auslegungsziel dar. Zur Ermittlung von Sinn und Zweck dienen Historie sowie Genese, Systematik und Wortlaut der Norm als Hilfsmittel.
3. Den Erwägungsgründen der DSGVO (bzgl. Art. 15 DSGVO insbes. EWG 63 DSGVO) kommt eine besondere Bedeutung im Rahmen der historischen Auslegung der Norm zu.
4. Mit Art. 15 DSGVO besteht ein Auskunftsrecht für betroffene Personen bzgl. der sie betreffenden personenbezogenen Daten. Die Ausgestaltung des Auskunftsrechts hat sich im Gesetzgebungsverfahren mehrfach wesentlich geändert.
5. Durch das Auskunftsrecht nach Art. 15 DSGVO soll die betroffene Person in die Lage versetzt werden, die Rechtmäßigkeit der Datenverarbeitung der sie betreffenden personenbezogenen Daten, zu überprüfen. Das Auskunftsrecht ist dabei ein Mittel zur Gewährleistung der notwendigen Transparenz.
6. Die Auskunft nach Art. 15 DSGVO erfolgt in unterschiedlicher Ausgestaltung. (1) Bestätigung über Datenverarbeitung / Negativauskunft (2) Auskunft über personenbezogene Daten und weitere Informationen (3) Unterrichtung über geeignete Garantien gem. Art. 46 DSGVO (5) Zurverfügungstellung einer Datenkopie.

7. Der Antrag einer betroffenen Person hinsichtlich eines Auskunftsbegehrens ist grds. nicht an besondere Voraussetzungen gebunden. In der Situation der Verarbeitung großer Mengen an Informationen steht dem Verantwortlichen das zwingende Recht zu von der betroffenen Person eine Präzisierung des Auskunftsbegehrens einzufordern.

F. Umfang des Auskunftsrechts nach Art. 15 DSGVO

I. Einordnung im arbeitsrechtlichen Kontext

In der arbeitsrechtlichen Praxis kommt es aktuell zu der Fragestellung, welchen Umfang eine Auskunft nach Art. 15 DSGVO aufzuweisen hat. Dies liegt insbesondere in der Natur des Arbeitsverhältnisses als Dauerschuldverhältnis. Im Rahmen eines – typischerweise lang andauernden – Arbeitsverhältnisses, wird eine große Menge an personenbezogenen Daten der jeweiligen Arbeitnehmer durch den Arbeitgeber verarbeitet. Sofern ein Arbeitnehmer (als betroffene Person) vom Arbeitgeber (als Verantwortlichen) die Erfüllung des Auskunftsrechts nach Art. 15 DSGVO verlangt, wird ein Arbeitgeber vor eine große Herausforderung gestellt. Dies liegt nicht zuletzt an der noch nicht endgültig geklärten Frage des Umfangs und der Reichweite des in Art. 15 DSGVO geregelten Auskunftsanspruchs.

Derzeit besonders auffällig ist die Geltendmachung des datenschutzrechtlichen Auskunftsrechts seitens Arbeitnehmer im Rahmen von Kündigungsschutzprozessen.[368] In dieser Situation wird meist eine Kopie sämtlicher personenbezogener Daten sowie im Zusammenhang mit diesen stehenden Informationen verlangt. Das klassische Beispiel ist das Begehren einer Kopie des gesamten E-Mail-Verlaufs der betroffenen Person / des (ehemaligen) Arbeitnehmers. Die Antwort auf die Frage, ob mit der Geltendmachung des Auskunftsanspruchs tatsächlich die Überprüfung der Rechtmäßigkeit der Datenverarbeitung erzielt wird, bleibt der betroffenen Person bzw. dessen Rechtsanwalt vorbehalten. Es ist jedenfalls nicht ausgeschlossen, dass der Auskunftsanspruch als prozesstaktisches Mittel verwendet wird. Die Erfüllung einer (ggf. extensiven) Auskunft bedeutet für den Verantwortlichen einen hohen Aufwand. Im Rahmen von etwaigen Vergleichsverhandlungen kann dies ein nicht zu unterschätzendes Druckmittel darstellen. Eine Beantwortung der Frage des Umfanges der Auskunft nach Art. 15 DSGVO entfaltet auch rechtsdogmatisch Wirkung. Angefangen bei der Frage, welche Informationen überhaupt als „personenbezogene Daten“ im Sinne von Art. 15 Abs. 1 DSGVO zu qualifizieren und somit

---

368 So auch *Fuhlrott* NZA-RR 2020, 614, welcher den datenschutzrechtlichen Auskunftsanspruch als „Standardantrag in arbeitsrechtlichen Kündigungsschutzklagen“ bezeichnet.

zu beauskunften sind, bis hin zur Frage, welche Reichweite eine Kopie im Sinne von Art. 15 Abs. 3 DSGVO aufzuweisen hat. Eine trennscharfe Antwort auf die jeweiligen Einzelfragen erfolgte in der juristischen Literatur sowie der Rechtsprechung bisher nicht. Vielmehr lässt sich feststellen, dass oftmals versucht wird die Fragestellungen als Ganzes zu beantworten. Bereits aus dogmatischen und praktischen Gründen ist jedoch eine differenzierte Betrachtung geboten.

II. Umfang der Auskunft nach Art. 15 Abs. 1 DSGVO

Die Auskunft nach Art. 15 Abs. 1 DSGVO beinhaltet auf der Rechtsfolgenseite unterschiedliche Informationsgehalte. Hinsichtlich ihres Umfangs ist zwischen der Auskunft über die „personenbezogenen Daten" i.S.v. Abs. 1 Hs. 2 Fall 1 sowie über die weiteren Informationen i.S.v. Abs. 1 Hs. 2 Fall 2 zu differenzieren.

1. Auskunft über personenbezogene Daten, Art. 15 Abs. 1 Hs. 2 Fall 1 DSGVO

Sofern der Verantwortliche personenbezogene Daten verarbeitet, hat die betroffene Person nach Art. 15 Abs. 1 Hs. 2 Fall 1 DSGVO ein Recht auf Auskunft über „diese personenbezogenen Daten". Der Umfang der Auskunft hinsichtlich dieser Daten ist umstritten und höchstrichterlich noch nicht entschieden. Im Kern stellt sich die Frage, ob der Auskunft über personenbezogene Daten ein weites / extensives Verständnis oder ein enges / restriktives Verständnis zu Grunde liegt. Hierbei ist jedoch zwischen dem grds. tatbestandlichen Verständnis und möglichen Einschränkungen zu differenzieren.

a) Verständnis innerhalb der juristischen Literatur

Zu der Frage des Umfanges der Auskunft nach Art. 15 Abs. 1 Hs. 2 Fall 1 DSGVO lassen sich der juristischen Literatur im Wesentlichen zwei Ansichten entnehmen. Nach einer Ansicht sei die Auskunft über personenbezogene Daten weit zu verstehen (teilweise mit der Möglichkeit der Einschränkung im Einzelfall).[369]

---

369 BeckOK IT-Recht/*Steinrötter* DSGVO Art. 15 Rn. 20; Bürkle/*Günthner*/*Krohm* § 14 Rn. 116; Ehmann/Selmayr/*Ehmann* DSGVO Art. 15 Rn. 15; *Engeler*/*Quiel*, NJW 2019, 2201; *Köhnlechner*, DSRITB 2018, 173; Kühling/Buchner/*Bäcker* DSGVO Art. 15 Rn. 8; Paschke/Berlit/Meyer/Kröner/*Kramer* MedienR 9. Teil 2. Kapitel Rn. 7; Simitis/Hornung/Spiecker/*Dix* DatenschutzR Art. 15 Rn. 14; Redeker/*Redker* IT-Recht Rn. 1055; *Riemer* ZD 2019, 413; Sydow/Marsch/*Bienemann* HK-DSGVO Art. 15 Rn. 29; Taeger/Gabel/*Mester* DSGVO Art. 15 Rn. 3.

Nach der anderen Ansicht sei hingegen grds. ein enges Verständnis zu Grunde zu legen.[370] Auffällig ist, dass die Frage des Umfanges der Auskunft nach Art. 15 Abs. 1 Hs. 2 Fall 1 DSGVO erkannt wird, oftmals jedoch unter Vermengung mit der Frage des Umfanges der Kopie i.S.v. Art. 15 Abs. 3 DSGVO beantwortet wird. Im Folgenden werden insbesondere die Stimmen innerhalb der Literatur dargestellt, welche sich ausdrücklich zum Umfang der Auskunft äußern. Man könnte zwar auch aus den Darlegungen zum Umfang der Kopie Rückschlüsse auf das Verständnis des Umfanges der Auskunft ziehen.[371] Hierzu müsste jedoch unterstellt werden, dass die jeweiligen Meinungsinhaber ein einheitliches Verständnis (bzgl. Kopie und Auskunft) vertreten. Dies lässt sich jedoch nicht immer eindeutig feststellen und würde somit zu letztlich wissenschaftlich nicht belastbaren Mutmaßungen führen.

aa) Restriktives Verständnis

Nach einer zum Teil vertretenen restriktiven Ansicht ist von der Auskunft über personenbezogene Daten keine Auskunft über sämtliche (über die Stammdaten der betroffenen Person hinausgehenden) Daten umfasst.[372] Die Vertreter dieser Ansicht stützen sich zum Teil auf die Rechtsprechung des LG Köln[373], nach welcher „sämtliche interne Vorgänge" nicht von der Auskunft des Art. 15 DSGVO umfasst seien.[374] Darüber hinaus wird teilweise angeführt, dass Gegenstand der Auskunft nur die in Art. 15 Abs. 1 Hs. 2 lit. a–h DSGVO sowie Art. 15 Abs. 2 DSGVO aufgeführten Informationen seien.[375]

(1) Wortlaut

Die Annahme eines restriktiven Verständnisses lasse sich hierbei zunächst aus dem Wortlaut der Norm ableiten.[376] Der Wortlaut Auskunft „über" sei derart zu

---

370 Paal/Pauly/*Paal* DSGVO Art. 15 Rn. 23a; Reichert/*Nägele* Arbeitshandbuch § 51 Rn. 24; Spindler/Schuster/*Nink* DSGVO Art. 15 Rn. 5; *Wybitul/Neu/Strauch*, ZD 2018, 202 (203); *Zikesch/Sörup*, ZD 2019, 239 (241).

371 Siehe S. 162 ff.

372 Paal/Pauly/*Paal* DSGVO Art. 15 Rn. 23a; Reichert/*Nägele* Arbeitshandbuch § 51 Rn. 24; Spindler/Schuster/*Nink* DSGVO Art. 15 Rn. 5; *Wybitul/Neu/Strauch*, ZD 2018, 202 (203); *Zikesch/Sörup*, ZD 2019, 239 (241).

373 LG Köln v. 19.06.2019 - 26 S 13/18, ZD 2019, 413.

374 Etwa Paal/Pauly/*Paal* DSGVO Art. 15 Rn. 23a.

375 Reichert/*Nägele* Arbeitshandbuch § 51 Rn. 24; Spindler/Schuster/*Nink* DSGVO Art. 15 Rn. 5.

376 *Zikesch/Sörup*, ZD 2019, 239 (241).

verstehen, dass die Auskunftspflicht inhaltlich auf eine „aggregierte Beschreibung“[377] der verarbeiteten personenbezogenen Daten beschränkt sei.[378] Ein Auskunftsanspruch hinsichtlich sämtlicher Daten sei dem Wortlaut indes nicht zu entnehmen.[379] Sofern der Gesetzgeber dies gewollt hätte, so habe dieser die Möglichkeit sowie die Pflicht zum „eindeutigen Ausdruck“[380] dieses Willens.[381]

(2) Englische Sprachfassung

Für diese Sichtweise spreche auch eine Betrachtung der englischen Sprachfassung der DSGVO.[382] Auch dort habe der Gesetzgeber ein „abstraktes Begriffsverständnis“[383] zugrunde gelegt. Aus dem Wortlaut („The data subject shall have the right to obtain from the controller [...] access to the personal data [...].“) werde ersichtlich, dass kein Anspruch auf alle Daten bestehe.[384] Dies ergebe sich insbesondere auch aus dem Wortlaut „access to the personal data“, aus welchem ein Zugang zu den personenbezogenen Daten, nicht aber ein Zugang zu Systemen oder einem systemischen Kontext der Datenverarbeitung hervorgehe.[385] Insofern unterscheide sich die nicht auskunftspflichtige systemische Ebene, welche auch Kontextdaten erfasse von der objektiven Ebene, welche nur die Stammdaten betreffe.[386]

(3) Hinweise in Erwägungsgründen

Darüber hinaus wird angeführt, dass aus den Erwägungsgründen Hinweise hervorgingen, aus denen sich ableiten lasse, dass die Auskunft nach Art. 15 Abs. 1 DSGVO nicht sämtliche Daten umfasse.[387] Dies ergebe sich zum einen aus der in EWG 63 S. 7 DSGVO vorgesehen Präzisierungspflicht sowie zum anderen aus dem Wortlaut des EWG 63 S. 3 DSGVO, nach welchem eine Auskunft nur „wenn möglich“ vorzunehmen sei.[388]

---

377 *Zikesch/Sörup*, ZD 2019, 239 (241).
378 *Zikesch/Sörup*, ZD 2019, 239 (241).
379 *Zikesch/Sörup*, ZD 2019, 239 (241).
380 *Zikesch/Sörup*, ZD 2019, 239 (241).
381 *Zikesch/Sörup*, ZD 2019, 239 (241).
382 *Zikesch/Sörup*, ZD 2019, 239 (241).
383 *Zikesch/Sörup*, ZD 2019, 239 (241).
384 *Zikesch/Sörup*, ZD 2019, 239 (241).
385 *Zikesch/Sörup*, ZD 2019, 239 (241).
386 *Zikesch/Sörup*, ZD 2019, 239 (241).
387 *Zikesch/Sörup*, ZD 2019, 239 (242).
388 *Zikesch/Sörup*, ZD 2019, 239 (242).

(4) *Sinn und Zweck*

Auch eine teleologische Auslegung stütze ein restriktives Verständnis.[389] Eine Auskunft über sämtlichen personenbezogenen Daten widerspreche den Vorgaben nach Art. 12 Abs. 1 DSGVO (präzise, transparente, verständliche, leicht zugänglich sowie klare und einfache Sprache).[390] Darüber hinaus sei mit einer Auskunft über sämtliche Daten eine Redundanz verbunden, welche dem Zwecke der informellen Selbstbestimmung sowie dem Zwecke der Rechtmäßigkeitskontrolle zuwiderlaufe.[391]

bb) Extensives Verständnis

Der gegenläufig vertretenen extensiven Ansicht nach ist der Umfang der Auskunft i.S.v. Art. 15 Abs. 1 DSGVO hingegen weit zu verstehen.[392] Demnach seien alle personenbezogenen Daten, welche durch den Verantwortlichen verarbeitet werden, zu beauskunften.[393] Insofern seien insbesondere auch personenbezogene Vermerke, Telefonnotizen, rechtliche Bewertungen sowie Schriftverkehre als Gegenstand der Auskunft zu bewerten.[394] Mögliche Beschränkungen der Auskunft seien dabei weniger eine Frage des tatbestandlichen Umfanges als vielmehr eine Frage der Beschränkung des Auskunftsanspruches auf Rechtsfolgenseite.[395]

Dies solle sich zunächst auf den Wortlaut der Norm zurückführen lassen, nach welchem die Auskunft von zwei ausdrücklichen Tatbestandsvoraussetzungen abhänge.[396] Zum einen müssten personenbezogene Daten der betroffenen Person vorliegen.[397] Zum anderen müssten diese Gegenstand einer

389 *Zikesch/Sörup,* ZD 2019, 239 (242).

390 *Zikesch/Sörup,* ZD 2019, 239 (242).

391 *Zikesch/Sörup,* ZD 2019, 239 (242).

392 BeckOK IT-Recht/*Steinrötter* DSGVO Art. 15 Rn. 20; Bürkle/Günthner/*Krohm* Datenschutz § 14 Rn. 116; Ehmann/Selmayr/*Ehmann* DSGVO Art. 15 Rn. 15; *Engeler/Quiel,* NJW 2019, 2201; *Köhnlechner,* DSRITB 2018, 173; Kühling/Buchner/*Bäcker* DSGVO Art. 15 Rn. 8; Paschke/Berlit/Meyer/Kröner/*Kramer* MedienR 9. Teil 2. Kapitel Rn. 7; Simitis/Hornung/Spiecker/*Dix* DatenschutzR Art. 15 Rn. 14; Redeker/*Redker* IT-Recht Rn. 1055; *Riemer,* ZD 2019, 413; Sydow/Marsch/*Bienemann* HK-DSGVO Art. 15 Rn. 29; Taeger/Gabel/*Mester* DSGVO Art. 15 Rn. 3.

393 *Köhnlechner*, DSRITB 2018, 173 (175); Kühling/Buchner/*Bäcker* DSGVO Art. 15 Rn. 8; Simitis/Hornung/Spiecker/*Dix* DatenschutzR Art. 15 Rn. 14; Sydow/Marsch/*Bienemann* HK-DSGVO Art. 15 Rn. 29; Taeger/Gabel/*Mester* DSGVO Art. 15 Rn. 3.

394 *Lembke,* NJW 2020, 1841 (1844).

395 *Engeler/Quiel* NJW 2019, 2201 (2202).

396 *Engeler/Quiel*, NJW 2019, 2201 (2202); *Lembke,* NJW 2020, 1841 (1844).

397 *Engeler/Quiel*, NJW 2019, 2201 (2202); *Lembke,* NJW 2020, 1841 (1844).

Datenverarbeitung sein.[398] Sofern beide Voraussetzungen gegeben seien, habe eine Auskunft zu erfolgen.[399] Hinsichtlich der Frage nach dem Verständnis der Tatbestandsvoraussetzungen bzw. Begriffe personenbezogene Daten sowie Datenverarbeitung stelle Art. 4 Nr. 1 und Nr. 2 DSGVO eine entsprechende Legaldefinition bereit.[400] Nach der Legaldefinition sei ein weites Verständnis der Begriffe gegeben.[401] Nach dem Wortlaut der Norm lasse sich daher eindeutig ein extensives Verständnis hinsichtlich der zu tätigen Auskunft entnehmen.[402] Eine Ausnahme bestimmter Datenarten sei mit dem Wortlaut der Norm hingegen nicht vereinbar.[403] Eine Beschränkung auf „sensible oder private“[404] Informationen sei folglich abzulehnen.[405]

Für ein generell weites Verständnis spreche ferner die Systematik der DSGVO (insbesondere mit Blick auf die in Art. 4 DSGVO enthaltenen Legaldefinitionen).[406] Hierbei sei neben dem Begriff „personenbezogene Daten“ auch hinsichtlich der „Verarbeitung“ ein weites Verständnis im Gesetz vorgesehen.[407] Nach diesem ist eine Verarbeitung bereits bei einer Datenspeicherung sowie bei weiteren Maßnahmen (bspw. Erhebung, Auslesen, sonstige Verwendung) gegeben.[408]

Darüber hinaus lasse sich auch aus der Regelung des EWG 63 S. 2 DSGVO ein weites Verständnis der zu erteilenden Auskunft entnehmen.[409]

Ferner sei eine extensive Ansicht mit Blick auf die Stärkung des Verbraucherschutzes vorzugswürdig.[410]

Letztlich besteht zum Teil die Ansicht, dass es dennoch Grenzen der Auskunft nach Art. 15 DSGVO gebe, diese jedoch nicht auf tatbestandsebene aufzustellen seien.[411]

---

398 *Engeler/Quiel*, NJW 2019, 2201 (2202); *Lembke*, NJW 2020, 1841 (1844).
399 *Engeler/Quiel*, NJW 2019, 2201 (2202).
400 *Engeler/Quiel*, NJW 2019, 2201 (2202); *Lembke*, NJW 2020, 1841 (1844).
401 *Engeler/Quiel*, NJW 2019, 2201 (2202); *Lembke*, NJW 2020, 1841 (1844).
402 *Lembke*, NJW 2020, 1841 (1844).
403 Kühling/Buchner/*Bäcker* DSGVO Art. 15 Rn. 8.
404 *Lembke* NJW 2020, 1841 (1844).
405 *Lembke* NJW 2020, 1841 (1844).
406 Simitis/Hornung/Spiecker/*Dix* DatenschutzR Art. 15 Rn. 14.
407 Simitis/Hornung/Spiecker/*Dix* DatenschutzR Art. 15 Rn. 14.
408 Simitis/Hornung/Spiecker/*Dix* DatenschutzR Art. 15 Rn. 14.
409 Simitis/Hornung/Spiecker/*Dix* DatenschutzR Art. 15 Rn. 15.
410 *Riemer*, ZD 2019, 413 (415).
411 So etwa *Lembke*, NJW 2020, 1841 (1844).

cc) Zusammenfassung

Hinsichtlich der Frage nach dem Umfang einer Auskunft i.S.d. Art. 15 Abs. 1 DSGVO lässt sich festhalten, dass die Meinungen innerhalb der Literatur zwiegespalten sind. Wenn auch eher eine zurückhaltende argumentative Hinterlegung der jeweiligen Ansichten erfolgt, so lassen sich die Hauptargumente in Ansätzen erkennen.

b) Verständnis der Datenschutzbehörden

Zu der Frage des Umfanges der Auskunft nach Art. 15 Abs. 1 DSGVO lassen sich ferner – sofern vorhanden – die Stellungnahmen und Aussagen der Datenschutzbehörden heranziehen.

aa) Bayrisches Landesamt für Datenschutzaufsicht

In seinem Tätigkeitsbericht 2017/18 äußerte sich das bayerische Landesamt für Datenschutzaufsicht hinsichtlich des Umfanges des Auskunftsrechts bei Ärzten insoweit, als dass „sämtliche bei dem Verantwortlichen gespeicherte personenbezogene Daten im Sinne des Art. 4 Nr. 1 DSGVO umfasst“[412] seien. Weitere Aussagen zu den nach Art. 15 Abs. 1 DSGVO umfassten personenbezogenen Daten wurden hingegen nicht getätigt.

bb) Hessische Beauftragte für Datenschutz und Informationsfreiheit

In seinem 47. Tätigkeitsbericht zum Datenschutz des Hessischen Beauftragten für Datenschutz und Informationsfreiheit beschäftigt sich die Behörde ausführlich mit der Frage des Umfanges der Auskunft nach Art. 15 Abs. 1 DSGVO. Dies geschah explizit auch im arbeitsrechtlichen Kontext. Sofern eine Datenverarbeitung durch den Verantwortlichen stattfinde, seien „der betroffenen Person die in Art. 15 Abs. 1 lit. a bis h DSGVO und Abs. 2 DSGVO näher beschriebenen Informationen zur Verfügung zu stellen.“[413] Im Beschäftigungsverhältnis sei der Umfang der Auskunftserteilung „vom Verantwortlichen […] im Einzelfall zu bestimmen“.[414] Die Behörde erreichten Anfragen insbesondere hinsichtlich des Bestehen einer Auskunftspflicht über „die Führung der Personalakte“, „die Nutzung eines Personalinformationssystems“, „die Durchführung von Personalentwicklungsmaßnahmen“, „Zeiterfassung“, „Videoüberwachung“,

412 Tätigkeitsbericht des BayLDA 2017/2018, S. 46.
413 47. Tätigkeitsbericht (2018) des HBDI, S. 77.
414 47. Tätigkeitsbericht (2018) des HBDI, S. 80.

personenbezogene Daten „bei der Nutzung der zur Verfügung gestellten IT-Infrastruktur“ sowie „geschäftliche Kommunikation“.[415] Zur Erfüllung des Auskunftsanspruchs nach Art. 15 Abs. 1 DSGVO sei eine „strukturierte Zusammenfassung der personenbezogenen Daten zur Verfügung zu stellen“.[416] Unter einer strukturierten Zusammenfassung sei „z.B. [ein] Registerauszug“[417] zu verstehen, aus welchem die „Datenverarbeitungsvorgänge“ ersichtlich werden.[418] Darüber hinaus wird ausgeführt, dass hinsichtlich gespeicherter personenbezogener Daten, die anderen Zwecken als der „Verarbeitung von Beschäftigungsdaten dienen“ (bspw. der „Verarbeitung von Kundendaten“) eine Auskunft über die „Informationen nach Art. 15 Abs. 1 lit. a bis h DSGVO“ sowie „die Möglichkeit eine Präzisierung [des] Auskunftsersuchens vorzunehmen“ genüge.[419] Hierfür spreche der Grundsatz der Transparenz, der Schutz von Rechten Dritter, die Unentgeltlichkeit des Auskunftsersuchens, die Missbrauchsabwehr des Art. 12 Abs. 5 DSGVO sowie der Präzisierungsgedanken von EWG 63.[420]

Aus den Ausführungen des Hessischen Beauftragten für Datenschutz und Informationsfreiheit lässt sich ein eher restriktives Verständnis der Auskunft i.S.v. Art. 15 Abs. 1 DSGVO ableiten. Insbesondere der Umstand, dass personenbezogenen Daten, welche „nicht in Bezug auf den Anspruchsteller verarbeitet werden“[421] eine Auskunft über die Informationen des Art. 15 Abs. 1 Hs. 2 lit. a bis h DSGVO sowie die „Möglichkeit der Präzisierung des Auskunftsersuchens“[422] genüge, legt dies nahe. Hierunter lässt sich regelmäßig auch der E-Mail-Verkehr eines Arbeitnehmers mit Kunden und Kollegen fassen, dessen Speicherung zu anderen Zwecken als der Verarbeitung von Beschäftigungsdaten erfolgt.

cc) Datenschutzkonferenz (DSK)

Die Datenschutzkonferenz (DSK) tätigte in ihrem Kurzpapier Nr. 6 zum Auskunftsrecht der betroffenen Person nach Art. 15 DSGVO allgemeine Ausführungen hinsichtlich der Frage des Umfanges. Neben der Negativauskunft könne eine betroffene Person „ganz konkret Auskunft darüber verlangen, welche

---

415 47. Tätigkeitsbericht (2018) des HBDI, S. 81.
416 47. Tätigkeitsbericht (2018) des HBDI, S. 81.
417 47. Tätigkeitsbericht (2018) des HBDI, S. 85.
418 47. Tätigkeitsbericht (2018) des HBDI, S. 85.
419 47. Tätigkeitsbericht (2018) des HBDI, S. 85.
420 47. Tätigkeitsbericht (2018) des HBDI, S. 84 f.
421 47. Tätigkeitsbericht (2018) des HBDI, S. 85.
422 47. Tätigkeitsbericht (2018) des HBDI, S. 85.

personenbezogenen Daten vom Verantwortlichen verarbeitet werden (z.B. Name, Vorname, Anschrift, Geburtsdatum, Beruf, medizinische Befunde).“[423] Ferner seien „vor allem“ die Informationen nach Art. 15 Abs. 1 Hs. 2 lit. a) bis h) DSGVO mitzuteilen.[424]

Aus der von der DSK gewählten Wortwahl könnte man dennoch eine restriktive Haltung hinsichtlich des Umfanges der Auskunft nach Art. 15 Abs. 1 DSGVO ableiten. Dies ergibt sich zunächst aus der Formulierung „kann die betroffene Person ganz konkret Auskunft [...] verlangen“[425]. Hier wird das Verständnis zu Grunde gelegt, dass ein Auskunftsanspruch en détail zwar umfasst, jedoch von einem „ganz konkret[en]“ Auskunftsverlangen abhängig ist. Im Umkehrschluss ließe sich also sagen, dass ohne konkretes Auskunftsverlangen auch keine entsprechend detaillierte Auskunft zu erteilen ist. Weiterhin sprechen die angeführten Beispiele der umfassten Auskunft für ein restriktives Verständnis. Auch wenn diese nicht abschließend sind, so fällt auf, dass es sich bei „Namen, Vornamen, Anschrift, Geburtsdatum, Beruf, medizinische Befunde“ um solche Informationen handelt, welche sich (im Gegensatz zu den weiteren Informationen innerhalb von zusammenhängenden Datenmengen) unmittelbar auf die betroffene Person beziehen. Darüber hinaus legt die DSK den Fokus der Auskunft scheinbar auf den Informationskatalog von Art. 15 Abs. 1 Hs. 2 lit. a)–h) DSGVO (Formulierung „vor allem“[426]).

dd) Bundesbeauftragte für Datenschutz und Informationsfreiheit (BfDI)

Auch der Bundesbeauftrage für Datenschutz und Informationsfreiheit (BfDI) bezieht (wenn auch sehr knapp) Stellung zum Inhalt des Auskunftsanspruchs nach Art. 15 Abs. 1 DSGVO. Umfasst seien alle personenbezogenen Daten im Sinne der gesetzlichen Regelung des Art. 4 Abs. 1 Nr. 1 DSGVO.[427] Insoweit sei auch die „Kommunikation mit Ihnen“ also zwischen Verantwortlichem und betroffener Person erfasst.[428]

---

423 Kurzpapier Nr. 6 der DSK, S. 1 (Stand: 26.07.2017).

424 Kurzpapier Nr. 6 der DSK, S. 1 (Stand: 26.07.2017).

425 Kurzpapier Nr. 6 der DSK, S. 1 (Stand: 26.07.2017).

426 Kurzpapier Nr. 6 der DSK, S. 1 (Stand: 26.07.2017).

427 BfID zum Recht auf Auskunft, URL: https://www.bfdi.bund.de/DE/Buerger/Inhalte/Allgemein/Betroffenenrechte/Betroffenenrechte_Auskunftsrecht.html;jsessionid=A123AA0AA6EC6CBD0E7E94FA90D5BC43.intranet211?nn=253038 (Aufrufdatum: 13.07.2021).

428 BfID zum Recht auf Auskunft, URL: https://www.bfdi.bund.de/DE/Buerger/Inhalte/Allgemein/Betroffenenrechte/Betroffenenrechte_Auskunftsrecht.html;jse

ee) Zusammenfassung

Auch den Aufsichtsbehörden ist die Problematik rund um die Frage des Umfanges einer Auskunft nach Art. 15 Abs. 1 DSGVO bekannt. Während sich diese zum Teil nur sehr abstrakt oder generell unter Verweis auf die gesetzlichen Normen hierzu äußern, beschäftigte sich jedenfalls der hessische Beauftragte näher mit dieser Frage. Eine bundeseinheitliche Rechtsauffassung der Aufsichtsbehörden lässt sich zum aktuellen Zeitpunkt jedoch nicht ermitteln.

c) Rechtsprechung

Mit der Frage nach dem Umfang des Auskunftsanspruchs nach Art. 15 DSGVO befassen sich auch die deutschen Gerichte. Innerhalb der deutschen Rechtsprechung existiert zum aktuellen Zeitpunkt keine höchstrichterliche Rechtsprechung zur konkreten Fragestellung hinsichtlich Umfangs und Reichweite des Auskunftsrechts nach Art. 15 DSGVO. Wie auch innerhalb der juristischen Literatur, lässt sich den zu der Thematik bereits ergangenen Urteilen ein Zwiespalt entnehmen. Dieser Zwiespalt existiert sowohl innerhalb der Rechtsprechung der ordentlichen Gerichte als auch innerhalb der Rechtsprechung der Arbeitsgerichte.

aa) Rechtsprechung der ordentlichen Gerichte

Innerhalb der Rechtsprechung der ordentlichen Gerichte wird zum Teil die Auffassung vertreten, dass der Umfang des Auskunftsanspruchs nach Art. 15 Abs. 1 DSGVO restriktiv zu verstehen sei.

(1) LG Köln v. 18.03.2019 – 26 O 25/18

In einem vor der 26. Kammer des LG Köln ausgetragenem Rechtsstreit begehrte die Klägerin die Erteilung einer vollständigen Auskunft über die bei der Beklagten gespeicherten personenbezogenen Daten.[429] Zwischen den Parteien bestehen Vertragsverhältnisse in Form von Lebensversicherungsverträgen.[430] Nachdem die Beklagte während des Prozesses Informationen erteilt hat, haben die Parteien den Rechtsstreit betreffend den Auskunftsantrag insoweit einvernehmlich

ssionid=A123AA0AA6EC6CBD0E7E94FA90D5BC43.intranet211?nn=253038 (Aufrufdatum: 13.07.2021).

429 LG Köln v. 18.03.2019 – 26 O 25/18, BeckRS 2019, 5634 (Rn. 6).

430 LG Köln v. 18.03.2019 – 26 O 25/18, BeckRS 2019, 5634 (Rn. 2).

für erledigt erklärt.[431] Das Gericht äußerte sich dennoch wie folgt zum Umfang der Auskunft nach Art. 15 Abs. 1 DSGVO.

(a) Grds. umfassender Auskunftsanspruch

Die 26. Kammer des LG Köln stellt zunächst fest, dass Art. 15 Abs. 1 DSGVO als „umfassender" Auskunftsanspruch zu qualifizieren sei.[432] Hinsichtlich der konkret als „personenbezogenen Daten" zu identifizierenden Informationen orientiert sich das Gericht an der gesetzlichen Legaldefinition des Art. 4 Nr. 2 DSGVO.[433] Hierunter seien „Daten wie Namen oder Geburtsdatum genauso wie jegliche Merkmale, die die Identifizierbarkeit einer Person ermöglichen können, z.B. Gesundheitsdaten, Kontonummer usw." zu fassen.[434]

(b) Ärztliche Gutachten sind personenbezogene Daten

Nach diesem Verständnis seien auch „ärztliche Unterlagen, Gutachten oder sonstige vergleichbare Mitteilungen anderer Quellen" als personenbezogene Daten i.S.v. Art. 15 DSGVO zu qualifizieren.[435]

(c) Restriktionen des Umfanges der Auskunft

Nachdem das Gericht zunächst ein umfassendes Verständnis der Auskunft nach Art. 15 DSGVO zu Grunde legt, reduziert es den Umfang hinsichtlich konkreter Informationsarten. Zunächst nimmt das Gericht eine Reduzierung des Umfanges bzgl. „sämtliche[r] interne[r] Vorgänge" eines Verantwortlichen vor. Hierzu werden ausdrücklich benannt: „Vermerke" sowie „sämtlicher gewechselter Schriftverkehr".[436] Darüber hinaus seien auch „rechtliche Bewertungen oder Analysen" nicht als personenbezogenen Daten im Sinne von Art. 15 DSGVO zu qualifizieren und folglich nicht von einem Auskunftsanspruch erfasst.[437]

---

431 LG Köln v. 18.03.2019 – 26 O 25/18, BeckRS 2019, 5634 (Rn. 14).
432 LG Köln v. 18.03.2019 – 26 O 25/18, BeckRS 2019, 5634 (Rn. 15).
433 LG Köln v. 18.03.2019 – 26 O 25/18, BeckRS 2019, 5634 (Rn. 15).
434 LG Köln v. 18.03.2019 – 26 O 25/18, BeckRS 2019, 5634 (Rn. 15).
435 LG Köln v. 18.03.2019 – 26 O 25/18, BeckRS 2019, 5634 (Rn. 6).
436 LG Köln v. 18.03.2019 – 26 O 25/18, BeckRS 2019, 5634 (Rn. 6).
437 LG Köln v. 18.03.2019 – 26 O 25/18, BeckRS 2019, 5634 (Rn. 15).

(d) Auskunftsanspruch dient nicht der vereinfachten Buchführung

Auch zum Sinn und Zweck des Auskunftsanspruchs äußerte sich die 26. Kammer des LG Köln und stellt insofern ausdrücklich fest, dass dieses nicht der „vereinfachten Buchführung" zu dienen bestimmt sei.[438]

Entgegen von der 26. Kammer des LG Köln vertretenen Auffassung eines restriktiven Verständnisses hinsichtlich Umfangs der Auskunft nach Art. 15 Abs. 1 DSGVO, existiert innerhalb der Rechtsprechung der ordentlichen Gerichte ebenfalls die gegenteilige Auffassung.

(2) LG München v. 06.04.2019 – 3 O 909/19

Im Rahmen eines vor der dritten Kammer des LG München ausgetragenen Rechtsstreits begehrte die Klägerin gegenüber der für sie als Finanzberaterin tätig gewesenen Beklagten unter anderem eine Kopie „aller personenbezogenen Daten"[439]. Auch wenn hierbei die Erteilung einer Kopie i.S.v. Art. 15 Abs. 3 DSGVO gegenständlich gewesen ist, lassen sich Ausführungen des Landgerichts München hinsichtlich des generellen Verständnisses personenbezogener Daten entnehmen. Das Gericht stellte zunächst fest, dass der Begriff der personenbezogenen Daten in Anknüpfung an die gesetzliche Definition nach Art. 4 Nr. 1 DSGVO einem weiten Verständnis unterliege.[440] Ferner wies das Gericht darauf hin, dass die Frage des Umfanges der Auskunftsansprüche in der Literatur sowie der Rechtsprechung umstritten sei.[441]

(a) Weites Verständnis der personenbezogenen Daten

Die dritte Kammer des LG München vertritt ein weites Verständnis bzgl. der für die Auskunft als personenbezogene Daten zu identifizierenden Informationen.[442] Hiervon seien nicht nur Stammdaten erfasst.[443] Vielmehr bestehe auch eine weitergehende Pflicht zur Auskunft über „vorhandene Vermerke, Telefonate und sonstige Gespräche".[444] Eine Ausklammerung dieser Informationen lasse sich weder auf Wortlaut noch Telos von Art. 15 DSGVO stützen.[445] Sinn

---

438 LG Köln v. 18.03.2019 – 26 O 25/18, BeckRS 2019, 5634 (Rn. 6).
439 LG München v. 06.04.2020 – 3 O 909/19, BeckRS 2020, 18373 (Rn. 12).
440 LG München v. 06.04.2020 – 3 O 909/19, BeckRS 2020, 18373 (Rn. 66).
441 LG München v. 06.04.2020 – 3 O 909/19, BeckRS 2020, 18373 (Rn. 67).
442 LG München v. 06.04.2020 – 3 O 909/19, BeckRS 2020, 18373 (Rn. 68 ff.).
443 LG München v. 06.04.2020 – 3 O 909/19, BeckRS 2020, 18373 (Rn. 69).
444 LG München v. 06.04.2020 – 3 O 909/19, BeckRS 2020, 18373 (Rn. 69).
445 LG München v. 06.04.2020 – 3 O 909/19, BeckRS 2020, 18373 (Rn. 69).

und Zweck von Art. 15 DSGVO sei es „ein Höchstmaß an Transparenz" zu gewährleisten.[446]

(b) Gesprächsvermerke und Telefonnotizen als personenbezogene Daten

Ferner sei davon auszugehen, dass es in der heutigen Zeit keine belanglosen Daten mehr gebe, weshalb umso mehr eine weite Auslegung von Art. 15 DSGVO vorzunehmen sei.[447] Im Ergebnis seien daher auch Gesprächsvermerke oder Telefonnotizen von der Auskunft des Art. 15 DSGVO erfasst.[448]

(3) OLG Köln v. 26.07.2019 – 20 U 75/18

Auch der 20. Zivilsenat des OLG Köln hat in seiner Entscheidung vom 26.07.2019 dargelegt, dass er ein weites Verständnis hinsichtlich des Umfanges des Auskunftsrechts nach Art. 15 Abs. 1 DSGVO vertritt. Begründet wurde dies mit der in Art. 4 Nr. 1 DSGVO enthaltenen Legaldefinition von personenbezogenen Daten, welche weit gefasst sei.[449] Aus diesem Grund sei eine Begrenzung der Auskunft lediglich auf Stammdaten nicht möglich.[450] Insbesondere die Ausnahme von Vermerken zu geführten Telefonaten und sonstigen Gesprächen sei nicht mit der Norm vereinbar.[451]

(4) OLG Köln v. 23.10.2020 – 20 U 57/19

Gegen das am 18.03.2019 durch das LG Köln ergangene Teilurteil[452] legte die Klägerin Berufung vor dem OLG Köln ein. Die Berufung wurde von dem 20. Zivilsenat des OLG Köln zurückgewiesen. Hinsichtlich des begehrten Auskunftsanspruchs hatte die an sich zulässige Berufung (insbesondere wegen der getroffenen Erledigungserklärung) in der Sache keinen Erfolg.[453] Dennoch stellte der 20. Zivilsenat des OLG Köln erneut seine Auffassung hinsichtlich des Umfanges der Auskunft nach Art. 15 Abs. 1 DSGVO dar.

Der Senat geht unter Zugrundelegung der Hypothese, dass eine zwischenzeitliche Auskunft der Beklagten nicht erfolgt wäre, von einer erfolgreichen

---

446 LG München v. 06.04.2020 – 3 O 909/19, BeckRS 2020, 18373 (Rn. 69).
447 LG München v. 06.04.2020 – 3 O 909/19, BeckRS 2020, 18373 (Rn. 70).
448 LG München v. 06.04.2020 – 3 O 909/19, BeckRS 2020, 18373 (Rn. 70).
449 OLG Köln v. 26.07.2019 – 20 U 75/18, BeckRS 2019, 16261 (Rn. 61).
450 OLG Köln v. 26.07.2019 – 20 U 75/18, BeckRS 2019, 16261 (Rn. 63).
451 OLG Köln v. 26.07.2019 – 20 U 75/18, BeckRS 2019, 16261 (Rn. 63).
452 Siehe S. 114 ff.
453 OLG Köln v. 23.10.2020 – 20 U 57/19, BeckRS 2020, 29121 (Rn. 2 f.).

Durchsetzung des Auskunftsanspruchs der Klägerin aus.[454] Er präzisierte das Auskunftsverlangen der Klägerin auf „Auskünfte (1) zum Verlauf des Prämienkontos, (2) zum Zustandekommen des Versicherungsverhältnisses und (3) zu der zu dieser gespeicherten Korrespondenz“[455]. Mit der Aussage, dass die Berufung bzgl. der Erteilung dieser Auskünfte (ohne zwischenzeitliche Erteilung durch die Beklagte) insoweit Erfolg gehabt hätte,[456] lässt der Senat durchblicken, dass dieser wohl ein extensives Verständnis der Auskunft nach Art. 15 Abs. 1 DSGVO vertritt.

bb) Rechtsprechung der Arbeitsgerichte

Auch innerhalb der Rechtsprechung der Arbeitsgerichte lässt sich feststellen, dass zum Teil die Auffassung eines restriktiven Verständnisses des Umfangs der Auskunft nach Art. 15 Abs. 1 DSGVO vertreten wird.

(1) LAG Niedersachsen v. 09.06.2020 – 9 Sa 608/19

Innerhalb eines Prozesses vor der neunten Kammer des LAG Niedersachsen stritten die Parteien im Rahmen eines Kündigungsschutzverfahrens über den vom Kläger geltend gemachten Auskunftsanspruch nach Art. 15 DSGVO. Der Kläger begehrte eine Kopie des gesamten (ihn betreffenden) E-Mail-Verkehrs.[457] Auch wenn sich das Gericht im Wesentlichen mit der Reichweite einer Kopie i.S.v. Art. 15 Abs. 3 DSGVO beschäftigte, so stellt die Kammer mit ihrem Urteil dennoch Maßstäbe hinsichtlich des Umfanges „personenbezogener Daten“ auf. Insofern ging die Kammer davon aus, dass die Kopie i.S.v. Abs. 3 nicht weiter gehe als die Auskunft i.S.v. Abs. 1 und daher ein einheitliches Verständnis hinsichtlich der erfassten „personenbezogenen Daten“ anzunehmen sei.[458]

(a) Keine Auskunft über „gesamte Inhalte“

Die neunte Kammer des LAG Niedersachsen stellt fest, dass „gesamte Inhalte (z.B. von Personalakten)“ nicht als personenbezogene Daten im Sinne von Art. 15 DSGVO zu qualifizieren und somit nicht von einer Auskunft umfasst seien.[459]

---

454 OLG Köln v. 23.10.2020 – 20 U 57/19, BeckRS 2020, 29121 (Rn. 8).
455 OLG Köln v. 23.10.2020 – 20 U 57/19, BeckRS 2020, 29121 (Rn. 11).
456 OLG Köln v. 23.10.2020 – 20 U 57/19, BeckRS 2020, 29121 (Rn. 11).
457 LAG Niedersachsen v. 09.06.2020 – 9 Sa 608/19, NZA-RR 2020, 571.
458 LAG Niedersachsen v. 09.06.2020 – 9 Sa 608/19, NZA-RR 2020, 571 (574).
459 LAG Niedersachsen v. 09.06.2020 – 9 Sa 608/19, NZA-RR 2020, 571 (574).

Begründen lasse sich dies insbesondere mit Sinn und Zweck des Art. 15 DSGVO, welcher „eine Überprüfung der Datenverarbeitung ermöglichen“ solle.[460]

(b) Ablehnung der Rechtsprechung des OLG Köln

Darüber hinaus spricht sich die Kammer ausdrücklich gegen die extensive Ansicht des OLG Köln[461] aus.[462]

(2) BAG v. 27.04.2021 – 2 AZR 342/20

Gegen die oben genannte Entscheidung des LAG Niedersachsen erhob der Kläger erfolglos Revision vor dem zweiten Senat des Bundesarbeitsgerichts. Der zweite Senat des BAG lies die streitige Frage, ob der gesamte E-Mail-Verkehr eines Arbeitnehmers als personenbezogenes Datum zu bewerten und somit Teil der Auskunft nach Art. 15 DSGVO ist offen.[463] Die Revision wurde zurückgewiesen, da der Kläger sein Klagebegehren nicht hinreichend bestimmt formuliert habe, sodass die Voraussetzungen des § 253 Abs. 2 ZPO nicht gewahrt worden seien.[464] Auch von der Möglichkeit der Stufenklage nach § 254 ZPO (für den Fall dass eine hinreichende Bestimmung des Klagebegehrens nicht möglich war) sei nicht Gebrauch gemacht worden.[465]

Im Gegensatz zu der zuvor dargestellten Auffassung eines restriktiven Umfangs der Auskunft nach Art. 15 DSGVO wird auch innerhalb der Rechtsprechung der Arbeitsgerichte die gegenteilige Auffassung eines extensiven Umfangs der Auskunft vertreten.

(3) LAG Baden-Württemberg v. 20.12.2018 – 17 Sa 11/18

Mit dem Urteil der 17. Kammer des LAG Baden-Württemberg vom 20.12.2018 existierte die erste Entscheidung eines oberen Arbeitsgerichts zur Frage nach

---

460 LAG Niedersachsen v. 09.06.2020 – 9 Sa 608/19, NZA-RR 2020, 571 (574).

461 OLG Köln v. 26.07.2019 – 20 U 75/18, ZD 2019, 462.

462 LAG Niedersachsen v. 09.06.2020 – 9 Sa 608/19, NZA-RR 2020, 571 (574).

463 Pressemitteilung BAG Nr. 8/21, URL: https://juris.bundesarbeitsgericht.de/cgi-bin/rechtsprechung/document.py?Gericht=bag&Art=pm&pm_nummer=0008/21 (Abrufdatum 01.05.2021).

464 Pressemitteilung BAG Nr. 8/21, URL: https://juris.bundesarbeitsgericht.de/cgi-bin/rechtsprechung/document.py?Gericht=bag&Art=pm&pm_nummer=0008/21 (Abrufdatum 01.05.2021).

465 Pressemitteilung BAG Nr. 8/21, URL: https://juris.bundesarbeitsgericht.de/cgi-bin/rechtsprechung/document.py?Gericht=bag&Art=pm&pm_nummer=0008/21 (Abrufdatum 01.05.2021).

dem Umfang des Auskunftsrechts i.S.v. Art. 15 DSGVO. Die 17. Kammer des LAG Baden-Württemberg vertritt hierbei ein extensives Verständnis hinsichtlich des Umfangs der Auskunft über personenbezogene Daten.

Die Parteien stritten im Rahmen eines Kündigungsschutzverfahrens insbesondere über den vom Kläger geltend gemachten Auskunftsanspruch nach Art. 15 DSGVO.[466] Der Kläger war bei der Beklagten in der Rechtsabteilung angestellt.[467] Den vom Kläger gestellten Antrag auf Auskunft nach Art. 15 DSGVO wies das Arbeitsgericht Stuttgart[468] mangels Bestimmtheit erstinstanzlich ab.[469] Im Rahmen der Anschlussberufung begehrte der Kläger weiterhin die Auskunft der von der beklagten Arbeitgeberin gespeicherten „Leistungs- und Verhaltensdaten".[470] Der Kläger begehrte mit seinem Antrag ferner, dass die Auskunft insbesondere hinsichtlich „Zwecke der Datenverarbeitung", „Empfänger, gegenüber denen die Bekl. die personenbezogenen Daten des Kl. offengelegt hat oder noch offenlegen wird", „Speicherdauer oder Kriterien", „Herkunft" sowie „das Bestehen automatisierter Entscheidungsfindung" zu erteilen sei.[471] Darüber hinaus stellte der Kläger einen Antrag auf zur Verfügung Stellung einer Kopie der personenbezogenen Leistungs- und Verhaltensdaten.[472]

(a) Umfassender Auskunftsanspruch inkl. Leistungs- und Verhaltensdaten

Die 17. Kammer des LAG Baden-Württemberg gab den Anträgen statt und sprach dem Kläger einen Auskunftsanspruch nach Art. 15 DSGVO im beantragten Umfang zu.[473] Bei Art. 15 DSGVO handele es sich um einen „umfassend bestehenden Auskunftsanspruch".[474] Nach der Ansicht des Gerichts handele es sich bei personenbezogenen Leistungs- und Verhaltensdaten um Daten, welche unter die Kategorie des Art. 15 Abs. 1 Hs. 2 lit. b DSGVO i.V.m. Art. 4 Nr. 1 DSGVO zu fassen seien.[475] Ein Anspruch auf Kopie diesbezüglich sei von Art. 15 Abs. 3 S. 1 DSGVO umfasst.[476]

---

466 LAG Baden-Württemberg v. 20.12.2018 – 17 Sa 11/18, NZA-RR 2019, 242.
467 LAG Baden-Württemberg v. 20.12.2018 – 17 Sa 11/18, NZA-RR 2019, 242.
468 ArbG Stuttgart v. 19.12.2017 – 17 Ca 4075/17.
469 ArbG Stuttgart v. 19.12.2017 – 17 Ca 4075/17, BeckRS 2017, 155279, Rn. 84.
470 LAG Baden-Württemberg v. 20.12.2018 – 17 Sa 11/18, NZA-RR 2019, 242 (243 f.).
471 LAG Baden-Württemberg v. 20.12.2018 – 17 Sa 11/18, NZA-RR 2019, 242 (243 f.).
472 LAG Baden-Württemberg v. 20.12.2018 – 17 Sa 11/18, NZA-RR 2019, 242 (244).
473 LAG Baden-Württemberg v. 20.12.2018 – 17 Sa 11/18, NZA-RR 2019, 242 (249 f.).
474 LAG Baden-Württemberg v. 20.12.2018 – 17 Sa 11/18, NZA-RR 2019, 242 (250).
475 LAG Baden-Württemberg v. 20.12.2018 – 17 Sa 11/18, NZA-RR 2019, 242 (250).
476 LAG Baden-Württemberg v. 20.12.2018 – 17 Sa 11/18, NZA-RR 2019, 242 (250).

(b) E-Mail-Verkehr von Auskunftsanspruch umfasst

Ferner stellt das Gericht fest, dass „jede einzelne [...] geschriebene, gesendete und empfangene E-Mail“ personenbezogene Daten enthalten.[477] Mangels ersichtlicher Einschränkungen[478] des Auskunftsrechts nach Art. 15 Abs. 4 DSGVO sei eine Auskunft im Ergebnis auch hierüber zu erteilen.[479]

(4) Arbeitsgericht Bonn v. 16.07.2020 – 3 O 909/19

Im Rahmen des zu Grunde liegenden Rechtstreits vor dem Arbeitsgericht Bonn begehrte der Kläger (bei der Beklagten zuletzt beschäftigt als Leiter der Rechtsabteilung) unter anderem Auskunft sowie Kopie über ihn verarbeitete personenbezogene Daten.[480] Sein Auskunftsbegehren konkretisierte der Kläger auf personenbezogenen Daten, welche „im Zusammenhang mit Untersuchungen“ der Beklagten gegen ihn verarbeitet worden sind.[481]

(a) Umfang abhängig von Konkretheit des Auskunftsersuchens

Nach der Ansicht des Arbeitsgerichts Bonn hängt der Umfang der Auskunftspflicht nach Art. 15 Abs. 1 DSGVO von der „Konkretheit des Auskunftsersuchens“ ab.[482] Ableiten lasse sich dies aus EWG 63 S. 7 DSGVO, welcher dem Verantwortlichen im Falle der Verarbeitung großer Mengen an Daten das Recht eines Präzisierungsverlangens gegenüber der betroffenen Person[483] einräume.[484]

(b) Keine gestufte Darlegungs- und Beweislast

Weiterhin teilt die Kammer nicht die Ansicht, dass die Problematik des Umfangs eines „allgemeinen Auskunftsanspruchs“[485] über eine gestufte Darlegungs- und Beweislastverteilung zu beseitigen sei.[486] In Bezug zu Art. 15 DSGVO träfe die betroffene Person eine Darlegungslast „ausschließlich [hinsichtlich] anspruchsbegründende[r] Tatsachen“[487]. Hierbei bestehe außerdem die Besonderheit, dass

---

477 LAG Baden-Württemberg v. 20.12.2018 – 17 Sa 11/18, NZA-RR 2019, 242 (250).
478 Zu den Einschränkungen siehe S. 195 ff.
479 LAG Baden-Württemberg v. 20.12.2018 – 17 Sa 11/18, NZA-RR 2019, 242 (250).
480 ArbG Bonn v. 16.07.2020 – 3 Ca 2026/19, BeckRS 2020, 22546 (Rn. 1 ff.).
481 ArbG Bonn v. 16.07.2020 – 3 Ca 2026/19, BeckRS 2020, 22546 (Rn. 15).
482 ArbG Bonn v. 16.07.2020 – 3 Ca 2026/19, BeckRS 2020, 22546 (Rn. 41).
483 Näher hierzu siehe S. 81 ff.
484 ArbG Bonn v. 16.07.2020 – 3 Ca 2026/19, BeckRS 2020, 22546 (Rn. 42).
485 ArbG Bonn v. 16.07.2020 – 3 Ca 2026/19, BeckRS 2020, 22546 (Rn. 46).
486 ArbG Bonn v. 16.07.2020 – 3 Ca 2026/19, BeckRS 2020, 22546 (Rn. 46).
487 ArbG Bonn v. 16.07.2020 – 3 Ca 2026/19, BeckRS 2020, 22546 (Rn. 46).

„eine weitere Darlegung von Anspruchsvoraussetzungen nicht mehr erforderlich“[488] sei, sofern die Eröffnung des Anwendungsbereichs der DSGVO sowie eine Datenverarbeitung durch den Beklagten unstreitig sei.[489]

(c) Lösung über abgestufte Anspruchs- und Erfüllungslast

Die Frage nach dem Umfang einer nach Art. 15 DSGVO zu erteilender Auskunft (insbesondere bei der Verarbeitung einer Vielzahl personenbezogener Daten), lasse sich nur durch eine „abgestufte Anspruchs- und Erfüllungslast“[490] beantworten.[491] Eine abgestufte Anspruchs- und Erfüllungslast wirke sich derart aus, dass nur das zu beauskunften sei, was konkret verlangt wurde.[492] Im konkreten Fall habe dies zur Folge, dass ein Verantwortlicher zunächst nur verpflichtet sei Auskunft über die weiteren Informationen nach Art. 15 Abs. 1 Hs. 2 DSGVO[493] zu erteilen.[494] Diese Informationen genügen, um der betroffenen Person einen ersten Überblick über Verarbeitungszweck, Verarbeitungsmittel und Zielrichtung der Verarbeitung zu verschaffen. Nach dieser Auskunft sei die betroffene Person in der Lage die konkrete „Richtung“[495] ihres „weitergehenden Auskunftsinteresses“[496] zu bestimmen.[497] Erst nach einer sodann erfolgten Konkretisierung des Auskunftsverlangens sei der Verantwortliche zur Erteilung konkreter Auskünfte verpflichtet.[498]

Darüber hinaus sei eine „allumfassende“ Auskunft im Kontext einer großen Datenmenge auch nicht im Interesse der betroffenen Person. Insofern stehe eine allgemeine Auskunft über eine Vielzahl an Daten im Widerspruch zu dem begehrten Informationsinteresse der betroffenen Person.[499] Ferner stellt die Kammer fest, dass eine derartige abgestufte Anspruchs- und Erfüllungslast nicht die Rechte von betroffenen Personen (hier Arbeitnehmern) beeinträchtige, sondern in deren eigenen Interesse für Klarheit sorge.[500]

---

488 ArbG Bonn v. 16.07.2020 – 3 Ca 2026/19, BeckRS 2020, 22546 (Rn. 46).
489 ArbG Bonn v. 16.07.2020 – 3 Ca 2026/19, BeckRS 2020, 22546 (Rn. 46).
490 ArbG Bonn v. 16.07.2020 – 3 Ca 2026/19, BeckRS 2020, 22546 (Rn. 47).
491 ArbG Bonn v. 16.07.2020 – 3 Ca 2026/19, BeckRS 2020, 22546 (Rn. 47).
492 ArbG Bonn v. 16.07.2020 – 3 Ca 2026/19, BeckRS 2020, 22546 (Rn. 47).
493 Siehe S. 139 ff.
494 ArbG Bonn v. 16.07.2020 – 3 Ca 2026/19, BeckRS 2020, 22546 (Rn. 48).
495 ArbG Bonn v. 16.07.2020 – 3 Ca 2026/19, BeckRS 2020, 22546 (Rn. 48).
496 ArbG Bonn v. 16.07.2020 – 3 Ca 2026/19, BeckRS 2020, 22546 (Rn. 48).
497 ArbG Bonn v. 16.07.2020 – 3 Ca 2026/19, BeckRS 2020, 22546 (Rn. 48).
498 ArbG Bonn v. 16.07.2020 – 3 Ca 2026/19, BeckRS 2020, 22546 (Rn. 50).
499 ArbG Bonn v. 16.07.2020 – 3 Ca 2026/19, BeckRS 2020, 22546 (Rn. 48).
500 ArbG Bonn v. 16.07.2020 – 3 Ca 2026/19, BeckRS 2020, 22546 (Rn. 48).

cc) Zwischenergebnis

Wie auch innerhalb der juristischen Literatur lässt sich innerhalb der deutschen Rechtsprechung ein Zwiespalt hinsichtlich des Umfanges der Auskunft i.S.v. Art. 15 Abs. 1 DSGVO feststellen. Ein eindeutiger Trend hinsichtlich einer in der jüngsten Vergangenheit überwiegend vertretenen Ansicht lässt sich derzeit nicht erkennen. Eine einheitliche Richtung bleibt demnach erst mit Festigung im Rahmen höchstrichterlicher Rechtsprechung abzuwarten.

d) Stellungnahme

Wie eingangs dargestellt,[501] wirkt sich die Beantwortung der Frage nach dem Verständnis des Umfanges der Auskunft i.S.v. Art. 15 Abs. 1 DSGVO wesentlich auf die arbeitsrechtliche Praxis aus. Eine unmittelbare Wirkung entfaltet sich hierbei insbesondere hinsichtlich der Frage, ob zusammenhängende Datenmengen (bspw. der gesamte E-Mail-Verlauf eines Arbeitnehmers) sowie interne Vermerke von der Auskunft nach Art. 15 Abs. 1 DSGVO umfasst sind. Die Wirkung der Beantwortung dieser Frage wird anhand des angeführten Beispiels eines E-Mail-Verkehrs deutlich. Jede E-Mail eines Arbeitnehmers enthält bereits mit der sichtbaren E-Mail-Adresse sowie der Signatur ein personenbezogenes Datum. Neben diesen einzelnen personenbezogenen Daten enthält jede E-Mail mit ihrem eigentlichen Inhalt (der Nachricht) weitere Informationen. Sofern man der Ansicht eines extensiven Auskunftsanspruchs folgt, so wären von einer Auskunft grds. (jedenfalls tatbestandlich) der gesamte E-Mail-Verlauf umfasst. Nach einer restriktiven Ansicht wäre dies hingegen nicht der Fall.

aa) Grundlegende Kritik

Vor einer eigenen Stellungnahme zu dem Umfang der Auskunft i.S.v. Art. 15 Abs. 1 DSGVO steht an dieser Stelle eine Kritik zu der teilweise in der juristischen Literatur vorzufindenden Behandlung der Problematik. Die in der Literatur vertretenen Ansichten finden sich nur selten mit einer fundierten Argumentationsgrundlage wieder. Vielmehr wird oftmals das Ergebnis ohne konkrete Nennung von Argumenten in den Raum gestellt.[502] Dies hängt unter anderem wohl mit dem eingangs aufgezeigten Umstand zusammen, dass eine trennscharfe Auseinandersetzung mit der Frage des Umfanges der Auskunft (Abs. 1) auf der einen

---

501 Siehe 105 f.

502 So Paal/Pauly/*Paal* DSGVO Art. 15 Rn. 23a; So auch noch Sydow/*Specht* HK-DSGVO 2. Aufl. Art. 15 Rn. 10.

Seite sowie mit der Frage des Umfanges einer Kopie (Abs. 3) auf der anderen Seite in weiten Teilen nicht zu erkennen ist. Die Frage nach dem Umfang der Auskunft wird oftmals angeschnitten, sodann jedoch von der Beantwortung der Frage des Umfanges einer Kopie verdrängt.

bb) Historie

Bei einem Vergleich des inhaltlichen Regelungsgehalts der Vorgängernorm (Art. 12 RL 95/46/EG) mit dem Regelungsgehalt von Art. 15 Abs. 1 DSGVO fällt auf, dass die Norm vor dem Hintergrund der Transparenz zu Gunsten der betroffenen Person erheblich weiterentwickelt wurde. Dies äußert sich an dem normierten Umfang der zu beauskunftenden „weiteren Informationen" (sog. Metadaten), welcher sich deutlich erweitert hat. Hieraus lässt sich ableiten, dass es dem Willen des europäischen Gesetzgebers entspricht das Schutzniveau / Transparenzniveau möglichst zu intensivieren. Die Einfügung einer Pflicht zur Erteilung einer Datenkopie ist ebenfalls Ergebnis dieses Vorganges.[503] Auch hieraus lässt sich auf das Regelungsziel eines möglichst intensiven Auskunftsrechts für betroffene Personen schließen.

Darüber hinaus ist im Rahmen der historischen Auslegung auch EWG 63 DSGVO heranziehen, um den Willen des europäischen Gesetzgebers zu ermitteln. Nach EWG 63 S. 1 DSGVO liegt das Ziel der Auskunft nach Art. 15 DSGVO zum einen in der Schaffung von Transparenz (Kenntniserlangung der verarbeiteten personenbezogenen Daten) und zum anderen in der Ermöglichung einer Rechtmäßigkeitskontrolle. Mit EWG 63 S. 1 DSGVO hat der europäische Gesetzgeber festgeschrieben, welche Ziele er mit Art. 15 DSGVO verfolgt. Sowohl Transparenz als auch die Ermöglichung einer Rechtmäßigkeitskontrolle lassen sich hierbei nur erreichen, wenn ein starkes bzw. extensives Auskunftsrecht besteht. Ein schwaches bzw. restriktives Auskunftsrecht, durch welches betroffene Personen nur in einem beschränkten Umfang Informationen erlangen könnten, würde zur Verwirklichung der in EWG 63 S. 1 DSGVO niedergeschriebenen Ziele nicht genügen.

Nach EWG 63 S. 2 DSGVO umfasst das Auskunftsrecht auch „eigene gesundheitsbezogene Daten", wie „Daten in Patientenakten", „Diagnosen", „Untersuchungsergebnisse", „Befunde" und „Angaben zu Behandlungen oder Eingriffen". Diese Regelung könnte als Argument für einen extensiven Auskunftsanspruch anzuführen sein und auf die arbeitsrechtliche Fallsituation übertragen werden. Dem lässt sich jedoch entgegenhalten, dass es sich bei der Regelung des EWG 63

---

503 Siehe S. 67 ff.

S. 2 DSGVO um eine spezielle Regelung handelt, welche auf Situationen rund um gesundheitsbezogene Daten zugeschnitten ist. Eine Verallgemeinerung lässt die Regelung nicht zu. Außerdem ist die Interessenlage eine gänzlich andere. In Bezug auf gesundheitsbezogene Daten handelt es sich um empfindliche Angaben, welche mitunter die Intimsphäre der betroffenen Person betreffen. Dass einer betroffenen Person die Möglichkeit der Kenntniserlangung hinsichtlich dieser Informationen ermöglicht werden muss, ist bereits logisch verständlich. Jedoch lässt sich wegen EWG 63 S. 2 DSGVO bei der Ermittlung des Gesetzgeberwillens darauf schließen, dass hier ein noch intensiverer Schutz für betroffenen Personen geschaffen werden sollte. Wieder einmal steht der Schutz betroffener Personen im Fokus des Gesetzgebers.

Weiterhin sieht der europäische Gesetzgeber mit EWG 63 S. 7 DSGVO die Möglichkeit vor, dass der Verantwortliche vor einer Auskunftserteilung eine Präzisierung des Auskunftsersuchenden verlangen kann, sofern eine große Menge von Informationen verarbeitet wird.[504] Auf Grund der Natur des Arbeitsverhältnisses (als Dauerschuldverhältnis), in welchem über einen langen Zeitraum unterschiedlichste personenbezogene Daten verarbeitet werden, ist diese Regelung im arbeitsrechtlichen Kontext von hervorgehobener Bedeutung. Die Möglichkeit eine Konkretisierung verlangen zu können führt im Ergebnis zu einer Restriktion des an sich weit gefassten Auskunftsanspruchs.[505] Die im EWG vorgesehen Präzisierungsmöglichkeit zeigt, dass es dem Willen des europäischen Gesetzgebers entspricht, grundsätzlich von einem weitreichenden Umfang der Auskunft nach Art. 15 Abs. 1 DSGVO auszugehen. Dies lässt sich aus dem Umkehrschluss ableiten, dass eben nur in der besonderen Situation (Verarbeitung großer Mengen an Daten) eine tatbestandliche Restriktion (durch Präzisierungsverlangen) vorgesehen ist. Dies lässt die Schlussfolgerung zu, dass grds. auch große Mengen an Daten zu beauskunften sind. Wären diese im Sinne eines restriktiven Verständnisses von vornherein ausgenommen, bedürfte es auch keiner Konkretisierung wie in EWG 63 S. 7 DSGVO geschehen. Eine generelle Einschränkung der Auskunft durch die Möglichkeit des Präzisierungsverlangens wurde hingegen weder geregelt, noch lässt sich dies hieraus ableiten. In der Regelung ist vielmehr eine Ausnahmevorschrift zu sehen. Der Versuch EWG 63 S. 7 DSGVO als Argument für ein generell restriktives tatbestandliches Verständnis von Art. 15 Abs. 1 DSGVO heranzuziehen[506] überzeugt daher nicht.

---

504 Siehe S. 81 ff.

505 So auch ArbG Bonn v. 16.07.2020 – 3 Ca 2026/19, BeckRS 2020, 22546 (Rn. 41).

506 So etwa *Zikesch/Sörup*, ZD 2019, 239 (242).

cc) Systematik

Die systematische Auslegung von Art. 15 Abs. 1 DSGVO lässt ebenfalls den Rückschluss eines gesetzgeberisch gewollten weiten Verständnisses hinsichtlich des Umfangs der Auskunft zu.[507] An unterschiedlichen Stellen der DSGVO lässt sich das Hauptziel des Schutzes der Rechte und Freiheiten natürlicher Personen sowie des Schutzes personenbezogener Daten ableiten. Bereits Art. 1 Abs. 1 DSGVO normiert ausdrücklich das Ziel der DSGVO „die Grundrechte und Grundfreiheiten natürlicher Personen und insbesondere deren Recht auf Schutz personenbezogener Daten" zu gewährleisten. Dieser Grundgedanke (Schutz der betroffenen Personen) findet sich zudem auch in den allgemeinen Grundsätzen des Datenschutzrechts[508], den hohen Anforderungen an eine rechtlich zulässige Datenverarbeitung sowie der Existenz eines autonomen Abschnittes mit normierten Betroffenenrechten[509] wieder. Die Annahme eines restriktiven Verständnisses des Umfanges des Betroffenenrechts auf Auskunft i.S.v. Art. 15 Abs. 1 DSGVO widerspricht dieser durch den Gesetzgeber angelegten Systematik wesentlich. Die Schaffung eines generell hohen Schutzniveaus durch die DSGVO in ihrer Gesamtheit ist nicht vereinbar mit der grundsätzlichen Reduzierung des Schutzes im Einzelnen (hier bzgl. Umfang der Auskunft).

Sofern zum Teil vertreten wird, dass die Annahme eines weiten Verständnisses von Art. 15 Abs. 1 DSGVO in einem Wertungswiderspruch mit den Regelungen der deutschen Zivilprozessordnung stehe (insbes. dem Beibringungsgrundsatz), überzeugt dies zur Annahme eines restriktiven Verständnisses von Art. 15 Abs. 1 DSGVO nicht.

Dem lässt sich zunächst entgegenhalten, dass es dem deutschen Gesetzgeber im Rahmen der in der DSGVO vorgesehen Öffnungsklauseln freisteht die ZPO entsprechend anzupassen. Denkbar wäre eine nationale Regelung, durch welche die Geltendmachung von Art. 15 DSGVO im prozessualen Kontext Einschränkungen erfährt.[510] Die Annahme eines restriktiven Verständnisses aus Gründen prozessualer Grundsätze eines Mitgliedstaates widerspricht hingegen dem Gedanken der Rechtsvereinheitlichung. Darüber hinaus zeigt das Urteil vom BAG[511], dass bereits zum jetzigen Zeitpunkt eine prozessuale Reaktion auf ein

507 Wie auch Simitis/Hornung/Spiecker/*Dix* DatenschutzR Art. 15 Rn. 14.

508 Siehe S. 40 ff.

509 Siehe S. 55 ff.

510 Siehe S. 209 ff.

511 BAG v. 27.04.2021 – 2 AZR 342/20, NZA 2021, 1053.

Auskunftsverlangen, welches den Grundgedanken des deutschen Zivilprozessrechts widerspricht, möglich ist.[512]

Darüber hinaus stellen Erwägungen des deutschen Gesetzgebers keine überzeugenden Argumente im Rahmen der Auslegung einer europäischen Norm dar. Ziel der Auslegung europäischer Normen ist die Ermittlung des Gesetzgeberischen Willens hinsichtlich dieser Norm. Etwaige Erwägungen nationaler Gesetzgeber können hierauf keine Wirkung entfalten. Eine Ausnahme gilt jedoch bspw. dann, wenn es dem Willen des europäischen Gesetzgebers entspräche, Erwägungen nationaler Gesetzgeber zu berücksichtigen. Dies ist im Rahmen von Art. 15 DSGVO jedoch nicht ersichtlich.

Zuletzt ist der Rechtscharakter der DSGVO als europäische Verordnung gem. Art. 288 Abs. 2 AEUV zu beachten. Verordnungen gelten funktional wie nationale Gesetze.[513] Durch Verordnungen soll eine Rechtsvereinheitlichung der Rechtslage in der Europäischen Union bewirkt werden.[514] Dies spiegelt sich auch in den Besonderheiten der juristischen Methodik im Kontext von Gemeinschaftsrecht wider.[515] Dem Ziel einer Rechtsvereinheitlichung würde eine divergierende Auslegung von Verordnungen in den einzelnen Mitgliedstaaten zuwiderlaufen und ist im Ergebnis als unzulässig zu erachten. Auch aus diesem Grund stellt ein etwaiger Wertungswiderspruch zu nationalen Regelungen einzelner Mitgliedstaaten kein überzeugendes Argument für eine Reduktion des Tatbestandes von Art. 15 Abs. 1 DSGVO dar.

dd) Wortlaut

Weiterhin ist der Wortlaut von Art. 15 Abs. 1 DSGVO auszulegen. Nach Art. 15 Abs. 1 DSGVO hat die betroffene Person ein „Recht auf Auskunft über diese personenbezogenen Daten". Durch das Wort „diese" wird ein Bezug zu dem vorherigen Satz hergestellt, welcher von „sie betreffende personenbezogene Daten[, welche] verarbeitet werden" spricht. Nach dem ausdrücklichen Wortlaut von Art. 15 Abs. 1 DSGVO hat die betroffene Person folglich ein Anspruch auf „Auskunft über" „sie betreffende personenbezogene Daten", welche von dem Verantwortlichen „verarbeitet" werden. Richtigerweise hängt das Bestehen einer Auskunftspflicht von den Voraussetzungen des Vorliegens personenbezogener Daten sowie einer Datenverarbeitung hinsichtlich dieser ab.[516] Zur Auslegung

---

512 Siehe S. 119.
513 EuArbRK/*Höpfner* AEUV Art. 288 Rn. 10.
514 Schwarze/Becker/Hatje/Schoo/*Biervert* Art. 288 AEUV Rn. 18.
515 Siehe S. 45 ff.
516 So *Engeler/Quiel*, NJW 2019, 2201 (2202); *Lembke*, NJW 2020, 1841 (1844).

der Begriffe „personenbezogene Daten“ und „Verarbeitung“ ist auf die Legaldefinitionen der Art. 4 Nr. 1 und Nr. 2 DSGVO zurückzugreifen, welche der europäische Gesetzgeber aufgestellt hat.[517] Bereits aus der Existenz der Legaldefinitionen lassen sich „Verarbeitung“ und „personenbezogene Daten“ als unionsrechtliche Begriffe identifizieren. Die Auslegung von unionsrechtlichen Begriffen erfolgt autonom (ohne Rückgriff auf nationale Regelungen) und muss ein einheitliches (unionsweites) Verständnis als Ergebnis haben.[518]

(1) Personenbezogene Daten i.S.v. Art. 4 Nr. 1 DSGVO

Der gesetzlichen Legaldefinition des Begriffs der „personenbezogenen Daten“ ist ein weites Verständnis zu entnehmen.[519] Nach der Legaldefinition des Art. 4 Nr. 1 DSGVO sind zum einen grds. „alle Informationen“ umfasst. Zum anderen genügt hinsichtlich der Personenbezogenheit (neben der unmittelbaren) bereits die mittelbare Möglichkeit der Identifizierung der betroffenen Person. Dieses sehr weite Verständnis von personenbezogenen Daten wurde auch durch den EuGH bestätigt.[520] Ein Personenbezug sei anzunehmen, wenn eine Verknüpfung mit einer Person aufgrund des „Inhalts“, des „Zwecks“ oder der „Auswirkungen“ der Informationen gegeben sei.[521] Nach diesem Verständnis seien bspw. auch Antworten eines Prüflings in einer berufsbezogenen Prüfung als personenbezogene Daten zu qualifizieren.[522] Hier sei hinsichtlich aller drei Kriterien eine Verknüpfung zur Person gegeben.[523] Der Inhalt der Antworten spiegele den „Kenntnisstand und das Kompetenzniveau“ des Prüflings wider.[524] Der Zweck der Antworten liege in der Beurteilung der beruflichen Fähigkeiten des

---

517 So auch BfID zum Recht auf Auskunft, URL: https://www.bfdi.bund.de/DE/Buerger/Inhalte/Allgemein/Betroffenenrechte/Betroffenenrechte_Auskunftsrecht.html;jsessionid=A123AA0AA6EC6CBD0E7E94FA90D5BC43.intranet211?nn=253038 (Abrufdatum 13.07.2021); *Engeler/Quiel*, NJW 2019, 2201 (2202); *Lembke*, NJW 2020, 1841 (1844); LAG Baden-Württemberg v. 20.12.2018 – 17 Sa 11/18, NZA-RR 2019, 242 (250); LG München v. 06.04.2020 – 3 O 909/19, BeckRS 2020, 18373 (Rn. 66).

518 Zu den Besonderheiten der Auslegung des Wortlauts auf Ebene des Unionsrechts, siehe S. 48.

519 So richtigerweise auch LG München v. 06.04.2020 – 3 O 909/19, BeckRS 2020, 18373 (Rn. 70), Siehe S. 116 f.

520 EuGH v. 20.12.2017 – C-434/16, NJW 2018, 767 (768).

521 EuGH v. 20.12.2017 – C-434/16, NJW 2018, 767 (768).

522 EuGH v. 20.12.2017 – C-434/16, NJW 2018, 767 (768).

523 EuGH v. 20.12.2017 – C-434/16, NJW 2018, 767 (768).

524 EuGH v. 20.12.2017 – C-434/16, NJW 2018, 767 (768).

Prüflings.[525] Zuletzt führe das Ergebnis der Prüfung auch zu Auswirkungen auf die Rechte und Interessen des Prüflings (Chancen hinsichtlich des gewünschten Berufs).[526] Die Bewertung, ob bestimmte Informationen als personenbezogene Daten i.S.v. Art. 15 DSGVO zu qualifizieren sind bedarf folglich der Einzelfallprüfung. Eine pauschale Ausnahme bestimmter Informationen ist nicht möglich. Die Rechtsprechung des LAG Niedersachen, nach welcher „gesamte Inhalte" nicht als personenbezogene Daten zu qualifizieren seien, ist infolgedessen höchst kritisch zu betrachten.[527] Eine eigenverantwortliche Ausnahme von bestimmten Datenarten durch Mitgliedstaaten oder nationale Gerichte aus dem Wortlaut von Art. 15 DSGVO missachten sowohl die vom europäischen Gesetzgeber vorgesehenen Legaldefinition nach Art. 4 DSGVO sowie eine im unionsrechtlichen Kontext gebotenen autonomen Auslegung.

(2) Verarbeitung, Art. 4 Nr. 2 DSGVO

Auch der Begriff „Verarbeitung" lässt sich der Legaldefinition des Art. 4 Nr. 2 DSGVO entsprechend weit verstehen.[528] Nach der (nicht abschließenden) Aufzählung der umfassten Vorgänge genügt bereits die Speicherung von Daten damit eine Verarbeitung gegeben ist. Die Eintrittsschwelle in eine Datenverarbeitung ist vom europäischen Gesetzgeber folglich deutlich gering angelegt worden.

(3) „Auskunft über"

Sofern eine Verarbeitung von personenbezogenen Daten gegeben ist, hat der Verantwortliche „Auskunft über" diese Daten zu erteilen. Nachdem die Wortlautauslegung ein weites Verständnis der umfassten Daten ergibt, ist zu fragen, welches Verständnis der „Auskunft" zugrunde zu legen ist. Anders als die Begriffe „personenbezogene Daten" und „Verarbeitung" handelt es sich bei dem Begriff „Auskunft" nicht um einen unionsrechtlichen Begriff. Eine Definition enthält die DSGVO nicht.

Der Definition des Dudens zufolge ist unter Auskunft eine „auf eine Frage hin gegebene Information" oder „aufklärende Mitteilung über jemanden, etwas" zu verstehen.[529] Übertragen auf Art. 15 DSGVO beinhaltet ein derartiges

525 EuGH v. 20.12.2017 – C-434/16, NJW 2018, 767 (768).

526 EuGH v. 20.12.2017 – C-434/16, NJW 2018, 767 (768).

527 LAG Niedersachsen v. 09.06.2020 – 9 Sa 608/19, NZA-RR 2020, 571 (574).

528 Siehe S. 39.

529 „Auskunft" auf Duden online, URL: https://www.duden.de/node/10866/revision/10893 (Abrufdatum: 12.05.2021).

Verständnis eine aufklärende Mitteilung über die verarbeiteten personenbezogenen Daten. Die Mitteilung muss aufklären. Nach der Definition des Dudens bedeutet das Verb „aufklären", „jemandes Unwissenheit, ungenügende Kenntnis über etwas / jemanden beseitigen", „jemanden über etwas / jemanden genau unterrichten" oder „informieren".[530] Folglich muss ein Informationsfluss hinsichtlich der personenbezogenen Daten gegeben sein, welche der Verantwortliche verarbeitet. Die auf Seiten der betroffenen Person bestehende Unwissenheit hinsichtlich der verarbeiteten personenbezogenen Daten muss ausgeräumt werden. Dies beginnt mit der Kenntnis darüber, welche personenbezogenen Daten überhaupt verarbeitet werden und endet in den kontextuellen weiteren Informationen nach Art. 15 Abs. 1 Hs. 2 lit. a bis h DSGVO.

(4) Divergierende Sprachfassungen der weiteren Mitgliedstaaten („Zugang", „Zugriff")

Im unionsrechtlichen Kontext hat die Wortlautauslegung in einer einheitlichen, sprachvergleichenden Art und Weise zu erfolgen.[531] In Bezug auf Art. 15 Abs. 1 DSGVO fällt auf, dass die weiteren Sprachfassungen kein Recht auf „Auskunft", sondern ein Recht auf „Zugang" zu oder „Zugriff" auf den bzw. die personenbezogenen Daten beinhalten (engl.: „Right of access", franz.: „Droit d'accès"; ital.: „Diritto di accesso"). Lediglich in der deutschen Sprachfassung von Art. 15 Abs. 1 DSGVO findet sich die abweichende Formulierung.

Die vor diesem Hintergrund vertretene Auffassung, aus den Sprachfassungen, welche von einem „Zugang zu den personenbezogenen Daten" und nicht „zu den Verarbeitungssystemen" sprechen, lasse sich ein restriktives Verständnis ableiten,[532] überzeugt nicht. Die Frage danach, inwiefern Daten von Art. 15 Abs. 1 DSGVO umfasst sind, bleibt davon abhängig, ob Daten als verarbeitete personenbezogene Daten i.S.v. Art. 4 Nr. 1 und 2 DSGVO zu bewerten sind oder nicht. Die divergierenden Sprachfassungen berühren diese Fragestellung nicht.

Offen bleibt jedoch die Ausgestaltung des in Art. 15 Abs. 1 DSGVO vorgesehen Rechts („Auskunft" = „Zugang"?). Auf Grund der Gleichrangigkeit der verschiedenen Sprachfassungen ist keine Sprachfassung vorrangig heranzuziehen.[533] Auch wenn es insoweit widersprüchlich erscheint, dass auch die deutsche

530 „Aufklären" auf Duden online, URL: https://www.duden.de/node/15778/revision/15805 (Abrufdatum: 12.05.2021).

531 Calliess/Ruffert/*Wegener* EU-Vertrag (Lissabon) Art. 19 Rn. 13.

532 Wie etwa *Zikesch/Sörup,* ZD 2019, 239 (241).

533 Calliess/Ruffert/*Wegener* EU-Vertrag (Lissabon) Art. 19 Rn. 13; *Höpfner/Rüthers,* AcP 209 2009, 1 (10).

Sprachfassung innerhalb des Erwägungsgrund 63 S. 4 zur möglichen Umsetzung von Art. 15 Abs. 1 DSGVO den Begriff „Zugang" verwendet, ist das ausschließliche Abstellen auf den Wortlaut der restlichen Sprachfassungen versagt.[534] Die sprachlichen Unterschiede gilt es zunächst im Rahmen der einheitlichen, sprachvergleichenden Auslegung zu beseitigen.[535] Erst wenn dies unmöglich ist, bedarf es der Anwendung anderer Auslegungsmethoden.[536] Ein in den weiteren Sprachfassungen gegebener mehrheitlicher Wortlaut kann allenfalls im Rahmen der weiteren Auslegungsmethoden als Indiz für eine Auslegungsart herangezogen werden.[537]

Eine Auflösung des Problems des divergierenden Wortlautes der Sprachfassungen lässt sich auf Ebene der Wortlautauslegung jedenfalls dann herbeiführen, wenn die Abweichungen als unwesentlich einzustufen sind.[538] Unwesentlich sind die Abweichungen dann, wenn keine Auswirkungen auf den Inhalt oder Sinngehalt der Norm anzunehmen seien.[539] Zu klären bleibt also, ob „Zugang" bzw. „Zugriff" und „Auskunft" zu einem wesentlich unterschiedlichen Verständnis von Art. 15 Abs. 1 DSGVO führen.

(a) Bedeutung „Zugriff" bzw. „Zugang"

Unter „Zugriff" versteht sich die „Möglichkeit, etwas anzusehen, sich anzueignen, zu benutzen"[540]. „Zugang" kann zum einen im technischen Sinne als Zugriffsmöglichkeit, zum anderen im geistigen Sinne als das „Verstehen, Begreifen von etwas"[541] verstanden werden. Im vorliegenden Kontext ist jedoch die technische Bedeutung zugrunde zu legen. Dies angenommen, vermittelt „Zugriff" bzw. „Zugang" zu den personenbezogenen Daten zunächst den Eindruck, umfassender zu sein als eine „Auskunft über" personenbezogene Daten. „Zugang" bzw. „Zugriff" vermittelt ein direkteres Gelangen an die personenbezogenen Daten als eine „Auskunft" über diese.

---

534 MüKoBGB/*v. Hein* EGBGB Art. 3 Rn. 166.

535 Calliess/Ruffert/*Wegener* EU-Vertrag (Lissabon) Art. 19 Rn. 13.

536 MüKoBGB/*v. Hein* EGBGB Art. 3 Rn. 166.

537 *Zedler*, Mehrsprachigkeit und Methode, S. 251.

538 *Zedler*, Mehrsprachigkeit und Methode, S. 266.

539 *Zedler*, Mehrsprachigkeit und Methode, S. 266 f.

540 „Zugriff" auf Wörterbuch Wortbedeutung.info, URL: https://www.wortbedeutung.info/Zugriff/ (Abrufdatum: 12.05.2021).

541 „Zugang" auf Wörterbuch Wortbedeutung.info, URL: https://www.wortbedeutung.info/Zugang/ (Abrufdatum: 12.05.2021).

(b) Mögliche Auflösung durch einheitliche Wortlautsaulegung

Die Divergenz zwischen den verschiedenen Begrifflichkeiten lässt sich durch eine einheitliche Auslegung auflösen, sofern die Folgewirkung in praktischem Sinne die gleiche ist. Wie bereits dargestellt, versteht sich unter „Auskunft" eine aufklärende Mitteilung über die verarbeiteten personenbezogenen Daten. Diese Mitteilung hat auch die personenbezogenen Daten als solche zum Gegenstand. Im Ergebnis erlangt die betroffene Person also auch durch die Auskunft über personenbezogene Daten Zugang zu diesen. „Auskunft" über personenbezogene Daten ist derart zu verstehen, dass hierdurch die Möglichkeit gegeben wird von diesen Kenntnis zu erlangen. Im Ergebnis lässt sich eine rechtsvergleichende, einheitliche Wortlautauslegung der unterschiedlichen Sprachfassungen herbeiführen. Sowohl „Zugriff" bzw. „Zugang" als auch „Auskunft" sind so zu verstehen, dass der betroffenen Person die Kenntnisnahme der personenbezogenen Daten sowie der weiteren Informationen (Art. 15 Abs. 1 Hs. 2 lit. a bis h DSGVO) ermöglicht wird. Legt man diese Wortbedeutung zugrunde, führen beide Formulierungen in der Praxis zur selben Folge. Der betroffenen Person steht das Recht zu Kenntnis über die von ihr verarbeiteten personenbezogenen Daten zu erlangen. Hierfür spricht im Übrigen auch die mit EWG 63 S. 4 DSGVO gegebene Erwägung hinsichtlich der Art der Erteilung einer Auskunft. Dort ist die Möglichkeit des „direkten Zugangs" durch „Fernzugriff" aufgezeigt. In Anbetracht der Tatsache, dass dies nur eine „Möglichkeit" darstellt, sind auch andere Zugangsarten (auch indirekte) zulässig. Im Ergebnis kommt es auf die Kenntniserlangung an.

(5) Keine Beschränkung auf weitere Informationen i.S.v. Art. 15 Abs. 1 Hs. 2 lit. a bis h DSGVO

Ausweislich des ausdrücklichen Wortlautes von Art. 15 Abs. 1 DSGVO, nach welchem ein Recht auf Auskunft über die personenbezogenen Daten „und" die Informationen nach lit. a bis h besteht, ist die Ansicht, dass lediglich Auskunft über die Informationen nach lit. a bis h zu erfolgen hat,[542] gänzlich abzulehnen. Ein derartiges Ergebnis ist mit der im Wortlaut verwendeten kumulativen Aufzählung nicht vereinbar.

---

542 So etwa Reichert/*Nägele* Arbeitshandbuch § 51 Rn. 24; Spindler/Schuster/*Nink* DSGVO Art. 15 Rn. 5.

(6) Zwischenergebnis

Die Wortlautauslegung von Art. 15 Abs. 1 DSGVO ergibt hinsichtlich der Ausgestaltung, dass sowohl die deutsche Fassung („Auskunft") als auch die weiteren Sprachfassungen („Zugriff" / „Zugang") in einem einheitlichen Sinne zu verstehen sind. Demnach sind sowohl „Auskunft" als auch „Zugriff" / „Zugang" derart zu verstehen, dass die betroffene Person Kenntnis über die verarbeiteten personenbezogenen Daten erlangen kann. Dieses Verständnis entspricht dem gesetzgeberischen Willen der mit Art. 15 DSGVO bezweckten Transparenz.

Die Auslegung des Wortlautes von Art. 15 Abs. 1 DSGVO ergibt ferner, dass es für den europäischen Gesetzgeber zur Bewertung dafür, ob Daten von der Auskunft erfasst sind nur darauf ankommt, dass 1) „personenbezogene Daten" vorliegen und 2) diese durch den Verantwortlichen „verarbeitet" werden. Im Ergebnis kommt es also vorrangig auf die Frage an, ob gewisse Informationen als „personenbezogenes Datum" zu werten sind oder nicht. Diese Wertung stellt zudem auch ein unionseinheitliches Ergebnis dar, da die DSGVO auch in den weiteren Sprachfassungen entsprechend kongruente Legaldefinitionen enthält. Das vom europäischen Gesetzgeber in den Legaldefinitionen angelegte weite Verständnis der Begriffe spricht im Ergebnis ebenfalls dafür, dass ein weites Verständnis der von Art. 15 Abs. 1 DSGVO umfassten Daten dem gesetzgeberischen Willen entspricht.

ee) Auslegungsergebnis: Extensiver Umfang der Auskunft nach Art. 15 Abs. 1 DSGVO

Im Ergebnis ergibt die methodische juristische Auslegung von Art. 15 Abs. 1 DSGVO ein extensives / weites Verständnis des Umfanges der Auskunft über personenbezogene Daten i.S.v. Art. 15 Abs. 1 DSGVO. Alle Auslegungsmittel lassen ausschließlich auf einen dementsprechenden Willen des europäischen Gesetzgebers schließen. Sowohl aus einer historischen als auch einer systematischen Auslegung von Art. 15 DSGVO lässt sich zunächst der grundsätzliche Wille eines weiten Umfanges der Auskunft nach Art. 15 Abs. 1 DSGVO zur Erreichung eines intensiven Schutzes betroffener Personen ableiten. Mit dem Wortlaut von Art. 15 Abs. 1 DSGVO sowie den ergänzend aufgestellten Legaldefinitionen drückt der europäische Gesetzgeber seinen Willen hinsichtlich eines weiten tatbestandlichen Umfanges der Auskunft abschließend aus.

Durch die Auskunft soll der betroffenen Person die Möglichkeit gegeben werden Kenntnis über die verarbeiteten personenbezogenen Daten sowie die weiteren Informationen (Abs. 1 lit. a bis h) zu erlangen. Ob Daten im Einzelfall als personenbezogene Daten zu bewerten sind richtet sich ausschließlich nach der weit gefassten Legaldefinition des Art. 4 Nr. 1 DSGVO. Zur Bewertung des notwendigen Personenbezugs ist der „Inhalt", „Zweck" sowie die „Auswirkung" der Daten nach Rechtsprechung des EuGH heranzuziehen.[543]

Im arbeitsrechtlichen Kontext ist demnach grds. auch der E-Mail-Verkehr von Arbeitnehmern als personenbezogenes Datum i.S.v. Art. 15 DSGVO zu qualifizieren. E-Mails weisen bereits ihrem Inhalt nach einen Personenbezug auf. Dies kann unmittelbar (Name, Emailadresse etc.) sowie auch mittelbar (etwa durch den Schreib- und Sprachstil der Person) der Fall sein. Auch dem Zweck von E-Mails im Kontext der Arbeit lässt sich ein Personenbezug entnehmen. Diese dienen der Ausführung der vertraglich geschuldeten Arbeitstätigkeit einer Person. Ein Personenbezug lässt sich auch aus den Auswirkungen von E-Mails des Arbeitsalltages ableiten. Ähnlich wie im Rahmen der Prüfungskonstellation können E-Mails im Kontext der Arbeitsverrichtung Aufschluss über die Qualität der Arbeitsleistung geben. Dies kann entsprechend positive oder negative Auswirkungen auf die Interessen der betroffenen Person entfalten.

Die Qualifizierung des E-Mail-Verkehrs als von der Auskunft umfasstes personenbezogenes Datum bewirkt jedoch nicht automatisch, dass tatsächlich Auskunft über den gesamten E-Mail-Verkehr durch den Verantwortlichen vorgenommen werden muss. Eine Restriktion erfolgt – wie vom europäischen Gesetzgeber vorgesehen – bei der Verarbeitung großer Datenmengen durch die Möglichkeit eine Präzisierung des Auskunftsbegehrens verlangen zu können.[544]

Ein derartiges Verständnis stellt darüber hinaus vermittelnde Lösung zwischen den beiden gegensätzlichen Ansichten (extensiv vs. restriktiv) dar und beachtet zugleich den in den Wertungen der DSGVO, dem ausdrücklichen Wortlaut von Art. 15 DSGVO sowie den Legaldefinitionen nach Art. 4 DSGVO angelegten gesetzgeberischen Willen eines intensiven Schutzes betroffener Personen.

Dieses Ergebnis ist ferner auch unter Gesichtspunkten der Praktikabilität sowie Rechtssicherheit vorzugwürdig. Auch wenn zunächst (ggf. in einer Anfangsphase) ein Mehraufwand für Unternehmen gegeben ist, welche insbesondere hinsichtlich der IT-Systeme Nachholbedarf aufweisen dürften, so spricht dies allein nicht für ein restriktives Verständnis. Ein generell weites Verständnis sorgt langfristig für eine einfache und praktikablere Rechtslage für alle Beteiligten. Die Möglichkeit des in den Erwägungsgründen der DSGVO vorgesehenen Präzisierungsverlangens kommt dem Interesse der Verantwortlichen

543 EuGH v. 20.12.2017 – C-434/16, NJW 2018, 767 (768).
544 Siehe S. 81 ff.

insofern zugute und sorgt für eine praxisfreundlichere Abwicklung der Auskunft nach Art. 15 Abs. 1 DSGVO, sofern eine große Menge an Daten verarbeitet wird.

ff) Notwendigkeit einer teleologischen Reduktion?

Sofern zum Teil vertreten wird, dass es einer teleologischen Reduktion einer weiten Auslegung von Art. 15 DSGVO bedarf, überzeugt dies im Ergebnis nicht.[545] Eine teleologische Reduktion ist (nach der objektiven Theorie) dann vorzunehmen, wenn eine gesetzliche Regelung „entgegen ihrem Wortsinn, aber gemäß der immanenten Teleologie des Gesetzes einer Einschränkung bedarf, die im Gesetzestext nicht enthalten ist."[546]

Dies setzt voraus, dass der Wortlaut von Art. 15 Abs. 1 DSGVO, den verfolgten Sinn und Zweck (Transparenz und Rechtmäßigkeitskontrolle) übersteigen würde. Hierzu wäre zu unterstellen, dass es für die Bewertung der Rechtmäßigkeit der Datenverarbeitung sowie die Wahrung von Transparenz nicht notwendig sei, einer betroffenen Person Auskunft in dem (im Rahmen der Wortlautauslegung) ermittelten weiten Umfang zu erteilen. Vielmehr müsste dieses weite Verständnis dem Sinn und Zweck widersprechen. Eine derartige Annahme lässt sich jedoch nicht universell aufstellen. Auch wenn eine große Menge an Daten die Überprüfung der Rechtsmäßigkeit erschweren kann, so liegt dies in der Natur der – in diesem Fall umfangreichen – Datenverarbeitung. Eine große Menge an Daten führt nicht automatisch dazu, dass eine Rechtmäßigkeitskontrolle nicht möglich ist. Auch wenn hierdurch eine höhere Komplexität der Überprüfung gegeben ist wird diese hierdurch nicht unmöglich. Sinn und Zweck der Norm ist es nicht lediglich simple Rechtmäßigkeitsprüfungen zu ermöglichen. Komplexere Datenverarbeitungsvorgänge fordern komplexere Prüfungen hinsichtlich der Rechtmäßigkeit der Verarbeitung. Dies resultiert nicht aus Gründen der Qualität, sondern bereits aus Gründen der Quantität der verarbeiteten personenbezogenen Daten. Ein restriktives tatbestandliches Verständnis könnte die Prüfungsmöglichkeit der betroffenen Person sogar vereiteln. Hier besteht die Gefahr, dass ggf. „die eine" rechtswidrige Datenverarbeitung (die sprichwörtliche Nadel im Heuhaufen) wegen der restriktiven Auslegung niemals erkannt werden kann. Darüber hinaus spricht auch das Gebot der Transparenz vielmehr für ein grundsätzlich weites tatbestandliches Verständnis der Auskunft nach Art. 15 Abs. 1 DSGVO. Das bezweckte Ziel der Transparenz führt richtigerweise zu dem Erfordernis einer, entsprechend den Formvorgaben des Art. 12 DSGVO,

545 So Härting, CR 2019, 219 (224) in Bezug auf die Kopie nach Art. 15 Abs. 3 DSGVO.
546 *Larenz/Canaris*, Methodenlehre, S. 210.

verständlichen Auskunft im formellen Sinne. Eine tatbestandliche Reduktion der Auskunft über personenbezogenen Daten gem. Art. 15 Abs. 1 DSGVO allein aus Erwägungen des Sinns und Zwecks der Norm überzeugt nicht. Die Notwendigkeit einer teleologischen Reduktion von Art. 15 Abs. 1 DSGVO ist abzulehnen.[547]

f) Nachtrag: BGH v. 15.06.2021 – VI ZR 576/19

Nach Abschluss der ersten Fassung dieser Ausarbeitung hat der sechste Zivilsenat des Bundesgerichtshof mit Urteil vom 15.06.2021 – als erstes deutsches oberstes Gericht – seine Ansicht hinsichtlich der Reichweite des Auskunftsanspruchs nach Art. 15 Abs. 1 DSGVO geäußert.[548] In dem streitigen Sachverhalt begehrte der Kläger (natürliche Person) gegenüber der Beklagten (Versicherungsunternehmen) eine umfängliche Datenauskunft gem. Art. 15 DSGVO.[549] Dabei wurde ausdrücklich Auskunft über „Intern zur Person des Klägers und der mit ihm gewechselten Korrespondenz (einschließlich E-Mails)“[550], „interne[...] Telefon- und Gesprächsnotizen“[551], „interne[...] Vermerke“[552] und „interne[...] Bewertungen der Beklagten“[553] zu etwaigen Ansprüchen aus der Versicherungspolice gefordert.[554] Bei der Beurteilung orientiert sich der BGH maßgeblich an der bereits vom EuGH ergangenen Rechtsprechung zum Begriff „personenbezogene Daten“.

aa) Anforderungen an die Erfüllungshandlung

Zunächst stellte der sechste Zivilsenat des BGH Erwägungen hinsichtlich der Anforderungen an die Erfüllung des Auskunftsanspruchs i.S.d. § 362 Abs. 1 BGB an. Zur vollständigen Erfüllung des Auskunftsanspruchs sei die Erklärung des Auskunftsschuldners über die Vollständigkeit der erteilten Auskunft

---

547 So nun auch BGH v. 15.06.2021 – VI ZR 576/19, BeckRS 2021, 16831, siehe S. 136 ff.; *König*, CR 2019, 295 (300); Im Kontext von Art. 15 Abs. 3 DSGVO zu „personenbezogene Daten“ so auch: *Lembke*, NJW 2020, 1841 (1843); *Schulte/Weige*, NZA 2019, 1110 (1111).

548 BGH v. 15.06.2021 – VI ZR 576/19, BeckRS 2021, 16831.

549 BGH v. 15.06.2021 – VI ZR 576/19, BeckRS 2021, 16831 (Rn. 1).

550 BGH v. 15.06.2021 – VI ZR 576/19, BeckRS 2021, 16831 (Rn. 7).

551 BGH v. 15.06.2021 – VI ZR 576/19, BeckRS 2021, 16831 (Rn. 7).

552 BGH v. 15.06.2021 – VI ZR 576/19, BeckRS 2021, 16831 (Rn. 7).

553 BGH v. 15.06.2021 – VI ZR 576/19, BeckRS 2021, 16831 (Rn. 7).

554 BGH v. 15.06.2021 – VI ZR 576/19, BeckRS 2021, 16831 (Rn. 7).

maßgeblich.[555] Hieran fehle es dann, wenn der Auskunftsschuldner, auf Grund irriger Annahme eines engen Umfanges der Auskunftspflicht, bestimmte Informationsarten nicht beauskunfte.[556] Mangels vollständiger Erfüllungshandlung stehe der betroffenen Person in einem solchen Fall ein Anspruch auf Ergänzung der bereits getätigten Auskunft zu.[557]

bb) Legaldefinition als ausschlaggebendes Kriterium

Ferner stellt der sechste Zivilsenat des BGH fest, dass sich die Reichweite der Auskunft nach Art. 15 Abs. 1 DSGVO ausweislich des Wortlautes lediglich danach richte, ob personenbezogene Daten, welche der Verantwortliche verarbeitet gegeben sind.[558] Die Qualifizierung bestimmter Daten als personenbezogene Daten richte sich nach der Legaldefinition des Art. 4 Nr. 1 DSGVO.[559] Der Begriff der personenbezogenen Daten unterliege einem weiten Verständnis.[560] Umfasst seien „alle Arten von Informationen sowohl objektiver als auch subjektiver Natur in Form von Stellungnahmen oder Beurteilungen, unter der Voraussetzung, dass es sich um Informationen über die in Rede stehende Person handelt“[561]. Der hierzu notwendige Personenbezug sei gegeben, wenn sich Inhalt, Zweck oder Auswirkungen der Information auf eine bestimmte Person beziehen.[562]

cc) Keine teleologische Reduktion des Begriffs „personenbezogene Daten“

Eine teleologische Reduktion des Begriffs „personenbezogenen Daten“ dahingehend, dass lediglich „signifikante biografische Informationen“ die ein Dokument beinhalte, als solche zu qualifizieren und in der Folge nur diese zu beauskunften sind, sei abzulehnen.[563] Eine teleologische Reduktion stünde der Rechtsprechung des EuGH zum Begriff „personenbezogene Daten“ entgegen.[564]

---

555 BGH v. 15.06.2021 – VI ZR 576/19, BeckRS 2021, 16831 (Rn. 19).
556 BGH v. 15.06.2021 – VI ZR 576/19, BeckRS 2021, 16831 (Rn. 20).
557 BGH v. 15.06.2021 – VI ZR 576/19, BeckRS 2021, 16831 (Rn. 20).
558 BGH v. 15.06.2021 – VI ZR 576/19, BeckRS 2021, 16831 (Rn. 21 ff.).
559 BGH v. 15.06.2021 – VI ZR 576/19, BeckRS 2021, 16831 (Rn. 22).
560 BGH v. 15.06.2021 – VI ZR 576/19, BeckRS 2021, 16831 (Rn. 22).
561 BGH v. 15.06.2021 – VI ZR 576/19, BeckRS 2021, 16831 (Rn. 22).
562 BGH v. 15.06.2021 – VI ZR 576/19, BeckRS 2021, 16831 (Rn. 22); so auch EuGH v. 20.12.2017 – C-434/16, NJW 2018, 767 (768).
563 BGH v. 15.06.2021 – VI ZR 576/19, BeckRS 2021, 16831 (Rn. 22).
564 BGH v. 15.06.2021 – VI ZR 576/19, BeckRS 2021, 16831 (Rn. 22).

dd) Interne Vermerke und interne Kommunikation sind umfasst

Ein „kategorischer" Ausschluss von Informationsarten aus dem Umfang der Auskunft nach Art. 15 Abs. 1 DSGVO sei folglich abzulehnen.[565] Demnach seien grds. auch interne Vermerke und interne Kommunikation von der Auskunft nach Art. 15 Abs. 1 DSGVO umfasst.[566] Voraussetzung sei die Bewertung als bei dem Verantwortlichen verarbeitete Daten.[567] Beispielhaft führt der Senat als von der Auskunftspflicht nach Art. 15 Abs. 1 DSGVO umfasste personenbezogene Daten „Vermerke, die festhalten, wie sich der Kläger [die betroffene Person] telefonisch oder in persönlichen Gesprächen geäußert hat" an.[568]

ee) Interne Bewertungen können ausgeschlossen sein

Hinsichtlich der Auskunftspflicht über interne Bewertungen (hier: etwaige Ansprüche aus der streitgegenständlichen Versicherungspolice) stellt der Senat unter Verweis auf die Rechtsprechung des EuGH[569] fest, dass eine vorgenommene Beurteilung einer Rechtslage kein personenbezogenes Datum darstelle.[570] Hierbei sei zu differenzieren zwischen den personenbezogenen Daten, welche einer rechtlichen Beurteilung zu Grunde liegen und der abstrakten rechtlichen Beurteilung als solches.[571] Eine rechtliche Beurteilung als solches sei mangels Qualifizierung als personenbezogenes Datum daher nicht von der Auskunft nach Art. 15 Abs. 1 DSGVO erfasst.[572]

ff) Keine Notwendigkeit zur Anrufung des EuGH

Zuletzt stellt der Senat ausdrücklich fest, dass eine Anrufung des EuGH zur Durchführung eines Vorabentscheidungsverfahrens nach Art. 267 AEUV zur Klärung der Auslegung des Begriffs personenbezogene Daten nicht notwendig sei.[573] Die Auslegung des unionsrechtlichen Begriffs der personenbezogenen Daten sei durch die Rechtsprechung des EuGHs bereits eindeutig geklärt.[574]

---

565 BGH v. 15.06.2021 – VI ZR 576/19, BeckRS 2021, 16831 (Rn. 24).
566 BGH v. 15.06.2021 – VI ZR 576/19, BeckRS 2021, 16831 (Rn. 27).
567 BGH v. 15.06.2021 – VI ZR 576/19, BeckRS 2021, 16831 (Rn. 27).
568 BGH v. 15.06.2021 – VI ZR 576/19, BeckRS 2021, 16831 (Rn. 27).
569 EuGH v. 17.07.2014 – Rs. C-141/12 und C-372/12, CR 2015, 103 Rn. 39 ff.
570 BGH v. 15.06.2021 – VI ZR 576/19, BeckRS 2021, 16831 (Rn. 28).
571 BGH v. 15.06.2021 – VI ZR 576/19, BeckRS 2021, 16831 (Rn. 28).
572 BGH v. 15.06.2021 – VI ZR 576/19, BeckRS 2021, 16831 (Rn. 28).
573 BGH v. 15.06.2021 – VI ZR 576/19, BeckRS 2021, 16831 (Rn. 29).
574 BGH v. 15.06.2021 – VI ZR 576/19, BeckRS 2021, 16831 (Rn. 29).

gg) Zusammenfassung

Mit dem am 15.06.2021 vom sechsten Senat des Bundesgerichtshofs verkündeten Urteil existiert ein Urteil eines deutschen obersten Gerichts zur Frage des Umfanges einer Auskunft im Sinne von Art. 15 Abs. 1 DSGVO. Der sechste Senat des BGH vertritt richtigerweise ein weites Verständnis hinsichtlich des Umfanges einer Auskunft i.S.v. Art. 15 Abs. 1 DSGVO. Begründet wird dies im Wesentlichen mit dem Wortlaut der Norm sowie der bisherigen Rechtsprechung des EuGH.

2. Weitere Informationen, Art. 15 Abs. 1 Hs. 2 Fall 2 DSGVO

Neben der nach Art. 15 Abs. 1 Hs. 1 und Hs. 2 Fall 1 DSGVO zu erteilenden Auskunft hat der Verantwortliche des weiteren Auskunft über die in Art. 15 Abs. 1 Hs. 2 lit. a bis h DSGVO aufgelisteten weiteren Informationen zu geben. Innerhalb der jeweiligen Informationsarten besteht nicht immer Einigkeit über Ausgestaltung, Reichweite sowie Umfang.

a) Verarbeitungszwecke, Art. 15 Abs. 1 Hs. 2 lit. a DSGVO

Zunächst sind nach Art. 15 Abs. 1 Hs. 2 lit. a DSGVO die Zwecke der Datenverarbeitung offen zu legen. Hierdurch soll der betroffenen Person die Möglichkeit gegeben werden die Einhaltung der Zweckbindung (Art. 5 Abs. 2 lit. b DSGVO) überprüfen zu können.[575] Für die betroffene Person muss ersichtlich sein, welche Datenverarbeitung zu welchem Zweck erfolgt.[576] Pauschal gehaltene Angaben genügen hierzu nicht.[577] Auch eine Auflistung aller rechtlich in Betracht kommenden Zwecke ist in diesem Zusammenhang ungenügend. Eine Erklärung, nach welcher die Datenverarbeitung „zum Zwecke des Beschäftigungsverhältnisses, namentlich zu dessen Abwicklung und Beendigung, zur Erfüllung bestehender rechtlicher Verpflichtungen und zur Wahrnehmung berechtigter Interessen nach § 26 BDSG bzw. Art. 6 I Buchst. b, c und f DSGVO erfolge“[578], sah die Rechtsprechung bereits als nicht konkret genug an.[579]

575 BeckOK DatenschutzR/*Schmidt-Wudy* DSGVO Art. 15 Rn. 54.
576 ArbG Düsseldorf v. 05.03.2020 – 9 Ca 6557/18, NZA-RR 2020, 409 (413).
577 ArbG Düsseldorf v. 05.03.2020 – 9 Ca 6557/18, NZA-RR 2020, 409 (413).
578 ArbG Düsseldorf v. 05.03.2020 – 9 Ca 6557/18, NZA-RR 2020, 409 (413).
579 ArbG Düsseldorf v. 05.03.2020 – 9 Ca 6557/18, NZA-RR 2020, 409 (413).

b) Datenkategorien, Art. 15 Abs. 1 Hs. 2 lit. b DSGVO

Ferner hat der Verantwortliche nach Art. 15 Abs. 1 Hs. 2 lit. b DSGVO die Kategorien personenbezogener Daten, welche verarbeitet werden mitzuteilen. Dies bedeutet, dass das Umfeld im Rahmen dessen die Datenverarbeitung stattfindet ersichtlich wird.[580] Sinn und Zweck hiervon ist es, personenbezogene Daten, welche für sich allein genommen einen eher geringen, in einem Gesamtkontext jedoch sehr hohen Aussagegehalt aufweisen, identifizieren und einordnen zu können.[581] Beispielhaft lässt sich hier der Name einer betroffenen Person aufführen.[582] Während der Aussagegehalt der alleinstehenden Information eher gering ist, kommt diesem eine andere Bedeutung zu, falls sich herausstellt, dass der Name in der Kategorie Schuldner geführt wird.[583]

c) Empfänger oder Kategorien von Empfängern, Art. 15 Abs. 1 Hs. 2 lit. c DSGVO

Nach Art. 15 Abs. 1 Hs. 2 lit. c DSGVO ist der betroffenen Person eine Auskunft über die Empfänger oder Kategorien von Empfängern zu erteilen, sofern die personenbezogenen Daten bereits übermittelt worden sind oder noch werden sollen. Hinsichtlich dieser Information besteht Uneinigkeit darüber, ob dem Verantwortlichen ein Wahlrecht zwischen der Mitteilung von konkreten Empfängern oder Kategorien der Empfänger zusteht.

aa) Uneingeschränktes Wahlrecht des Verantwortlichen

Zum einen wird vertreten, dass dem Verantwortlichen ein Wahlrecht zusteht, nach welchem er entscheiden kann, ob er die konkreten Empfänger oder Kategorien von Empfängern an der betroffenen Person mitteilt.[584] Der Verantwortliche könne seine Auskunft im Ergebnis auf die Angabe von Empfängerkategorien beschränken.[585] Für die Annahme eines Wahlrechts spreche insbesondere der

580 BeckOK DatenschutzR/*Schmidt-Wudy* DSGVO Art. 15 Rn. 56.
581 BeckOK DatenschutzR/*Schmidt-Wudy* DSGVO Art. 15 Rn. 56.
582 BeckOK DatenschutzR/*Schmidt-Wudy* DSGVO Art. 15 Rn. 56.
583 BeckOK DatenschutzR/*Schmidt-Wudy* DSGVO Art. 15 Rn. 56.
584 Paal/Pauly/*Paal* DSGVO Art. 15 Rn. 26; Paschke/Berlit/Meyer/Kröner/*Kramer* MedienR 9. Teil 2. Kapitel Rn. 7; Sydow/Marsch/*Bienemann* HK-DSGVO Art. 15 Rn. 35.
585 Paal/Pauly/*Paal* DSGVO Art. 15 Rn. 26; Paschke/Berlit/Meyer/Kröner/*Kramer* MedienR 9. Teil 2. Kapitel Rn. 7.

ausdrückliche Wortlaut von Art. 15 Abs. 1 lit. c DSGVO, welcher ein „oder" enthält.[586]

bb) Grundsätzliches Wahlrecht unter Wahrung des Transparenzgebotes

In Abwandlung zu dem vorstehend genannten Verständnis bestehe zwar im Rahmen des Auskunftsanspruches nach Art. 15 DSGVO ein grundsätzliches Wahlrecht des Verantwortlichen.[587] Dieses sei jedoch durch das Gebot zur Wahrung des Transparenzgebotes insoweit beschränkt, dass bei Vorliegen der genauen Empfängerdaten diese auch zu beauskunften seien.[588]

cc) Pflicht zur Mitteilung der konkreten Empfänger

Zum anderen wird die Ansicht vertreten, dass dem Verantwortlichen kein Wahlrecht zustehe; dieser vielmehr stets zur Mitteilung der konkreten Empfänger verpflichtet sei.[589] Kategorien von Empfängern könnten hingegen nur dann verpflichtend mitzuteilen, sofern Daten mehrfach weitergeleitet worden sind bzw. werden sollen.[590] Erst dann sei eine Kategorisierung möglich.[591] Sofern hingegen eine Kollision mit einem überwiegenden Geheimhaltungsinteresse gegeben sei, stehe dem Verantwortlichen die Möglichkeit offen, die Auskunft auf Empfängerkategorien zu beschränken.[592]

(1) Systematik

Zunächst lasse sich dieses Verständnis aus einer systematischen Auslegung ableiten.[593] So bestehe ebenso im Rahmen der Art. 13 Abs. 1 lit. e sowie Art. 14 Abs. 1 lit. e DSGVO kein Wahlrecht seitens des Verantwortlichen.[594] Dies sei

---

586 BeckOK DatenschutzR/*Schmidt-Wudy* DSGVO Art. 15 Rn. 58.

587 Gola/*Wudy* DSGVO Art. 15 Rn. 58.

588 Gola/*Wudy* DSGVO Art. 15 Rn. 58.

589 BeckOK DatenschutzR/*Schmidt-Wudy* DSGVO Art. 15 Rn. 58; Ehmann/Selmayr/*Ehmann* DSGVO Art. 15 Rn. 20; Kühling/Buchner/*Bäcker* DSGVO Art. 15 Rn. 16 f.; Simitis/Hornung/Spiecker/*Dix* DatenschutzR Art. 15 Rn. 20; Taeger/Gabel/*Mester* DSGVO Art. 15 Rn. 7.

590 Schantz/Wolff/*Schantz* Datenschutzrecht Rn. 1198.

591 Schantz/Wolff/*Schantz* Datenschutzrecht Rn. 1198.

592 Kühling/Buchner/*Bäcker* DSGVO Art. 15 Rn. 16.

593 Ehmann/Selmayr/*Ehmann* DSGVO Art. 15 Rn. 20; Kühling/Buchner/*Bäcker* DSGVO Art. 15 Rn. 16.

594 Kühling/Buchner/*Bäcker* DSGVO Art. 15 Rn. 16.

im Ergebnis auch auf Art. 15 DSGVO zu übertragen.[595] Selbiges ergebe sich bei einem Vergleich mit Art. 30 Abs. 1 S. 1 lit. d DSGVO.[596] Im Rahmen des hier (durch den Verantwortlichen) zu führendem Verzeichnis besteht lediglich eine normierte Pflicht hinsichtlich Empfängerkategorien. Eine Pflicht hinsichtlich konkreter Empfänger enthält die Norm hingegen nicht. Aus dem Umstand, dass Art. 15 Abs. 1 lit. c DSGVO im Gegensatz zu Art. 30 Abs. 1 S. 1 lit. d DSGVO ausdrücklich (konkrete) Empfänger nennt, lasse sich daher ein Vorrang dieser gegenüber den Empfängerkategorien ableiten.[597]

(2) Sinn und Zweck

Ferner lasse sich der mit dem Auskunftsanspruch verfolgte Zweck einer Prüfung der Rechtmäßigkeit der Datenverarbeitung nur dann erreichen, wenn die konkreten Empfänger benannt werden.[598] Erst durch die Kenntnis der Empfänger solle es der betroffenen Person möglich sein, Betroffenenrechte (ggf. direkt gegen diese)[599] geltend machen zu können.[600]

(3) EWG 63 DSGVO

Darüber hinaus spreche auch der Wortlaut von EWG 63 DSGVO dafür, dass eine Verpflichtung zur Mitteilung der Empfänger gegeben sei, die Mitteilung der Empfängerkategorien darüber hinaus im Ermessen des Verantwortlichen liege.[601] EWG 63 S. 3 DSGVO nennt ausdrücklich nur Empfänger, nicht hingegen Empfängerkategorien.

dd) Stellungnahme

Den dargestellten Lösungsansätzen ist zunächst einzuräumen, dass sie grds. auf nachvollziehbaren Argumenten beruhen. Im Ergebnis ist daher die Lösung auf einer vermittelnden Basis der oben aufgeführten Ansichten vorzugswürdig. Entscheidend ist jedoch der angelegte Wille des europäischen Gesetzgebers. Eine Lösung kann wie folgt aussehen. Nach dem eindeutigen Wortlaut der Norm („oder") ist dem Verantwortlichen ein grundsätzliches Wahlrecht einzuräumen.

---

595 Kühling/Buchner/*Bäcker* DSGVO Art. 15 Rn. 16.
596 Ehmann/Selmayr/*Ehmann* DSGVO Art. 15 Rn. 20.
597 Ehmann/Selmayr/*Ehmann* DSGVO Art. 15 Rn. 20.
598 Ehmann/Selmayr/*Ehmann* DSGVO Art. 15 Rn. 20.
599 Taeger/Gabel/*Mester* DSGVO Art. 15 Rn. 7.
600 Simitis/Hornung/Spiecker/*Dix* DatenschutzR Art. 15 Rn. 20.
601 BeckOK DatenschutzR/*Schmidt-Wudy* DSGVO Art. 15 Rn. 58.

Dieses ist in der Ausübung jedoch durch das vom Gesetzgeber bezweckte Ziel der Ermöglichung einer Rechtmäßigkeitskontrolle sowie den einzuhaltenden Grundsätzen des Datenschutzrechts beschränkt und stets von den Gesamtumständen des Einzelfalls abhängig. Das bedeutet, dass das Wahlrecht eines Verantwortlichen – ähnlich einer Ermessensreduktion auf null – derart reduziert ist, dass dieser bei Kenntnis der konkreten Empfänger keine andere Entscheidungsmöglichkeit hat, als diese zu beauskunften. Man könnte von einem „unechten Wahlrecht" sprechen. In Konstellationen mit widerstreitenden Pflichten des Verantwortlichen (beispielsweise der Wahrung von Geheimhaltungspflichten) bleibt dem Verantwortlichen jedoch die Wahl Empfängerkategorien zu beauskunften.

(1) Historie

Ein derartiges Verständnis ist zunächst mit EWG 63 S. 3 DSGVO vereinbar. Demzufolge soll jede betroffene Person das Anrecht darauf haben, wenn möglich zu erfahren, wer die Empfänger der personenbezogenen Daten sind. Der europäische Gesetzgeber entschied sich an dieser Stelle ausdrücklich für die Wortwahl „Empfänger"; nicht hingegen für „Empfängerkategorien". Ferner formulierte der Gesetzgeber in EWG 63 S. 3 DSGVO die Beschränkung „wenn möglich". Dies lässt darauf schließen, dass es dem europäischen Gesetzgeber darauf ankommt, dass Verantwortliche die konkreten Empfängerdaten mitteilen, sofern diese vorhanden sind. Sollte es dem Verantwortlichen hingegen nicht möglich sein konkrete Empfänger zu benennen, bleibt es bei der Mitteilung von Empfängerkategorien.

(2) Systematik

Auch spricht die Wahrung des Grundsatzes der Transparenz für die Annahme einer Art unechten Wahlrechts. Zur Wahrung des Grundsatzes der Transparenz, sollte ein Verantwortlicher die konkreten Empfänger grds. mitteilen müssen. Nur wenn die konkreten Empfänger der betroffenen Person mitgeteilt werden entsteht eine Transparenz, welche durch die Mitteilung von Empfängerkategorien nicht geschaffen werden kann.

Ferner kann das von europäischen Gesetzgeber nach Art. 1 DSGVO verfolgte Ziel des Schutzes natürlicher Personen bei der Verarbeitung personenbezogener Daten nur bei der Mitteilung konkreter Empfänger gewahrt werden. Bestandteil der DSGVO und somit dem in Art. 1 Abs. 1 DSGVO angelegten Ziel sind auch die Bereitstellung von Betroffenenrechten. Für eine betroffene Person entsteht jedoch erst mit Kenntnis der konkreten Empfänger die Möglichkeit zur etwaigen Geltendmachung von Betroffenenrechten (gegen diese). Die Geltendmachung von Betroffenenrechten gegenüber Empfängerkategorien ist hingegen nicht möglich.

(3) Wortlaut

Diese Lösung führt auch zu einer Vereinbarkeit mit dem ausdrücklichen Wortlaut der Norm („oder"), welcher ein Wahlrecht des Verantwortlichen suggeriert. Dieses bleibt grds. bestehen, sodass die Grenze des Wortlautes bei der Auslegung nicht überschritten wird.

(4) Fazit

Aus den oben genannten Gründen ist im Rahmen von Art. 15 Abs. 1 lit. c DSGVO im Ergebnis von einer Art unechtem Wahlrecht des Verantwortlichen auszugehen. Nur dieses Ergebnis ist mit dem in Historie, Systematik und Wortlaut angelegten Willen des europäischen Gesetzgebers vereinbar.

Unter Wahrung des Grundsatzes der Transparenz, dem mit Art. 15 DSGVO verfolgten Ziel der Rechtmäßigkeitskontrolle sowie der Betroffenenrechte muss das Wahlrecht insoweit beschränkt sein, dass der Verantwortliche bei Kenntnis die konkreten Empfänger zu benennen hat. Sollten jedoch entgegenstehende Umstände hinzutreten (bspw. Geheimhaltungspflichten), eröffnet sich die Wahlmöglichkeit für den Verantwortlichen lediglich Empfängerkategorien zu beauskunften. Dass sich diese Lösung durchsetzt, bleibt zu wünschen. Betreffend diese Fragestellung hat der Oberste Gerichtshof der Republik Österreich (OGH) den EuGH unter Vorlage der Frage, wie Art. 15 Abs. 1 lit. c DSGVO auszulegen ist, am 18.02.2021 angerufen.[602]

Das gefundene Ergebnis ist auch mit Erwägungen der Praktikabilität vereinbar. Für einen Verantwortlichen entsteht bei Kenntnis der konkreten Empfänger kein unverhältnismäßiger Mehraufwand diese ausdrücklich zu benennen. Vielmehr ist anzunehmen, dass eine zwanghafte und schlüssige Bildung von Kategorien zeitintensiver sein kann. Auch wenn es sich bei der Anzahl der jeweiligen Empfänger um eine große Anzahl handeln kann, steht dies im digitalen Zeitalter einer Praktikabilität nicht entgegen.

ee) Nachtrag: EuGH v. 12.01.2023 – C-154/21

Nach Abschluss der ersten Fassung dieser Ausarbeitung hat die Erste Kammer des Europäischen Gerichtshofs mit Urteil vom 12.01.2023 auf das

---

602 OGH v. 18.12.2021 – 6 Ob 159/20 f.

Vorabentscheidungsersuchen des Obersten Gerichtshofs Österreich entschieden.[603] Der EuGH stellte klar, dass Verantwortliche nach Art. 15 Abs. 1 lit. c DSGVO verpflichtet sind die konkrete Identität der Empfänger mitzuteilen.[604] Eine Ausnahme bestehe lediglich dann, wenn es dem Verantwortlichen nicht möglich sei, die Empfänger zu identifizieren oder der Antrag der betroffenen Person offenkundig unbegründet oder exzessiv nach Art. 12 Abs. 5 DSGVO sei.[605] In diesen Fallvarianten sei der Verantwortliche lediglich zur Mitteilung von Empfängerkategorien verpflichtet.[606]

Im Ergebnis kommt der EuGH erfreulicherweise zu dem gleichen Auslegungsergebnis wie hier erarbeitet. Außerdem zeigt die Entscheidung des EuGH erneut, dass es dem vorrangigen Willen des europäischen Gesetzgebers entspricht die Rechte und Schutzposition von betroffenen Personen zu stärken.

d) Speicherdauer / Festlegungskriterien, Art. 15 Abs. 1 Hs. 2 lit. d DSGVO

Nach Art. 15 Abs. 1 lit. d DSGVO hat der Verantwortliche, falls möglich die geplante Dauer der Datenspeicherung zu beauskunften. Sofern dies nicht möglich ist, sind die Kriterien der Festlegung der Dauer zu beauskunften.

aa) Geplante Speicherdauer

Hinsichtlich der mitzuteilenden Speicherdauer hat der Verantwortliche, entgegen der noch im ersten Entwurf der DSGVO[607] vorgesehenen konkreten Speicherdauer, die geplante Speicherdauer mitzuteilen. Hierbei ist ein Zeitraum in Tagen, Monaten, Jahren etc. sowie der Beginn der (erstmaligen) Speicherung zu beauskunften.[608] Eine Auskunft dahingehend, dass eine Datenspeicherung solange wie erforderlich erfolge reicht nicht aus.[609] Die redaktionelle Veränderung des Wortlautes der Norm, von „Dauer, für die die personenbezogenen Daten gespeichert werden“ zu „falls möglich die geplante Dauer, für die die personenbezogenen Daten gespeichert werden“ im Laufe des Gesetzgebungsverfahrens lässt eine Lockerung des Auskunftsinhalts zu Gunsten des Verantwortlichen

603 EuGH, Gerichtsinformationen vom 12.01.2023, C-154/21, Celex-Nr. 62021CA0154.
604 EuGH, Gerichtsinformationen vom 12.01.2023, C-154/21, Celex-Nr. 62021CA0154.
605 EuGH, Gerichtsinformationen vom 12.01.2023, C-154/21, Celex-Nr. 62021CA0154.
606 EuGH, Gerichtsinformationen vom 12.01.2023, C-154/21, Celex-Nr. 62021CA0154.
607 Siehe S. 67.
608 Paal/Pauly/*Paal* DSGVO Art. 15 Rn. 27.
609 Simitis/Hornung/Spiecker/*Dix* DatenschutzR Art. 15 Rn. 22.

erkennen. Dies lässt sich im Ergebnis wohl auf Erwägungen der Praktikabilität zurückführen, welche im Laufe der Ausarbeitung von Art. 15 DSGVO angestellt worden sind. Die Bestimmung einer konkreten Speicherdauer stellt in der Praxis eine große Schwierigkeit dar. Dies lässt sich nicht zuletzt auf eine Vielzahl an gesetzlichen Speicher- und Aufbewahrungsfristen zurückführen. Zu nennen sind hier beispielhaft steuerrechtliche Aufbewahrungspflichten nach der Abgabenordnung (AO) sowie handelsrechtliche Aufbewahrungspflichten nach dem HGB, welche von zwei bis zehn Jahren reichen.

bb) Kriterien der Festlegung der geplanten Speicherdauer

Sofern es dem Verantwortlichen nicht möglich ist eine geplante Speicherdauer zu benennen, hat dieser die Kriterien der Festlegung der Speicherdauer zu beauskunften. Kriterium könnte bspw. die Dauer eines bestehenden Dauerschuldverhältnisses sein.[610] Die Auskunft über diese Kriterien ist lediglich als Auffanginformation für den Fall der Unmöglichkeit der Mitteilung der geplanten Speicherdauer zu sehen.

cc) Unmöglichkeit der Mitteilung der geplanten Speicherdauer

Im Rahmen der Auskunft über die Speicherdauer bleibt zu klären ab wann es dem Verantwortlichen im Sinne der Norm „nicht möglich" ist die Dauer der geplanten Speicherdauer mitzuteilen. Hierzu wird im Schrifttum überwiegend vertreten, dass vorzugsweise auf die subjektive Möglichkeit des Verantwortlichen abzustellen sei.[611] Dies lasse sich damit begründen, dass die Verpflichtung konkret auf den Verantwortlichen bezogen sei und sich die Möglichkeit der Auskunftserteilung insoweit auch an diesem gemessen werden muss.[612]

Für die Annahme eines subjektiven Maßstabs spricht insbesondere der ausdrückliche Wortlaut der Norm. Wie bereits dargestellt hat sich der Gesetzgeber bewusst dazu entschieden die Auskunftspflicht auf die „geplante" Dauer zu erstrecken. Die Planung – und somit auch die Existenz einer bezifferten Dauer – liegt folglich ausdrücklich in der Hand des Verantwortlichen. Diese richtet sich unter anderem an dem von Ihm festgelegten Zweck. Daher ist es nur stringent

---

610 BeckOK DatenschutzR/*Schmidt-Wudy* DSGVO Art. 15 Rn. 66.

611 BeckOK DatenschutzR/*Schmidt-Wudy* DSGVO Art. 15 Rn. 64; *Bräutigam/Schmidt-Wudy* CR 2015, 56 (61); Paal/Pauly/*Paal* DSGVO Art. 15 Rn. 27; Sydow/Marsch/*Bienemann* HK-DSGVO Art. 15 Rn. 35.

612 BeckOK DatenschutzR/*Schmidt-Wudy* DSGVO Art. 15 Rn. 64; *Bräutigam/Schmidt-Wudy* CR 2015, 56 (61).

die Möglichkeit der Auskunftserteilung hinsichtlich dieser Information ebenfalls an dem Subjekt des Verantwortlichen zu messen. Nur diesem können als Veranlasser der Verarbeitung alle Umstände bekannt sein, welche zur Bemessung der geplanten Dauer notwendig sind.

e) Betroffenen- und Beschwerderechte, Art. 15 Abs. 1 Hs. 2 lit. e und f DSGVO

Darüber hinaus umfasst der Auskunftsanspruch nach Art. 15 Abs. 1 lit. e und f DSGVO einen Hinweis auf die Betroffenen- sowie Beschwerderechte der betroffenen Person. Hierbei ist nach dem ausdrücklichen Wortlaut der Norm auf das Bestehen des Rechts der Berichtigung (Art. 16) oder Löschung (Art. 17) der personenbezogenen Daten, der Einschränkung der Verarbeitung (Art. 18), des Widerspruchs gegen die Verarbeitung (Art. 21) sowie das Beschwerderecht bei einer Aufsichtsbehörde (Art. 79) hinzuweisen. Auch hinsichtlich dieser Auskunft kommen in der Praxis Fragen hinsichtlich des konkreten Umfanges auf.

aa) Hinweis auf das Recht der Datenportabilität nach Art. 20 DSGVO

Zunächst entsteht die Frage, ob ein Hinweis auch hinsichtlich des Rechts auf Datenportabilität nach Art. 20 DSGVO zu erfolgen hat. Die Meinungen innerhalb der Literatur sind hierzu gespalten.

(1) Recht auf Datenportabilität nicht umfasst

Einerseits wird angenommen, dass ein Hinweis auf das Recht der Datenübertragbarkeit nicht erfolgen müsse.[613] Dies lasse sich auf den ausdrücklichen Wortlaut der Norm zurückführen, welcher das Recht auf Datenportabilität nicht umfasst.[614]

(2) Recht auf Datenportabilität umfasst

Anderseits stößt diese Ansicht auf Kritik. Die Tatsache, dass das Recht auf Datenportabilität nach Art. 20 DSGVO nicht ausdrücklich aufgeführt werde sei „inkonsequent“[615], „wenig überzeugend“[616], „befremdlich“[617]. Durch die

---

613 BeckOK DatenschutzR/*Schmidt-Wudy* DSGVO Art. 15 Rn. 67; Kühling/Buchner/*Bäcker* DSGVO Art. 15 Rn. 24; Sydow/Marsch/*Bienemann* HK-DSGVO Art. 15 Rn. 36.

614 BeckOK DatenschutzR/*Schmidt-Wudy* DSGVO Art. 15 Rn. 67.

615 Ehmann/Selmayr/*Ehmann* DSGVO Art. 15 Rn. 21.

616 Taeger/Gabel/*Mester* DSGVO Art. 15 Rn. 10.

617 Kühling/Buchner/*Bäcker* DSGVO Art. 15 Rn. 24.

Auskunft nach Art. 15 DSGVO solle der betroffenen Person die Existenz dieses Rechts vergegenwärtigt werden.[618] Es „überrasche“[619] ferner, dass der Gesetzgeber im Laufe des Gesetzgebungsverfahrens das Recht auf Einschränkung der Datenverarbeitung nach Art. 18 eingefügt habe, nicht hingegen das Recht auf Datenportabilität.[620] Mit dem Gebot der Transparenz sowie der fairen Datenverarbeitung lasse sich vielmehr argumentieren, dass auch das Recht auf Datenportabilität von dem Auskunftsgehalt des Art. 15 Abs. 1 lit. e DSGVO umfasst sei.[621]

(3) Stellungnahme

Der Ansicht, dass ein Hinweis auf das Recht der Datenportabilität von der Auskunft im Sinne des Art. 15 Abs. 1 Hs. 2 lit. e DSGVO nicht umfasst ist wird vorliegend zugestimmt. Die von der zweiten Ansicht aufgeführten Zweifel können nicht nachhaltig überzeugen.

(a) Historie

Dem Einwand, es sei überraschend, dass der Gesetzgeber im Rahmen des Gesetzgebungsverfahrens Art. 18 DSGVO eingefügt habe, nicht jedoch auch Art. 20 DSGVO,[622] lässt sich vielmehr gegenteiliges entgegenhalten. Die historische Entwicklung der Norm stützt diese Systematik, denn der Gesetzgeber hat sich im Laufe des Verfahrens mit der Norm näher beschäftigt und bewusst Art. 18 DSGVO hinzugefügt; Art. 20 DSGVO hingegen nicht. Hieraus lässt sich ableiten, dass es dem Willen des europäischen Gesetzgebers entspricht Art. 20 DSGVO nicht von Art. 15 Abs. 1 Hs. 2 lit. e DSGVO zu umfassen.

(b) Systematik

Die getroffene Entscheidung des Europäischen Gesetzgebers steht auch im Einklang mit einer systematischen Auslegung. Innerhalb der in Art. 15 Abs. 1 lit. e DSGVO genannten Normen lässt sich nachfolgende Systematik erkennen: Es werden lediglich Betroffenenrechte aufgeführt, deren Geltendmachung erst durch die Informationen der Auskunftserteilung nach Art. 15 DSGVO ermöglicht werden.[623] Das nicht benannte Recht der Datenportabilität bzw. dessen

---

618 Taeger/Gabel/*Mester* DSGVO Art. 15 Rn. 10.
619 Gola/*Franck* DSGVO Art. 15 Rn. 14.
620 Gola/*Franck* DSGVO Art. 15 Rn. 14.
621 Taeger/Gabel/*Mester* DSGVO Art. 15 Rn. 10.
622 Gola/*Franck* DSGVO Art. 15 Rn. 14.
623 So auch Simitis/Hornung/Spiecker/*Dix* DatenschutzR Art. 15 Rn. 22.

Geltendmachung erfordert hingegen keine weiteren Informationen, welche möglicherweise erst im Rahmen der Auskunft durch die betroffene Person erlangt werden können. Der Betroffene kann die aufgeführten Rechte erst mit Erlangen von Kenntnis über weitere Umstände effektiv ausüben. Das Recht auf Datenportabilität nach Art. 20 DSGVO lässt sich hingegen ohne weiteres ausüben und theoretisch pauschal stellen. Insofern lässt sich aus dem inneren System der Norm ableiten, dass es dem europäischen Gesetzgeber darauf ankommt eine Auskunft über diejenigen Betroffenenrechte zu umfassen, deren Geltendmachung erst durch die Auskunft ermöglicht wird.

Das systematische Argument des Gebotes der transparenten und fairen Datenverarbeitung überzeugt im Ergebnis hingegen nicht. Zunächst einmal ist klarzustellen, dass sich diese Gebote auf die Datenverarbeitung als solche beziehen. Eine Hinweispflicht im Rahmen von Art. 15 Abs. 1 lit. e DSGVO nicht auf das Recht der Datenportabilität zu erstrecken konterkariert die Gebote nicht. Hierdurch wird nicht die Transparenz der Datenverarbeitung gefährdet, sondern allenfalls die Transparenz des bestehenden Datenschutzrechts in Bezug auf die Betroffenenrechte. Es darf jedoch nicht außer Acht gelassen werden, dass eine betroffene Person bereits im Rahmen der Informationspflichten nach Art. 13 DSGVO bzw. Art. 14 DSGVO über das Bestehen des Rechts auf Datenportabilität informiert wurde, sodass eine Transparenz dahingehend gewahrt ist.

(c) Wortlaut

Zuletzt lässt sich der Wortlaut der Norm anführen, welcher neben den genannten Rechten das Recht auf Datenportabilität ausdrücklich nicht erwähnt. Dies dürfte auch einer der Hauptgründe dafür sein, dass die eher zurückhaltende kritische Ansicht innerhalb des Schrifttums zwar Gründe nennt, weshalb Art. 20 DSGVO umfasst sein sollte, sich sodann jedoch nicht auf den Standpunkt stellt, dass die Norm nur so verstanden werden kann Art. 20 DSGVO auch zu umfassen.

(d) Auslegungsergebnis: Kein Hinweis auf Art. 20 DSGVO notwendig

Im Ergebnis ergibt sich aus der Auslegung von Art. 15 Abs. 1 lit. e DSGVO, dass der europäische Gesetzgeber seine Hinweispflicht nicht auf Art. 20 DSGVO erstrecken wollte. Insofern ist das Recht der Datenportabilität nach Art. 20 DSGVO nicht vom Auskunftsinhalt umfasst.

bb) Notwendigkeit des Bestehens des Betroffenen- / Beschwerderechts?

Des Weiteren besteht Uneinigkeit darüber, ob eine Auskunft nur über Betroffenen- / Beschwerderechte zu erfolgen hat, welche der betroffenen Person im Zeitpunkt der Auskunft auch tatsächlich zustehen.

(1) Zustehen des Rechts im Zeitpunkt der Auskunft notwendig

Teilwiese wird dies bejaht.[624] Begründen lasse es sich zunächst mit dem Wortlaut der Norm, welcher eine alternative Auflistung („oder") enthalte.[625] Ferner führe eine erneute Hinweispflicht bzgl. des Beschwerderechts im Rahmen der Auskunft nach Art. 15 DSGVO dazu, den Sinn und Zweck der Hinweispflicht nach Art. 12 Abs. 4 DSGVO aufzuheben.[626]

(2) Zustehen des Rechts im Zeitpunkt der Auskunft nicht notwendig

Wohl überwiegend wird hingegen vertreten, dass die Auskunft i.S.v. Art. 15 Abs. 1 lit. e und f DSGVO nicht davon abhängig sei, ob der betroffenen Person das jeweilige Recht zum Zeitpunkt der Auskunft tatsächlich zustehe.[627] Dies lasse sich zum einen damit begründen, dass der Auskunftsgehalt des Art. 15 Abs. 1 lit. e und f DSGVO systematisch gleich zu stellen sei, wie die Hinweispflicht im Rahmen von Art. 13 Abs. 2 lit. d bzw. Art. 14 Abs. 2 lit. e DSGVO.[628] Darüber hinaus stehe dem Verantwortlichen weder ein Recht noch eine Pflicht hinsichtlich der Bewertung des Vorliegens (im rechtlichen Sinne) von Betroffenenrechten zu.[629]

(3) Stellungnahme

Wenn auch der Wortlaut von Art. 15 Abs. 1 lit. e DSGVO zunächst den Anschein erwecken mag, dass eine Auskunftspflicht hinsichtlich der Betroffenen- und Beschwerderechte nur dann gegeben ist, wenn diese Rechte im rechtlichen Sinne bestehen, kann diese Ansicht nicht nachhaltig überzeugen.

---

624 BeckOK DatenschutzR/*Schmidt-Wudy* DSGVO Art. 15 Rn. 69.

625 BeckOK DatenschutzR/*Schmidt-Wudy* DSGVO Art. 15 Rn. 69.

626 BeckOK DatenschutzR/*Schmidt-Wudy* DSGVO Art. 15 Rn. 69.

627 Gola/*Franck* DSGVO Art. 15 Rn. 16; Kühling/Buchner/*Bäcker* DSGVO Art. 15 Rn. 24; Paal/Pauly/Paal DSGVO Art. 15 Rn. 28; so wohl auch Sydow/Marsch/*Bienemann* HK-DSGVO Art. 15 Rn. 36, welcher von einer „kumulativen" Hinweispflicht ausgeht.

628 Gola/*Franck* DSGVO Art. 15 Rn. 15; Kühling/Buchner/*Bäcker* DSGVO Art. 15 Rn. 24; Taeger/Gabel/*Mester* DSGVO Art. 15 Rn. 10.

629 Paal/Pauly/*Paal* DSGVO Art. 15 Rn. 28.

(a) Historie

Mit EWG 63 S. 1 DSGVO stellt der europäische Gesetzgeber klar, dass die Auskunft nach Art. 15 DSGVO dem Ziel der Rechtmäßigkeitskontrolle der Datenverarbeitung durch die betroffene Person entsprechen soll.

Dass der europäische Gesetzgeber einer der Parteien (hier dem Verantwortlichen) eine Prüfpflicht hinsichtlich des Bestehens von Betroffenenrechten im rechtlichen Sinne auferlegen wollte, ist hingegen nicht ersichtlich.[630] Sofern dies dem Willen des europäischen Gesetzgebers entsprochen hätte, so wäre eine Nennung im Rahmen von EWG 63 S. 1 DSGVO ohne weiteres möglich gewesen. Das Schweigen hierzu vermittelt hingegen keinen entsprechenden gesetzgeberischen Willen.

(b) Systematik

Darüber hinaus ist es systemwidrig, innerhalb eines Betroffenenrechts (hier: Auskunftsrecht) eine Art eigenständiges Betroffenenrecht (juristische Prüfung hinsichtlich des Bestehens von anderen Betroffenenrechten) einführen zu wollen. Dies widerspricht dem inneren System von Art. 15 DSGVO. Der europäische Gesetzgeber bezweckt mit Art. 15 DSGVO die Gewährleistung eines Auskunftsrechts. Nicht hingegen die Gewährleitung juristischer Prüfungen hinsichtlich sonstiger Betroffenenrechte. Ferner wäre es dem europäischen Gesetzgeber ohne weiteres möglich gewesen ein entsprechendes Recht in Kapitel 3 der DSGVO zu statuieren, wenn er dies gewollt hätte.

(c) Wortlaut

Zwar spricht der Wortlaut von Art. 15 Abs. 1 lit. e DSGVO ausdrücklich von einem „Bestehen" der jeweiligen Ansprüche. Zu beachten ist jedoch, dass das Verb „bestehen" nicht im juristischen Sinne, sondern im Sinne des allgemeinen Sprachgebrauchs zu verstehen ist. Das Bestehen eines Rechts im rechtlichen Sinne hängt i.d.R. von weiteren Voraussetzungen ab. Ein Anspruch auf Löschung erfordert bspw. das Vorliegen der gesetzlich (in Art. 17 Abs. 1 lit. a–f DSGVO) statuierten Gründe. Das Bestehen im Sinne des allgemeinen Sprachgebrauchs meint hingegen „vorhanden sein"[631] oder „existieren"[632], ohne dass

---

630 So auch Paal/Pauly/*Paal* DSGVO Art. 15 Rn. 28.

631 „bestehen" auf Duden online, URL: https://www.duden.de/node/131602/revision/131638 (Abrufdatum: 25.05.2021).

632 „bestehen" auf Duden online, URL: https://www.duden.de/node/131602/revision/131638 (Abrufdatum: 25.05.2021).

bereits rechtliche Voraussetzungen erfüllt sind. Sofern der Gesetzgeber eine pauschale Informationspflicht hinsichtlich der Betroffenenrechte einführen wollte, so ist die Formulierung der deutschen Fassung von Art. 15 Abs. 1 lit. e DSGVO nicht geglückt. Eine andere Wortwahl, etwa die „Existenz des Rechts auf Berichtung" wäre in diesem Fall angezeigt gewesen. Dafür, dass mit dem Wort „bestehen" eine generelle Existenz und nicht das Bestehen im juristischen Sinne gemeint sein soll, spricht auch der gewählte Wortlaut von Art. 15 Abs. 1 lit. h DSGVO. Hier hängt die Auskunftspflicht hinsichtlich einer automatisierten Entscheidungsfindung von dem Bestehen einer solchen ab. In diesem Zusammenhang kann der Wortlaut nur derart verstanden werden, dass an die generelle Existenz einer automatischen Entscheidungsfindung angeknüpft wird. Auf Grund der Verwendung des gleichen Wortlautes („Bestehen") ist insofern von einem derartigen Verständnis auch im Rahmen von Art. 15 Abs. 1 lit. e und f DSGVO auszugehen.

Bei Betrachtung der Sprachfassungen anderer Mitgliedstaaten fällt auf, dass es sich bei der hiesigen Streitfrage um eine solche handelt, welche wohl nur innerhalb der deutschen Sprachfassung (durch die Verwendung des Wortes „Bestehen") existieren dürfte. So verwendet die englische Sprachfassung der Norm *„existence of right* […]". Dies lässt sich ins Deutsche vorranging in „Existenz"[633] oder „Vorhandensein"[634] übersetzen. Auch die französische Sprachfassung (*„l'existence du droit* […]") sowie die italienische Sprachfassung (*„l'esistenza del diritto* […]") stellen auf die generelle Existenz der Rechte ab. Dies spricht dafür, dass die Formulierung der deutschen Sprachfassung missglückt ist. Die Problematik rund um den Begriff „bestehen" lässt sich darauf zurückführen, dass das Wort „bestehen" in der deutschen Sprache zum einen als Synonyme für „Vorhandensein" verwendet werden kann.[635] Zum anderen aber auch im juristischen Sinne um die rechtliche Beurteilung des Vorhandenseins aller Voraussetzungen eines Anspruchs oder Rechts auszudrücken, mit der Folge dem Berechtigten dieses Recht zusprechen zu können. Die Argumentationsgrundlage der ersten Ansicht, welche sich primär auf den ausdrücklichen Wortlaut stützt, wird hierdurch entzogen. Vor dem Hintergrund der gebotenen autonomen Auslegung

---

633 *„existence"* auf Pons Wörterbuch online, URL: https://de.pons.com/übersetzung/englisch-deutsch/existence (Abrufdatum: 27.05.2021).

634 „existence" auf Leo Wörterbuch online, URL: https://dict.leo.org/englisch-deutsch/existence (Abrufdatum: 27.05.2021).

635 „Bestehen" auf Duden online URL: https://www.duden.de/node/243180/revision/247150 (Abrufdatum: 25.05.2021).

kann „bestehen" auf Ebene der Wortlautauslegung daher nur i.S.v. existieren bzw. vorhanden sein verstanden werden.

(d) Auslegungsergebnis: Kein Bestehen im rechtlichen Sinne notwendig

Im Ergebnis ist Art. 15 Abs. 1 Hs. 2 lit. e DSGVO ein solches Verständnis zugrunde zu legen, dass über die grundsätzliche Existenz bzw. das Vorhandensein der aufgeführten Betroffenen- und Beschwerderecht innerhalb der DSGVO Auskunft zu erteilen ist. Vor dem Hintergrund der Ermöglichung einer Rechtmäßigkeitskontrolle, kann es dem europäischen Gesetzgeber nicht darauf ankommen, dass eine juristische Prüfung hinsichtlich des Bestehens etwaiger Betroffenenrechte durchzuführen ist. Der europäische Gesetzgeber verfolgt mit Art. 15 Abs. 1 Hs. 2 lit. e DSGVO vielmehr den Willen, dass die betroffenen Personen über die generelle Existenz der genannten Betroffenenrechte innerhalb der DSGVO informiert sind. Dies zeigt sich auch anhand der weiteren Sprachfassungen sowie der vorgenommenen Auflösung der abweichenden deutschen Sprachfassung.

Das gefundene Ergebnis lässt sich ferner mit Erwägungen der Praktikabilität vereinbaren. Verbunden mit der Tatsache, dass der Verantwortliche nicht das Kontrollorgan hinsichtlich des Bestehens oder Nichtbestehens von Betroffenen- / Beschwerderechten ist, dürfte es praktisch kaum bzw. nur unter erheblichen Mehraufwand umsetzbar sein, die Notwendigkeit der Auskunft i.S.v. Art. 15 Abs. 1 Hs. 2 lit. e und f DSGVO an ein rechtliches Bestehen zu knüpfen. Der Verantwortliche müsste sich vor Auskunftserteilung in der Regel an einen Dritten wenden und prüfen lassen, ob Betroffenen- / Beschwerderechte aktuell bestehen. Dies bedeutet, dass ein Dritter sämtliche personenbezogene Daten analysieren und beispielsweise auf Richtigkeit prüfen müsste. Neben den dabei aufkommenden datenschutzrechtlichen Bedenken führt dies auch zu einem unverhältnismäßigen Aufwand auf Seiten des Verantwortlichen sowie zu einer ggf. nicht hinnehmbaren Verzögerung der Auskunft für die betroffene Person.

f) Herkunft der personenbezogenen Daten, Art. 15 Abs. 1 Hs. 2 lit. g DSGVO

Nach Art. 15 Abs. 1 lit. g DSGVO hat der Verantwortliche Auskunft über alle verfügbaren Informationen über die Herkunft der personenbezogenen Daten zu erteilen, sofern diese nicht bei der betroffenen Person selbst erhoben worden sind.

Im Rahmen der Auskunft über die Herkunft der personenbezogenen Daten besteht Uneinigkeit darüber, ob dem Verantwortlichen die Pflicht zukommt entsprechende Daten (zur Herkunft) nur zum Zwecke der Auskunft nach Art. 15 DSGVO zu speichern. Während dies teilweise bejaht wird[636] und eine Speicherpflicht insofern als losgelöst von dem eigentlichen Zwecke der Datenverarbeitung befürwortet wird, ist eine derartige Pflicht dennoch abzulehnen.[637] Überzeugend wird hierzu zunächst der ausdrückliche Wortlaut der Norm angeführt.[638] Nach diesem ist eine Auskunft nur über „verfügbare" Informationen zur Herkunft zu erteilen. Darüber hinaus sei auch die Vereinbarkeit einer Speicherungspflicht mit dem Grundsatz der Datenminimierung zweifelhaft.[639] Zu denken ist in diesem Kontext auch an den Grundsatz der Zweckbindung der Datenverarbeitung.[640] Die Missachtung des ursprünglich festgelegten Verarbeitungszwecks ist grds. unzulässig. Eine Speicherpflicht (betreffend Informationen der Herkunft) kann sich jedoch aus anderen Bestimmungen der DSGVO ergeben, sodass die dann vorhanden Informationen als verfügbar einzustufen und im Rahmen von Art. 15 Abs. 1 DSGVO zu beauskunften wären.[641] Im Ergebnis ist eine Speicherungsflicht von Informationen über die Herkunft nur zum Zwecke der Erfüllung des Auskunftsrechts gem. Art. 15 DSGVO abzulehnen.

g) Automatisierte Entscheidungsfindung, Art. 15 Abs. 1 Hs. 2 lit. h DSGVO

Zuletzt hat der Verantwortliche nach Art. 15 Abs. 1 lit. h DSGVO Auskunft über das Bestehen einer automatisierten Entscheidungsfindung inklusive Profiling nach Art. 22 Abs. 1 bis 4 DSGVO zu erteilen. Zumindest im Rahmen vom Profiling i.S.v. Art. 22 Abs. 1 und 4 DSGVO ist der Verantwortliche auch dazu verpflichtet, aussagekräftige Informationen über die „involvierte Logik", „Tragweite" und „angestrebten Auswirkungen" für die betroffene Person mitzuteilen. Unter Profiling-Verfahren sind alle Verfahren zu fassen, welche die Erstellung

---

636 Kühling/Buchner/*Bäcker* DSGVO Art. 15 Rn. 26; Taeger/Gabel/*Mester* DSGVO Art. 15 Rn. 11.

637 So auch Plath/*Kamlah* DSGVO Art. 15 Rn. 13; Schantz/Wolff/*Schantz* Datenschutzrecht Rn. 1195; Simitis/Hornung/Spiecker/*Dix* DatenschutzR Art. 15 Rn. 24; *Walter*, DSRITB 2016, 367 (383); so wohl auch Paal/Pauly/*Paal* DSGVO Art. 15 Rn. 30, welcher die Verfügbarkeit der Informationen von dem Subjekt des Verantwortlichen abhängig macht.

638 So Simitis/Hornung/Spiecker/*Dix* DatenschutzR Art. 15 Rn. 24; *Walter*, DSRITB 2016, 367 (383).

639 *Walter*, DSRITB 2016, 367 (383).

640 Siehe S. 42.

641 So auch Simitis/Hornung/Spiecker/*Dix* DatenschutzR Art. 15 Rn. 24.

von Profilen einer Person zum Gegenstand haben.[642] Hierunter fallen auch sog. Scoring-Verfahren.[643] Der Umfang der Auskunft ist hierbei nicht abschließend geklärt. Hinsichtlich der zu beauskunftenden „involvierten Logik" i.S.v. Art. 15 Abs. 1 lit. h DSGVO kommt die Frage auf, ob im Rahmen dessen auch eine Auskunft über die Berechnungsformel sowie Erläuterungen automatisierter Einzelentscheidungen umfasst sind.[644] Sofern davon auszugehen ist, führt dies zu einer umfassenden Begründungs- und Darlegungspflicht.[645] Die Beantwortung dieser Frage ist in Hinblick auf die Auskunftspflicht einzelner Score-Werte in sog. Scoring-Verfahren von besonderer Relevanz.[646]

aa) Pflicht zur Auskunft bereits getroffener automatisierter Entscheidungen

In Abgrenzung zu den Informationspflichten nach Art. 13 Abs. 2 lit. f DSGVO und Art. 14 Abs. 2 lit. g DSGVO, welche eine Informationspflicht für die in der Zukunft liegende Datenverarbeitung statuieren, umfasst der Auskunftsanspruch nach Art. 15 DSGVO auch die vergangene Datenverarbeitung (Beginn Datenverarbeitung bis Antragstellung).[647] Die Auskunft nach Art. 15 Abs. 1 lit. h DSGVO ist insofern weitreichender.[648] Sollten im Zeitpunkt der Auskunft bereits Ergebnisse einer automatisierten Datenverarbeitung vorliegen sind diese mitzuteilen.[649]

bb) Pflicht zur Auskunft über die Berechnungsformel bzw. Erläuterung automatisierter Einzelentscheidungen?

Wie bereits aufgezeigt, stellt sich im Rahmen der Auskunft über die „involvierte Logik" nach Art. 15 Abs. 1 lit. h DSGVO die Frage, ob dies auch eine Pflicht

---

642 *Brüggemann/Reiher/Spikowius*, Stellungnahme zu Profiling in der DSGVO v. 08.01.2015.

643 *Brüggemann/Reiher/Spikowius*, Stellungnahme zu Profiling in der DSGVO v. 08.01.2015.

644 BeckOK DatenschutzR/*Schmidt-Wudy* DSGVO Art. 15 Rn. 78; Gola/*Franck* DSGVO Art. 15 Rn. 19; Simitis/Hornung/Spiecker/*Dix* DatenschutzR Art. 15 Rn. 25.

645 Gola/*Franck* DSGVO Art. 15 Rn. 19.

646 Simitis/Hornung/Spiecker/*Dix* DatenschutzR Art. 15 Rn. 25.

647 Taeger/Gabel/Mester DSGVO Art. 15 Rn. 12; Kühling/Buchner/Bäcker DSGVO Art. 15 Rn. 27.

648 Kühling/Buchner/*Bäcker* DSGVO Art. 15 Rn. 27.

649 Taeger/Gabel/*Mester* DSGVO Art. 15 Rn. 12; Kühling/Buchner/*Bäcker* DSGVO Art. 15 Rn. 27.

zur Erläuterung automatisierter Einzelentscheidungen sowie Auskunft über die verwendete Berechnungsformel umfasst. Besondere Relevanz entfaltet diese Thematik im Rahmen von sog. Scoring-Verfahren hinsichtlich der verwendeten einzelnen Score-Werte. Auch im arbeitsrechtlichen Kontext kann diese Thematik von besonderer Bedeutung sein. Die Durchführung einer Sozialauswahl im Rahmen von betriebsbedingten Kündigungen stellt ebenfalls ein Scoring-Verfahren dar. Anhand von festgelegten Kriterien, z.B. Dauer der Betriebszugehörigkeit, Lebensalter, Unterhaltspflichten oder Behinderungsgrad, wird die soziale Schutzbedürftigkeit eines Arbeitnehmers bestimmt.

Zur Darlegung und Bewertung der Frage sollte zunächst ein generelles Verständnis darüber bestehen, was ein Scoring-Verfahren ist.

(1) Exkurs: Scoring-Verfahren

Bei dem sog. Scoring-Verfahren werden bestimmten personenbezogenen Daten Punktwerte („Score") zugeteilt.[650] Diese Punktwerte werden im Rahmen einer Berechnungsformel verwendet. Je nach Einzelfall ergibt sich sodann ein individuelles Gesamtergebnis in Form einer Gesamtpunktzahl.[651] Aus dieser Gesamtpunktzahl können je nach Anwendungsgebiet unterschiedliche Rückschlüsse in Bezug auf die betroffene Person gezogen werden.[652] Die geläufigste Anwendungsform ist das sog. Kredit-Scoring. Bei diesem bedienen sich bspw. Kreditgeber einem Scoring-Verfahren, um die Bonität des Kreditnehmers bewerten zu können. Auch die Schufa Holding AG, welche die bekannte Schufa-Auskunft über Personen bereitstellt, bedient sich einem solchem Scoring-Verfahren. Im Rahmen der Schufa-Auskunft liefert ein Scoring-Verfahren ein Ergebnis, an

---

650 Definition „Scoring" auf Rechnungswesen-verstehen.de URL: https://www.rechnungswesen-verstehen.de/lexikon/scoring.php#:~:text=Scoring%20–%20Definition%20%26%20Erklärung%20–%20Zusammenfassung%201,ein%203%20Am%20bekanntesten%20ist%20das%20sogenannte%20Schufa-Scoring (Abrufdatum: 20.06.2021).

651 Definition „Scoring" auf Rechnungswesen-verstehen.de URL: https://www.rechnungswesen-verstehen.de/lexikon/scoring.php#:~:text=Scoring%20–%20Definition%20%26%20Erklärung%20–%20Zusammenfassung%201,ein%203%20Am%20bekanntesten%20ist%20das%20sogenannte%20Schufa-Scoring (Abrufdatum: 20.06.2021).

652 Definition „Scoring" auf Rechnungswesen-verstehen.de URL: https://www.rechnungswesen-verstehen.de/lexikon/scoring.php#:~:text=Scoring%20–%20Definition%20%26%20Erklärung%20–%20Zusammenfassung%201,ein%203%20Am%20bekanntesten%20ist%20das%20sogenannte%20Schufa-Scoring (Abrufdatum: 20.06.2021).

welchem sich ableiten lässt wie hoch die Wahrscheinlichkeit ist, dass die in Bezug genommene Person ihren künftigen Zahlungspflichten nachkommt.[653]

Vor diesem Hintergrund wird die Frage aufgeworfen, ob den Verantwortlichen auch eine Pflicht zur Mitteilung der Berechnungsformel bzw. zur Erläuterung von automatisierten Einzelentscheidungen trifft. Im Schrifttum werden hierzu im Wesentlichen zwei Ansichten vertreten.

(2) Auskunftspflicht auch hinsichtlich Berechnungsformel bzw. Erläuterung automatisierter Einzelentscheidungen

Zunächst wird vertreten, dass der Verantwortliche im Rahmen von Art. 15 Abs. 1 lit. h DSGVO auch Erläuterungen zu automatisierten Einzelentscheidungen zu treffen hat.[654] Dies lasse sich – neben dem Grundsatz der Transparenz – darauf zurückführen, dass die betroffene Person in die Lage gesetzt werden müsse den gesamten Verarbeitungsprozess zu verstehen, um eine effektive Ausübung der Betroffenenrechte gewährleisten zu können.[655] So sei die Ausübung der Rechte nach Art. 22 Abs. 3 DSGVO nicht möglich, sofern nicht entsprechende Informationen zur Verfügung gestellt werden würden.[656]

(3) Keine Auskunftspflicht hinsichtlich Berechnungsformel bzw. Erläuterung automatisierter Einzelentscheidungen

Dementgegen wird die Ansicht vertreten, dass sich die Auskunftspflicht nach Art. 15 Abs. 1 lit. h DSGVO nicht auf die Berechnungsformel bzw. Erläuterungen von automatisierten Einzelentscheidungen erstrecke.[657] Den Verantwortlichen treffe lediglich die Pflicht Auskunft über die allgemeine Verarbeitungslogik[658] zu geben.[659]

---

653 Definition „Scoring" auf Schufa.de URL: https://www.schufa.de/ueber-uns/daten-scoring/scoring/scoring/ (Abrufdatum: 20.06.2021).

654 Gola/*Franck* DSGVO Art. 15 Rn. 19; Simitis/Hornung/Spiecker/*Dix* DatenschutzR Art. 15 Rn. 25.

655 Gola/*Franck* DSGVO Art. 15 Rn. 19; Simitis/Hornung/Spiecker/*Dix* DatenschutzR Art. 15 Rn. 25.

656 Gola/*Franck* DSGVO Art. 15 Rn. 19.

657 Ehmann/Selmayr/*Ehmann* DSGVO Art. 15 Rn. 19; Kühling/Buchner/*Bäcker* DSGVO Art. 15 Rn. 27; Sydow/Marsch/*Bienemann* HK-DSGVO Art. 15 Rn. 38.

658 Kühling/Buchner/*Bäcker* DSGVO Art. 15 Rn. 27.

659 Ehmann/Selmayr/*Ehmann* DSGVO Art. 15 Rn. 19; Kühling/Buchner/*Bäcker* DSGVO Art. 15 Rn. 27.

(a) Wortlaut

Dies lasse sich zunächst aus dem dem Begriff „Logik“ zugrundeliegenden Verständnis ableiten.[660] Hierunter sei das allgemeine Prinzip der Berechnung zu verstehen, nicht eine konkrete Berechnungsformel.[661]

(b) Sprachfassung anderer Mitgliedstaaten

Zur Begründung dieser Deutung lassen sich die englischen und französischen Sprachfassungen von EWG 63 S. 3 DSGVO heranziehen.[662] So verwendet das Englische die Formulierung „the logic involved in any automatic personal data processing“ und auf Französisch heißt es: „la logique qui sous-tend leur éventuel traitement automatisé“ (Sous-tendre : être à la base de = die Grundlage von etwas bilden).[663] Hieraus sei abzuleiten, dass es lediglich um das verwendete „Prinzip“[664] der automatisierten Datenverarbeitung ginge.[665]

(c) Systematik von Art. 15 DSGVO

Darüber hinaus beziehe sich die Auskunft nach Art. 15 DSGVO generell auf die Informationen über die Verarbeitung im Gesamten, sodass eine Auskunftspflicht auch im Rahmen von Abs. 1 lit. h nicht über allgemeine Informationen über die Verarbeitung hinaus gehen müsse.[666]

(d) Geheimhaltungsinteresse

Auch mit einem etwaig bestehenden Geheimhaltungsinteresses an einer Berechnungsformel als Geschäftsgeheimnis, sei nur ein derartiges Verständnis vereinbar.[667]

(e) Verständnis zur Vorgängerregelung des BDSG

Letztlich sei das Verständnis, welches in Bezug die vergleichbare deutsche Vorgängernorm hinsichtlich Scorings (§ 28b BDSG a.F.) vom deutschen

---

660 Ehmann/Selmayr/*Ehmann* DSGVO Art. 15 Rn. 19.
661 Ehmann/Selmayr/*Ehmann* DSGVO Art. 15 Rn. 19.
662 Ehmann/Selmayr/*Ehmann* DSGVO Art. 15 Rn. 19.
663 Ehmann/Selmayr/*Ehmann* DSGVO Art. 15 Rn. 19.
664 Ehmann/Selmayr/*Ehmann* DSGVO Art. 15 Rn. 19.
665 Ehmann/Selmayr/*Ehmann* DSGVO Art. 15 Rn. 19.
666 Kühling/Buchner/*Bäcker* DSGVO Art. 15 Rn. 27.
667 Ehmann/Selmayr/*Ehmann* DSGVO Art. 15 Rn. 19; Sydow/Marsch/*Bienemann* HK-DSGVO Art. 15 Rn. 38.

Gesetzgeber[668] sowie dem BGH[669] vertreten wurde auch auf Art. 15 Abs. 1 lit. h DSGVO zu übertragen.[670] Sowohl die Gesetzesbegründung zu § 28b BDSG a.F. also auch die Rechtsprechung des BGH lehnten eine Auskunftspflicht hinsichtlich konkreter Berechnungsformel ausdrücklich ab.[671]

(4) Stellungnahme

Im Ergebnis überzeugt das Verständnis der zweiten Ansicht, nach welcher die Auskunft i.S.v. Art. 15 Abs. 1 lit. h DSGVO keine Informationen über die Berechnungsformel bzw. Erläuterungen über Einzelentscheidungen umfasst.

(a) Historie

Mit EWG 63 S. 3 DSGVO hält der europäische Gesetzgeber fest, dass die Auskunft auch umfasst „nach welcher Logik die automatische Verarbeitung personenbezogener Daten erfolgt und welche Folgen eine solche Verarbeitung haben kann, zumindest in den Fällen, in denen die Verarbeitung auf Profiling beruht.“ Dem Gesetzgeber kommt es somit darauf an, dass die betroffene Person abstrakt Information über die Art und Weise (Logik) sowie Folgen der automatisierten Datenverarbeitung erhält. Dass es dem Gesetzgeber darauf ankommt auch konkrete Informationen wie die hinterlegte Berechnungsformel von der Auskunft zu umfassen lässt sich hingegen nicht ableiten. Die zurückhaltende Formulierung deutet vielmehr darauf hin, dass zwar eine Auskunft über die Art und Weise des Automatismus zu erfolgen hat. Tiefgreifende konkrete Inhalte dieser Art und Weise, wie es eine konkrete Berechnungsformel darstellen würde sind weder genannten noch angedeutet.

Weiterhin lässt sich erneut das vom europäischen Gesetzgeber in EWG 63 S. 1 DSGVO festgehaltene Ziel der Ermöglichung einer Rechtmäßigkeitskontrolle durch die betroffene Person bzgl. der Verarbeitung personenbezogener Daten anführen. Eine Auskunft über die im Rahmen der automatisierten Verarbeitung (inkl. Profiling) verwendeten personenbezogenen Daten genügt hierzu bereits. Tiefgreifende Informationen über die konkrete Berechnung sowie Einzelerläuterungen bedarf es hingegen nicht um die Rechtmäßigkeit der Datenverarbeitung zu überprüfen.

---

668 BT-Drs. 16/10529, 17.

669 BGH v. 28.01.2014 – VI ZR 156/13, NJW 2014, 1235.

670 Sydow/Marsch/*Bienemann* HK-DSGVO Art. 15 Rn. 38.

671 BGH v. 28.01.2014 – VI ZR 156/13, NJW 2014, 1235; BT-Drs. 16/10529, 17.

Auch aus EWG 71 DSGVO, welcher sich mit dem Profiling nach Art. 22 DSGVO befasst, lässt sich keine Pflicht des Verantwortlichen zur Auskunft über eine konkrete Berechnungsformel oder Einzelerläuterungen hinsichtlich einzelner Score-Werte ableiten. Der Erwägungsgrund 71 DSGVO enthält eine Reihe an Empfehlungen, welche jeder Verantwortliche einzuhalten hat, um eine faire und transparente Verarbeitung zu gewährleisten. Es sind etwa „geeignete oder statistische Verfahren" zu verwenden, sowie „technische und organisatorische Maßnahmen" zu treffen. Die Tatsache, dass der europäische Gesetzgeber mit Erwägungsgrund 71 DSGVO verschiedene Logiken aufzeigt, welche im Rahmen eines automatisierten Verfahrens verwendet werden können („mathematisch oder statistisch") spricht viel mehr dafür, dass nach dem Willen des Gesetzgebers auch die Auskunft gem. Art. 15 Abs. 1 lit. h DSGVO hinsichtlich der involvierten Logik abstrakt zu halten ist.

(b) Systematik

Auch aus der gesetzlichen Systematik der DSGVO lässt sich der Wille des Gesetzgebers derart ableiten, dass Gegenstand der Auskunft nach Art. 15 Abs. 1 lit. h DSGVO keine vertieften Informationen zu einem Profiling / Scoring-Verfahren sein müssen. Hierzu enthält die DSGVO mit Art. 22 eine speziellere Norm, welche sich ausschließlich auf automatisierten Einzelentscheidungen inkl. Profiling bezieht.

Diese Norm wurde außerdem dem (hinter Art. 15 DSGVO liegendem) Abschnitt 4 „Widerspruchsrecht und automatisierte Entscheidungsfindung im Einzelfall" zugeordnet. Ein Vorweggreifen durch Betroffenenrechte nach Abschnitt 2 ist in diesem Kontext als systemwidrig anzusehen.

Auch spricht das Erfordernis der Verständlichkeit der Auskunft, welches der europäische Gesetzgeber in Art. 12 DSGVO normiert hat, gegen eine Pflicht zur Auskunft über die Berechnungsformel sowie zur Einzelerläuterung. Selbst wenn man eine Kollision mit einem überwiegenden Geheimhaltungsinteresse des Verantwortlichen außer Acht lässt, führt die Angabe der im Rahmen einer automatisierten Datenverarbeitung verwendete Berechnungsformel zur Unverständlichkeit der Auskunft für eine betroffene Person. Die Darstellung von Algorithmen sowie mathematischer Formeln birgt die Gefahr, dass eine an sich verständliche Auskunft über personenbezogene Daten im Konstrukt komplexer Formeln und Erläuterungen unverständlich wird. Die von der erst genannten Ansicht angeführten Argumente der Transparenz zur Gewährleistung eines vollständigen Verständnisses der Datenverarbeitung erscheinen insofern fragwürdig. Auch das in diesem Kontext angeführte Argument der möglichst effektiven Ausübung von Betroffenenrechten wird damit hinfällig.

Sofern hingegen teilweise die Erwägungen des deutschen Gesetzgebers zu § 34 Abs. 2 i.V.m. § 28b BDSG a.F. angeführt werden,[672] lassen sich hieraus keine Rückschlüsse auf den Willen des europäischen Gesetzgebers ziehen. Auch wenn der Regelungsgehalt der Vorschrift weitgehenden mit Art. 15 Abs. 1 lit. h DSGVO übereinstimmt, ist nicht erkennbar, dass sich der europäische Gesetzgeber die Erwägungen des deutschen Gesetzgebers zu eigen gemacht hätte.

(c) Wortlaut

Nach dem Wortlaut von Art. 15 Abs. 1 lit. h DSGVO ist eine Auskunft über die im Rahmen der automatisierten Entscheidungsfindung „involvierte Logik" zu erteilen. Sofern man eine Pflicht zur Auskunft hinsichtlich der Erläuterung von Einzelentscheidungen sowie der verwendeten Berechnungsformel ableiten wollen würde, müsste sich dies aus dem Wort „Logik" ableiten lassen können. Nach dem Duden bedeutet Logik „Wissenschaft von Strukturen", „Formen und Gesetze des Denkens", „Denklehre".[673] Beispielhaft wird „die mathematische Logik" genannt.[674] Logik ist also als Überbegriff für abstrakte Denkarten zu verstehen. Eine Auslegung insofern, dass die Funktionsweise dieser Denkarten konkret umfasst sind, ist nicht abzuleiten. Sofern Logik also abstrakt als „Formen und Gesetze des Denkens" zu verstehen ist, unterliegen die dahinterstehen konkreten „Formen und Gesetze" folgerichtig einem konkreteren Verständnis einer tieferen Ebene. Sofern folglich nach einer „involvierten Logik" gefragt wird, ist damit die Art der Logik (bspw. mathematisch) nicht hingegen die hinter der Logik zugrunde liegenden Formeln gemeint.

(c) Auslegungsergebnis: Keine Informationen über die Berechnungsformel

Aus der Historie, Systematik sowie Wortlaut der Norm lässt sich im Ergebnis nicht der Wille des europäischen Gesetzgebers ableiten, dass im Rahmen von Art. 15 Abs. 1 lit. h DSGVO eine Auskunft über konkrete Berechnungsformeln bzw. Erläuterungen von automatisierten Einzelentscheidungen zu erfolgen hat.

---

672 Sydow/Marsch/*Bienemann* HK-DSGVO Art. 15 Rn. 38.

673 „Logik" auf Duden online URL: https://www.duden.de/node/90782/revision/90818 (Abrufdatum: 30.05.2021).

674 Logik" auf Duden online URL: https://www.duden.de/node/90782/revision/90818 (Abrufdatum: 30.05.2021).

Die Betroffenenrechten der DSGVO dienen als Reaktionsmöglichkeit für die betroffene Person hinsichtlich der Verarbeitung der sie betreffenden personenbezogenen Daten. Im Zusammenhang mit der automatisierten Entscheidungsfindung insbesondere dem Scoring-Verfahren verfolgen Betroffenenrechte nicht das Ziel auf die konkrete Art und Weise des internen Verfahrens einwirken zu können. Anknüpfungspunkt sind nach dem europäischen Gesetzgeber immer die personenbezogenen Daten. Gewährleistet werden soll, dass eine betroffene Person bspw. falsche personenbezogene Daten berichtigen kann. Folge einer derartigen Berichtigung ist logischerweise immer auch die Berichtigung des Gesamtergebnisses eines Scoring-Verfahrens.

III. Umfang der Kopie i.S.v. Art. 15 Abs. 3 DSGVO

Neben der Frage nach dem Umfang der Auskunft i.S.v. Art. 15 Abs. 1 und Abs. 2 DSGVO bleibt zu klären, welchen Umfang die Kopie i.S.v. Art. 15 Abs. 3 DSGVO aufzuweisen hat. Fraglich ist, ob die Kopie i.S.v. Art. 15 Abs. 3 DSGVO umfangreicher ist, als die Auskunft i.S.v. Art. 15 Abs. 1 DSGVO oder ob insoweit Kongruenz besteht. Im Rahmen dessen besteht weiterhin die Besonderheit, dass sich mit der materiell-rechtlichen Frage des Umfanges, die rechtsdogmatische Frage nach dem systematischen Verhältnis zwischen Auskunft (Abs. 1) und Kopie (Abs. 3) vermischt. In dogmatischer Hinsicht ist fraglich, ob die Datenkopie (Abs. 3) als eigenständiges Recht neben dem Recht auf Auskunft (Abs. 1) zu qualifizieren oder von einem einheitlichen Recht auszugehen ist. Das systematische Verhältnis zwischen den Normen gibt darüber Aufschluss, welcher Umfang der Datenkopie anzunehmen ist. Im Falle eines einheitlichen Verständnisses, muss der Umfang der Kopie stringenter Weise dem Verständnis des Umfanges der Auskunft folgen.[675]

1. Verständnis innerhalb der juristischen Literatur

Wie bei der Frage nach dem Umfang der Auskunft i.S.v. Art. 15 Abs. 1 DSGVO existieren innerhalb der juristischen Literatur zwei gegensätzliche Ansichten zur Frage nach dem Umfang der Kopie i.S.v. Art. 15 Abs. 3 DSGVO. Auch in diesem Kontext besteht grundsätzlich die Möglichkeit von einem weiten / extensiven Verständnis[676] oder einem engen / restriktiven

675 Zum Umfang der Auskunft, S. 106 ff.

676 So BeckOK DatenschutzR/*Schmidt-Wudy* DSGVO Art. 15 Rn. 85; Gola/*Franck* DSGVO Art. 15 Rn. 33; *Härting*, CR 2019, 219 (221); *Korch/Chatard*, CR 2020, 439

Verständnis[677] der Datenkopie auszugehen.

a) Restriktives Verständnis

Zum einen wird in der Literatur ein restriktives Verständnis hinsichtlich des Umfanges der Kopie nach Art. 15 Abs. 3 DSGVO vertreten.[678] Der Anspruch auf Kopie reiche nicht weiter als die Auskunft nach Art. 15 Abs. 1 DSGVO.[679] Der Umfang der Kopie richte sich vielmehr nach dem Umfang der Auskunft.[680] Eine Kopie sämtlicher personenbezogener Daten (bspw. E-Mail-Korrespondenz) müsse der Verantwortlich nicht bereitstellen.[681]

aa) Auskunft und Kopie als einheitliches Recht

Diese Deutung resultiere zunächst vor allem aus dem systematischen Verständnis Auskunft (Abs. 1) sowie die Kopie (Abs. 3) als einheitliches Recht anzusehen.[682] Die hinsichtlich des Umfanges der Auskunft insoweit vertretene restriktive Ansicht greife auf den Umfang der Kopie durch.[683]

---

(446); *König* CR 2019, 295 ff.; *Kremer*, CR 2018, 560 (563 f.); Kühling/Buchner/*Bäcker* Art. 15 Rn. 40; *Riemer* ZD 2019, 413 (414); *Riemer*, DSB 2019, 223; Simitis/Hornung/Spiecker/*Dix* DatenschutzR Art. 15 Rn. 28.

677 So *Dausend*, ZD 2019, 103 (106 f.); Paal/Pauly/*Paal* Rn. 33; Sydow/*Specht* HK-DSGVO 2. Aufl. Art. 15 Rn. 18; *Wybitul/Neu/Strauch*, ZD 2018, 202 (203); *Wybitul/Brams*, NZA 2019, 672 (676).

678 *Dausend*, ZD 2019, 103 (106 f.); Paal/Pauly/*Paal* Rn. 33; Sydow/*Specht* HK-DSGVO 2. Aufl. Art. 15 Rn. 18; *Wybitul/Neu/Strauch*, ZD 2018, 202 (203); *Wybitul/Brams*, NZA 2019, 672 (676).

679 *Dausend*, ZD 2019, 103 (106 f.); Paal/Pauly/*Paal* Rn. 33; Sydow/*Specht* HK-DSGVO 2. Aufl. Art. 15 Rn. 18; *Wybitul/Neu/Strauch*, ZD 2018, 202 (203); *Wybitul/Brams*, NZA 2019, 672 (676).

680 *Dausend*, ZD 2019, 103 (106 f.); Paal/Pauly/*Paal* Rn. 33; Sydow/*Specht* HK-DSGVO 2. Aufl. Art. 15 Rn. 18; *Wybitul/Neu/Strauch*, ZD 2018, 202 (203); *Wybitul/Brams*, NZA 2019, 672 (676).

681 *Wybitul/Brams*, NZA 2019, 672 (676).

682 *Dausend*, ZD 2019, 103 (106 f.); Paal/Pauly/*Paal* Rn. 33; Sydow/*Specht* HK-DSGVO 2. Aufl. Art. 15 Rn. 18; *Wybitul/Neu/Strauch*, ZD 2018, 202 (203); *Wybitul/Brams*, NZA 2019, 672 (676).

683 *Dausend*, ZD 2019, 103 (106 f.); Paal/Pauly/*Paal* Rn. 33; Sydow/*Specht* HK-DSGVO 2. Aufl. Art. 15 Rn. 18; *Wybitul/Neu/Strauch*, ZD 2018, 202 (203); *Wybitul/Brams*, NZA 2019, 672 (676).

bb) Wortlaut

Auch eine Auslegung des Wortlautes spreche dieser Rechtsauslegung zufolge für ein restriktives Verständnis.[684] Art. 15 Abs. 3 DSGVO enthalte demnach die Formulierung „eine Kopie".[685] Hieraus lasse sich ableiten, dass die personenbezogenen Daten innerhalb eines „einzigen einheitlichen Dokuments" abzubilden seien.[686] Dies sei bei einem extensiven Verständnis nach, welchem auch Rohdaten von der Kopie erfasst seien nicht möglich.[687]

cc) Sinn und Zweck

Ferner ergebe sich ein restriktives Verständnis des Umfanges der Datenkopie aus der teleologischen Auslegung von Art. 15 DSGVO.[688] Das mit der Auskunft bezweckte Ziel, der betroffenen Person die Möglichkeit einer Rechtmäßigkeitsprüfung hinsichtlich der Datenverarbeitung einzuräumen, sei bereits mit einer Kopie der in Art. 15 Abs. 1 lit. a–h DSGVO genannten Informationen möglich.[689] Insofern seien umfassende Rohdatensätze nicht erforderlich und würden vielmehr die Effektivität der Überprüfung sowie den notwendigen Zeitaufwand negativ beeinträchtigen.[690]

dd) Systematik

Ein restriktives Verständnis der Datenkopie sei ferner auf Grund des systematischen Verhältnisses zum Recht auf Datenportabilität nach Art. 20 DSGVO geboten.[691] Die Annahme einer vollumfänglichen Datenkopie (im Sinne eines extensiven Verständnisses) führe dazu, dass Art. 20 DSGVO in seinem Anwendungsbereich leerlaufen würde.[692] Der betroffenen Person wäre insofern ein Verlangen von Daten i.S.v. Art. 20 DSGVO bereits über Art. 15 DSGVO möglich.[693] Der Regelungszweck von Art. 20 DSGVO beschränke sich sodann – im Gegensatz zu Art. 15 DSGVO – lediglich auf eine Formvorgabe („Kopie in einem

684 *Wybitul/Brams,* NZA 2019, 672 (676).
685 *Wybitul/Brams,* NZA 2019, 672 (676).
686 *Wybitul/Brams,* NZA 2019, 672 (676).
687 *Wybitul/Brams,* NZA 2019, 672 (676).
688 *Wybitul/Brams,* NZA 2019, 672 (676).
689 *Wybitul/Brams,* NZA 2019, 672 (676).
690 *Wybitul/Brams,* NZA 2019, 672 (676).
691 *Zikesch/Sörup,* ZD 2019, 239 (241).
692 *Zikesch/Sörup,* ZD 2019, 239 (241).
693 *Zikesch/Sörup,* ZD 2019, 239 (241).

strukturierten, gängigen, maschinenlesbaren Format“).[694] Ein derartiges Verständnis sei jedoch unter Beachtung von Art. 12 DSGVO, mit welchem bereits eine Formvorschrift gegeben sei, als „abwegig“[695] zu bewerten.[696]

ee) Formanforderungen

Darüber hinaus entspreche nur eine Kopie im Sinne eines restriktiven Verständnisses den Formanforderungen einer transparenten und leicht verständlichen Darstellung.[697]

ff) Leitfaden der französischen Aufsichtsbehörde

Hinsichtlich des generell restriktiven Verständnisses der Kopie nach Art. 15 Abs. 3 DSGVO lasse sich zudem der Leitfaden „Le droit d'accès“ der französischen Aufsichtsbehörde (Commission Nationale de l'Informatique et des Libertés (CNIL)) anführen.[698] In diesem werden hinsichtlich des Auskunftsanspruchs beispielhaft soziale Netzwerke aufgeführt, welche die Möglichkeit gewährleisten, eine Datenkopie ganz oder teilweise herunterladen zu können.[699] Mit Blick auf die wohl große Anzahl an Betroffenenanfragen im Kontext der sozialen Netzwerke könne hiermit keine „Gesamtdokumentation der internen Unternehmenskommunikation über den Nutzer“[700] gemeint sein.

gg) Rechtsprechung des EuGH

Anzuführen sei ferner die Entscheidung des EuGH[701] aus dem Jahr 2014 zur Auslegung von Art. 12 RL 95/46/EG (Auskunftsrecht nach alter Rechtslage).[702] In dieser sei trotz der Annahme eines an sich weiten Verständnisses des Begriffs der personenbezogenen Daten, ein Recht auf Kopie hinsichtlich gewisser Informationen abgelehnt worden.[703]

---

694 *Zikesch/Sörup*, ZD 2019, 239 (241).
695 *Zikesch/Sörup*, ZD 2019, 239 (241).
696 *Zikesch/Sörup*, ZD 2019, 239 (241).
697 *Wybitul/Brams*, NZA 2019, 672 (676).
698 *Dausend*, ZD 2019, 103 (107).
699 *Dausend*, ZD 2019, 103 (107).
700 *Dausend*, ZD 2019, 103 (107).
701 EuGH v. 17.07.2014 – C-141/12 und C-372/12, ZD 2014, 515 (517).
702 *Dausend*, ZD 2019, 103 (106).
703 *Dausend*, ZD 2019, 103 (106).

hh) Aufwand für den Verantwortlichen

Außerdem bleibe dem Verantwortlichen bei einem restriktiven Verständnis ein enormer Arbeitsaufwand erspart, ohne dass die betroffene Person in der Ausübung ihres Rechts auf informelle Selbstbestimmung beeinträchtigt werde.[704]

ii) Wertungswiderspruch zu dem deutschen Zivilprozessrecht

Letztlich führe die Annahme eines weiten Umfanges der Datenkopie zu einem Wertungswiderspruch gegenüber den Grundsätzen des deutschen Zivilprozessrechts.[705] Insofern könnte die Geltendmachung des Anspruchs auf Datenkopie zur Gewinnung von Beweismitteln im Rahmen eines Rechtsstreits gebraucht werden.[706] Dies stünde in einem eindeutigen Widerspruch zum zivilprozessualen Beibringungsgrundsatz.[707] Im Ergebnis bestünde die Gefahr der Einführung eines E-Discovery-Verfahrens durch die Hintertür, gegen welches sich der deutsche Gesetzgeber (im Gegensatz zu den USA oder dem Vereinigten Königreich) eindeutig entschieden habe.[708]

b) Extensives Verständnis

Entgegen der dargestellten Ansicht wird in der juristischen Literatur auch ein extensives Verständnis hinsichtlich des Umfanges der Kopie i.S.v. Art. 15 Abs. 3 DSGVO vertreten.[709] Nach diesem seien von einer Kopie sämtliche verarbeitete personenbezogene Daten, in der bei dem Verantwortlichen vorliegenden Rohfassung umfasst.[710] Die Kopie i.S.v. Art. 15 Abs. 3 DSGVO sei

---

704 Spindler/Schuster/*Nink* DSGVO Art. 15 Rn. 8.

705 Paal/Pauly/*Paal* DSGVO Art. 15 Rn. 33a; *Wybitul/Brams,* NZA 2019, 672 (676).

706 *Wybitul/Brams,* NZA 2019, 672 (676).

707 Paal/Pauly/*Paal* DSGVO Art. 15 Rn. 33a; *Wybitul/Brams,* NZA 2019, 672 (676).

708 Paal/Pauly/*Paal* DSGVO Art. 15 Rn. 33a; *Wybitul/Brams,* NZA 2019, 672 (676).

709 BeckOK DatenschutzR/*Schmidt-Wudy* DSGVO Art. 15 Rn. 85; Gola/*Franck* DSGVO Art. 15 Rn. 33; *Härting,* CR 2019, 219 (221); *Korch/Chatard,* CR 2020, 439 (446); *König,* CR 2019, 295 ff.; *Kremer,* CR 2018, 560 (563 f.); Kühling/Buchner/*Bäcker* Art. 15 Rn. 40; *Riemer,* ZD 2019, 413 (414); *Riemer,* DSB 2019, 223; Simitis/Hornung/Spiecker/*Dix* DatenschutzR Art. 15 Rn. 28.

710 BeckOK DatenschutzR/*Schmidt-Wudy* DSGVO Art. 15 Rn. 85; Gola/*Franck* DSGVO Art. 15 Rn. 28; *Härting,* CR 2019, 219 (221); *Korch/Chatard,* NZA 2020, 893 (895); *König,* CR 2019, 295 ff.; *Kremer,* CR 2018, 560 (563 f.); Kühling/Buchner/*Bäcker* Rn. 40; *Riemer,* ZD 2019, 413 (414); *Riemer,* DSB 2019, 223; Simitis/Hornung/Spiecker/*Dix* DatenschutzR Art. 15 Rn. 28.

insbesondere nicht gleichzusetzten mit der Auskunft im Sinne von Art. 15 Abs. 1 DSGVO.[711]

aa) Kopie als eigenständiger Anspruch

Auch zur Begründung der extensiven Ansicht wird von einigen das systematische Verhältnis zwischen der Auskunft nach Abs. 1 sowie der Kopie nach Abs. 3 angeführt.[712] Das Recht auf Kopie sei als selbständiges Recht zu sehen, welches neben dem Recht auf Auskunft bestehe.[713]

bb) Wortlaut

Eine Auslegung des Wortlautes von Art. 15 Abs. 3 DSGVO führe ebenfalls zu einem extensiven Verständnis hinsichtlich des Umfanges.[714] Wie auch bei der Auskunft (Abs. 1) werde bei der Kopie (Abs. 3) tatbestandlich an die Verarbeitung personenbezogener Daten angeknüpft.[715] Sowohl dem Begriff der Verarbeitung als auch dem Begriff der personenbezogenen Daten sei nach der Legaldefinition ein weites Verständnis zu Grunde zu legen.[716] Auf Grund des bereits gesetzlich angelegten weiten Verständnisses müsse auch ein entsprechend weites Verständnis hinsichtlich des Umfanges der Kopie nach Art. 15 Abs. 3 DSGVO herrschen.[717]

Darüber hinaus lasse sich der restriktiven Ansicht in Bezug auf den Wortlaut von Art. 15 DSGVO entgegenhalten, dass selbst wenn sich aus dem Wortlaut kein eindeutiges Verständnis ergebe, sich jedenfalls auch keine Beschränkung auf die lediglich in Abs. 1 lit. a–h genannten Daten entnehmen lasse.[718]

---

711 Kühling/Buchner/*Bäcker* DSGVO Art. 15 Rn. 39; Simitis/Hornung/Spiecker/*Dix* DatenschutzR Art. 15 Rn. 28; Taeger/Gabel/*Mester* DSGVO Art. 15 Rn. 22.

712 *Brink/Joos*, ZD 2019, 483 (484); Kühling/Buchner/*Bäcker* DSGVO Art. 15 Rn. 39.

713 *Brink/Joos*, ZD 2019, 483 (484); Kühling/Buchner/*Bäcker* DSGVO Art. 15 Rn. 39; a.A.: Gola/*Franck* DSGVO Art. 15 Rn. 28; Simitis/Hornung/Spiecker/*Dix* DatenschutzR Art. 15 Rn. 28, welche zwar grds. von einem extensiven Verständnis ausgehen, die Kopie jedoch nicht als „Sonderform", sondern als „Grundtatbestand" der Auskunft einstufen.

714 *Korch/Chatard,* CR 2020, 439; *Riemer,* ZD 2019, 413 (415).

715 *Korch/Chatard,* CR 2020, 439; *Riemer,* ZD 2019, 413 (415).

716 *Korch/Chatard,* CR 2020, 439; *Riemer,* ZD 2019, 413 (415).

717 *Korch/Chatard,* CR 2020, 439; *Riemer,* ZD 2019, 413 (415).

718 *Brink/Joos,* ZD 2019, 482 (484).

cc) Sinn und Zweck

Der mit Art. 15 DSGVO verbundene Sinn und Zweck, der betroffenen Person Kenntnis über die Datenverarbeitung sowie eine Prüfung der Rechtmäßigkeit zu ermöglichen, spreche ferner für ein extensives Verständnis.[719] Hiermit verbunden sei der Grundgedanke der Transparenz.[720] Nur wenn die Daten in ihrer Gesamtheit herausgegeben werden, sei die Transparenz gewahrt und eine effektive Rechtmäßigkeitskontrolle möglich.[721]

dd) Rechtsprechung des EuGHs nicht auf DSGVO übertragbar

Die argumentative Nennung der Rechtsprechung des EuGHs[722], nach welcher das Auskunftsrecht kein Recht auf eine Datenkopie umfasse, lasse sich darüber hinaus nicht als Argument für ein restriktives Verständnis von Art. 15 Abs. 3 DSGVO anführen.[723] Die in diesem Kontext ergangene Entscheidung des EuGHs bezog sich auf die RL 95/46/EG und nicht auf das in der DSGVO vorgesehene Auskunftsrecht.[724] Somit sei die Rechtsprechung nicht auf Art. 15 DSGVO übertragbar.[725]

ee) Kein Widerspruch zum deutschen Zivilprozessrecht

Vertreter des extensiven Verständnisses führen ferner an, dass ein Widerspruch zum deutschen Zivilprozessrecht nicht gegeben sei.[726] Auch wenn durch die Geltendmachung des Anspruchs auf Kopie gewisse Verteidigungstaktiken des deutschen Zivilprozesses geschwächt werden könnten stünde es dem deutschen Gesetzgeber frei eine entsprechende Einschränkung von Art. 15 Abs. 3 DSGVO innerhalb der ZPO aufzunehmen.[727] Mit Art. 23 Abs. 1 DSGVO sei insofern jedenfalls der notwendige Regelungsspielraum eröffnet.[728]

---

719 *Brink/Joos,* ZD 2019, 482 (484).
720 *Brink/Joos,* ZD 2019, 482 (484).
721 *Härting,* CR 2019, 220 (221).
722 EuGH v. 17.07.2014 – C-141/12 und C-372/12, ZD 2014, 515 (517).
723 BeckOK DatenschutzR/*Schmidt-Wudy* DSGVO Art. 15 Rn. 85.
724 BeckOK DatenschutzR/*Schmidt-Wudy* DSGVO Art. 15 Rn. 85.
725 BeckOK DatenschutzR/*Schmidt-Wudy* DSGVO Art. 15 Rn. 85.
726 BeckOK DatenschutzR/*Schmidt-Wudy* DSGVO Art. 15 Rn. 85.
727 BeckOK DatenschutzR/*Schmidt-Wudy* DSGVO Art. 15 Rn. 85.
728 BeckOK DatenschutzR/*Schmidt-Wudy* DSGVO Art. 15 Rn. 85.

ff) Aufwand des Verantwortlichen stellt kein Argument dar

Ferner sei der mit einem extensiven Umfang der Datenkopie verbundene Aufwand eines Verantwortlichen kein überzeugendes Gegenargument.[729] Der Aufwand eines Verantwortlichen liege in dessen Sphäre und könne verhindert bzw. minimiert werden (bspw. durch die Einrichtung entsprechender IT-Lösungen).[730]

gg) Kein systematischer Widerspruch zum Recht auf Datenportabilität

Letztlich überzeuge das von Vertretern eines restriktiven Verständnisses angeführte systematische Argument der Abgrenzung zum Recht auf Datenportabilität (Art. 20 DSGVO) nicht.[731] Dem sei entgegenzuhalten, dass Art. 20 DSGVO sowie Art. 15 DSGVO unterschiedliche Zielsetzungen aufweisen.[732] Art. 20 DSGVO sei insofern bereits auf personenbezogene Daten begrenzt, welche die betroffene Person dem Verantwortlichen bereitgestellt habe.[733] Darüber hinaus verfolge Art. 20 DSGVO das Ziel eine Datenmitnahme zu einem neuem Verantwortlichen als „Rahmenbedingung für eine datenschutzkonforme Digitalisierung“[734] zu ermöglichen.[735] Art. 15 DSGVO ziele hingegen auf einen „effektiven Einblick“[736] in den Prozess der Datenverarbeitung ab, um so die Möglichkeit der Geltendmachung von Betroffenenrechte zu gewährleisten.[737]

c) Zwischenergebnis

Das Meinungsbild in der juristischen Literatur zum Umfang der Datenkopie gem. Art. 15 Abs. 3 DSGVO ist gespalten. Immerhin stehen sich die unterschiedlichen Positionen nicht unversöhnlich gegenüber. Vielmehr lässt sich der Literatur ein konstruktiver Dialog unter Austausch der Sachargumente beobachten. Den Vertretern beider Ansichten ist zu konzedieren, dass sie jeweils beachtliche Argumente anführen. Ihre Schlüssigkeit lässt sich erst im Rahmen einer separaten Gesamtwürdigung ermitteln.[738]

---

729 BeckOK DatenschutzR/*Schmidt-Wudy* DSGVO Art. 15 Rn. 85.
730 BeckOK DatenschutzR/*Schmidt-Wudy* DSGVO Art. 15 Rn. 85.
731 *Brink/Joos*, ZD 2019, 483 (484).
732 *Brink/Joos*, ZD 2019, 483 (484).
733 *Brink/Joos*, ZD 2019, 483 (484).
734 *Brink/Joos*, ZD 2019, 483 (484).
735 *Brink/Joos*, ZD 2019, 483 (484).
736 *Brink/Joos*, ZD 2019, 483 (484).
737 *Brink/Joos*, ZD 2019, 483 (484).
738 Siehe S. 185 ff.

2. Stellungnahmen der Datenschutzbehörden

Auch die Datenschutzbehörden äußern sich zum Teil zu der Frage nach dem Umfang einer Datenkopie im Sinne von Art. 15 Abs. 3 DSGVO.

a) Bayrisches Landesamt für Datenschutz

In seinem 8. Tätigkeitsbericht von 2017/2018 lässt das bayrische Landesamt für Datenschutz eine eher restriktive Haltung hinsichtlich der Bewertung des Umfanges einer Datenkopie i.S.v. Art. 15 Abs. 3 DSGVO erkennen. Einleitend wird insofern ausdrücklich festgestellt, dass kein allgemeiner Anspruch auf Kopien von Dokumenten oder Akten durch Art. 15 Abs. 3 DSGVO begründet werde.[739]

aa) Art. 15 DSGVO als einheitliches Recht

Mangels entsprechender Differenzierung lässt sich zunächst darauf schließen, dass das bayrische Landesamt für Datenschutz in der Auskunft sowie der Datenkopie einen einheitlichen Anspruch sieht. Dies lässt sich insbesondere daraus ableiten, dass – auch hinsichtlich der Frage der Kopie – generell von dem „datenschutzrechtlichen Auskunftsanspruch nach Art. 15 DSGVO“[740] die Rede ist.[741]

bb) Wortlaut

Das bayrische Landesamt für Datenschutz bezieht sich insbesondere auf den Wortlaut von Art. 15 Abs. 3 DSGVO.[742] So führt es aus, dass dieser an eine Kopie der personenbezogenen Daten, die Gegenstand der Verarbeitung sind, anknüpfe.[743] Nicht jedoch an „Kopien der betreffenden [...] Unterlagen“.[744]

cc) Rechtsprechung EuGH zur RL 95/46/EG

Insofern sei auf das Urteil des EuGHs[745] Bezug zu nehmen, in welchem ein Anspruch auf Kopie im Rahmen des Auskunftsanspruches nach der damaligen RL 95/46/EG abgelehnt worden sei.[746] Art. 15 DSGVO sei als vergleichbare

739 8. Tätigkeitsbericht (2017/2018) des BayLDA, S. 46.
740 8. Tätigkeitsbericht (2017/2018) des BayLDA, S. 46.
741 8. Tätigkeitsbericht (2017/2018) des BayLDA, S. 46.
742 8. Tätigkeitsbericht (2017/2018) des BayLDA, S. 46.
743 8. Tätigkeitsbericht (2017/2018) des BayLDA, S. 46.
744 8. Tätigkeitsbericht (2017/2018) des BayLDA, S. 46.
745 EuGH v. 17.07.2014 – C-141/12 und C-372/12, ZD 2014, 515.
746 8. Tätigkeitsbericht (2017/2018) des BayLDA, S. 47.

Regelung anzusehen, auf welche sich die Rechtsprechung des EuGHs weiterhin übertragen lasse.[747]

b) Hessische Beauftragte für Datenschutz und Informationsfreiheit

Der Hessische Beauftragte für Datenschutz und Informationsfreiheit (HBDI) vertritt ebenfalls ein restriktives Verständnis des Umfanges der Datenkopie nach Art. 15 Abs. 3 DSGVO.[748]

aa) Verständnis des Begriffs „Kopie"

Der Begriff der Kopie sei als eine „sinnvoll strukturierte Zusammenfassung"[749] der personenbezogenen Daten zu verstehen.[750] Nicht umfasst seien nach diesem Verständnis sämtliche Dokumente (bspw. E-Mail-Korrespondenz).[751]

bb) Systematische Auslegung

Systematisch sei Art. 15 Abs. 3 DSGVO nach der Auffassung des HBDI kein, neben Art. 15 Abs. 1 DSGVO bestehendes, eigenständiges Recht.[752] Dies ergebe sich aus dem ausdrücklichen Wortlaut („Gegenstand der Verarbeitung"), mit welchem ein direkter Bezug zu Art. 15 Abs. 1 hergestellt werde.[753] Art. 15 Abs. 3 DSGVO sei als Konkretisierung von Art. 15 Abs. 1 lit. b DSGVO zu verstehen, sodass neben den Kategorien der verarbeiteten personenbezogenen Daten auch diese selbst mitzuteilen seien.[754] Darüber hinaus sei es nach Auffassung des HBDI nicht ersichtlich, weshalb Art. 15 Abs. 3 DSGVO neben dem Recht auf Datenportabilität (Art. 20 DSGVO) ebenfalls ein Herausgaberecht gewähren sollte.[755]

cc) Wahrung der Datenschutzziele

Ferner bürge ein extensives Verständnis hinsichtlich des Umfanges einer Kopie die Gefahr, dass das Auskunftsrecht als „Akteneinsichtsrecht"[756] genutzt

---

747 8. Tätigkeitsbericht (2017/2018) des BayLDA, S. 47.
748 47. Tätigkeitsbericht (2018) des HBDI, S. 77 ff.
749 47. Tätigkeitsbericht (2018) des HBDI, S. 78.
750 47. Tätigkeitsbericht (2018) des HBDI, S. 78.
751 47. Tätigkeitsbericht (2018) des HBDI, S. 78.
752 47. Tätigkeitsbericht (2018) des HBDI, S. 77.
753 47. Tätigkeitsbericht (2018) des HBDI, S. 77.
754 47. Tätigkeitsbericht (2018) des HBDI, S. 77.
755 47. Tätigkeitsbericht (2018) des HBDI, S. 78.
756 47. Tätigkeitsbericht (2018) des HBDI, S. 80.

werden.[757] Die eigentlich mit Art. 15 DSGVO bezweckten Datenschutzziele würden hierdurch nicht nur nicht mehr verfolgt werden, sondern aus anderen Zwecken „missbraucht“[758] werden.[759]

dd) Wertung des Art. 15 Abs. 4 DSGVO

Letztlich sei das restriktive Verständnis, eine Kopie als strukturierte Zusammenfassung zu sehen, auch in der Wertung des Art. 15 Abs. 4 DSGVO angelegt.[760] Durch eine vorherige Strukturierung der zu erteilenden Kopie sei das Risiko der Rechtsverletzung Dritter durch die Herausgabe von hierzu führenden Kopien „deutlich minimiert“[761].[762]

c) Zwischenergebnis

Sowohl das bayrische Landesamt für Datenschutz als auch der Hessische Beauftragte für Datenschutz und Informationsfreiheit vertreten ein restriktives Verständnis hinsichtlich des Umfanges der nach Art. 15 Abs. 3 DSGVO zu erteilenden Kopie. Ferner sehen beide in dem Recht auf Auskunft (Abs. 1) sowie dem Recht auf Kopie (Abs. 3) ein einheitliches Recht. Weitere Datenschutzaufsichtsbehörden haben sich zu dieser Thematik bisher nicht geäußert. Ob sich ein restriktives Verständnis bei allen Aufsichtsbehörden durchsetzen wird, bleibt abzuwarten.

3. Rechtsprechung

a) Rechtsprechung des EuGHs zur RL 95/46/EG

Eine in der Literatur oft herangezogene Rechtsprechung zur argumentativen Hinterlegung eines restriktiven Umfanges der Datenkopie gem. Art. 15 Abs. 3 DSGVO stellt das Urteil des EuGH[763] aus dem Jahr 2014 dar. Der EuGH beschäftigte sich hierin unter anderem mit der Frage nach dem Umfang der Auskunft sowie eines damit etwaig verbundenen Umfanges einer Kopie von Daten. Die Entscheidung erging zu der Vorgängerregelung von Art. 15 DSGVO, Art. 12

757 47. Tätigkeitsbericht (2018) des HBDI, S. 80.
758 47. Tätigkeitsbericht (2018) des HBDI, S. 80.
759 47. Tätigkeitsbericht (2018) des HBDI, S. 80.
760 47. Tätigkeitsbericht (2018) des HBDI, S. 80.
761 47. Tätigkeitsbericht (2018) des HBDI, S. 80.
762 47. Tätigkeitsbericht (2018) des HBDI, S. 80.
763 EuGH v. 17.07.2014 – C-141/12 und C-372/12, ZD 2014, 515.

lit. a der RL 95/46/EG. Der EuGH beantwortete in diesem Kontext die vorgelegte Frage, ob ein Auskunftsrecht nach Art. 12 DS-RL 95/46/EG ebenfalls ein umfängliches Recht auf Kopie der personenbezogenen Daten enthalte oder eine Übersicht in verständlicher Form genüge.[764]

aa) Bedeutung der Grundrechte

Zunächst stellte der EuGH fest, dass die Bestimmungen der RL 95/46/EG im Lichte der Grundrechte – insbesondere Art. 8 GRCh – auszulegen seien.[765] Das in Art. 8 GRCh vorgesehene Auskunftsrecht betroffener Personen werde durch die Bestimmung des Art. 12 lit. a der RL 95/46/EG entsprechend umgesetzt.[766]

bb) Umsetzungspflicht der Mitgliedstaaten

Nach Art. 12 RL 95/46/EG haben die Mitgliedstaaten zu gewährleisten, dass jede betroffene Person ein Auskunftsrecht in Form einer Mitteilung in verständlicher Form über verarbeitete personenbezogene Daten erhalte.[767] Demnach treffe die Mitgliedstaaten eine Pflicht zur Umsetzung von Art. 12 RL 95/46/EG.[768] Eine konkrete Form schreibe die Richtlinie jedoch nicht vor.[769] Es sei lediglich die abstrakte Vorgabe der Verständlichkeit aufgestellt, nach welche der betroffenen Person nach Kenntniserlangung der personenbezogenen Daten eine Rechtmäßigkeitsprüfung der Verarbeitung dieser möglich sein müsse.[770]

cc) Umsetzungsspielraum

Bei der Umsetzung komme den Mitgliedstaaten jedoch ein (für Richtlinien typischer) Umsetzungsspielraum zu.[771] Sofern das mit dem Auskunftsrecht bezweckte Ziel der Rechtmäßigkeitsprüfung durch eine andere Form als der Kopie vollständig erreicht werde, bestehe kein Anspruch auf Erhalt einer Kopie.[772]

764 EuGH v. 17.07.2014 – C-141/12 und C-372/12, ZD 2014, 515 (517), Rn. 50.
765 EuGH v. 17.07.2014 – C-141/12 und C-372/12, ZD 2014, 515 (517), Rn. 54.
766 EuGH v. 17.07.2014 – C-141/12 und C-372/12, ZD 2014, 515 (517), Rn. 55.
767 EuGH v. 17.07.2014 – C-141/12 und C-372/12, ZD 2014, 515 (517), Rn. 57.
768 EuGH v. 17.07.2014 – C-141/12 und C-372/12, ZD 2014, 515 (517), Rn. 57.
769 EuGH v. 17.07.2014 – C-141/12 und C-372/12, ZD 2014, 515 (517), Rn. 57.
770 EuGH v. 17.07.2014 – C-141/12 und C-372/12, ZD 2014, 515 (517), Rn. 57.
771 EuGH v. 17.07.2014 – C-141/12 und C-372/12, ZD 2014, 515 (517), Rn. 57.
772 EuGH v. 17.07.2014 – C-141/12 und C-372/12, ZD 2014, 515 (517), Rn. 58.

dd) Vollständige Übersicht der personenbezogenen Daten ausreichend

Daher genüge die Erteilung einer vollständigen Übersicht in einer verständlichen Form zur Wahrung des Auskunftsrechts nach Art. 12 lit. b RL 95/46/EG.[773]

b) Übertragbarkeit auf Art. 15 DSGVO?

Hinsichtlich der in der Entscheidung des EuGHs aufgestellten Erwägungen stellt sich die Frage, ob sich diese auf Art. 15 DSGVO übertragen lassen. Sofern man zu dem Ergebnis gelangt, dass eine Übertragung möglich ist, hat dies zur Folge, dass auch im Rahmen des Auskunftsrechts nach Art. 15 DSGVO ein eher restriktives Verständnis hinsichtlich des Umfanges der Kopie anzunehmen wäre.

aa) Übertagbarkeit auf Art. 15 DSGVO

In der Literatur wird die Rechtsprechung des EuGHs oftmals als Argument für eine restriktive Auslegung der Datenkopie herangezogen. Es ist also davon auszugehen, dass jedenfalls diejenigen, welche die Rechtsprechung argumentativ heranziehen, von einer Übertragbarkeit ausgehen. Darüber hinaus wird in Teilen auch ausdrücklich eine Übertragbarkeit angenommen.[774]

(1) Grundrechtlicher Charakter sowie Art. 8 GRCh

Dies wird zunächst darauf gestützt, dass der EuGH in seiner Entscheidung den „Grundrechtlichen Charakter“ des Auskunftsrechts betone, welcher auch im Rahmen von Art. 15 DSGVO gegeben sei.[775] Insbesondere bilde Art. 8 GRCh auch für Art. 15 DSGVO die rechtliche Grundlage.[776]

(2) Vergleichbarkeit des Regelungsgehaltes

Darüber hinaus lasse sich die inhaltliche Vergleichbarkeit von Art. 12 RL 95/46/EG und Art. 15 DSGVO anführen.[777] Im Rahmen der in Art. 12 lit. a RL 95/46/EG vorgesehen „Mitteilung“ sei ebenso wie in Art. 15 Abs. 3 DSGVO ein Bezug zu den Daten, welche „Gegenstand der Verarbeitung“ seien gegeben.[778]

---

773 EuGH v. 17.07.2014 – C-141/12 und C-372/12, ZD 2014, 515 (517), Rn. 60.
774 So etwa *Wybitul/Brams*, NZA 2019, 672 (675).
775 *Wybitul/Brams*, NZA 2019, 672 (675).
776 *Wybitul/Brams*, NZA 2019, 672 (675).
777 *Wybitul/Brams*, NZA 2019, 672 (675).
778 *Wybitul/Brams*, NZA 2019, 672 (675).

(3) Art. 12 lit. a RL 95/46/EG als Grundlage für Art. 15 DSGVO

Außerdem beruhe Art. 15 DSGVO, ausweislich des Vorschlages der Kommission vom 25.01.2012[779], ausdrücklich auf Art. 12 lit. a RL 95/46/EG.[780] Die Rechtslage habe sich durch die DSGVO insofern nicht geändert.[781]

bb) Keine Übertragbarkeit auf Art. 15 DSGVO

Dem wird entgegengehalten, dass sich die in der Entscheidung des EuGHs getroffenen Erwägungen nicht auf Art. 15 DSGVO übertragen ließen.[782] Eine Übertragbarkeit scheide bereits deshalb aus, weil die ergangenen Erwägungen zur RL 95/46/EG ergangen seien, nicht hingegen zur DSGVO.[783]

cc) Stellungnahme

Auch wenn die erst genannte Ansicht zunächst plausible Argumente nennt und eine Übertragbarkeit der Rechtsprechung des EuGHs zur RL 95/46/EG zunächst möglich erscheint, ist im Ergebnis der zweiten Ansicht zu folgen. Eine Übertragbarkeit der Rechtsprechung des EuGHs zu Art. 12 lit. a RL 95/46/EG ist mithin abzulehnen.

(1) Grundrechtlicher Charakter

Zunächst ist der ersten Ansicht entgegenzuhalten, dass allein die Tatsache, dass sowohl Art. 12 lit. a RL 95/46/EG als auch Art. 15 DSGVO einen grundrechtlichen Charakter aufweisen nicht überzeugt. Auch wenn beide Normen einen grundrechtlichen Charakter besitzen, so lässt sich hieraus nicht ableiten, dass diese inhaltlich, systematisch und teleologisch derart kongruieren, dass die Erwägungen übertragbar sind.

(2) Inhaltliche Divergenz

Eine inhaltliche Übereinstimmung zwischen Art. 12 lit. a RL 95/46/EG und Art. 15 DSGVO lässt sich – insbesondere hinsichtlich des Rechts auf Datenkopie – nicht erkennen.[784] Mit der Regelung des Art. 15 Abs. 3 DSGVO („Kopie“)

---

779 Siehe S. 67 f.

780 *Wybitul/Brams*, NZA 2019, 672 (675).

781 *Wybitul/Brams*, NZA 2019, 672 (675).

782 BeckOK DatenschutzR/*Schmidt-Wudy* DSGVO Art. 15 Rn. 85.

783 BeckOK DatenschutzR/*Schmidt-Wudy* DSGVO Art. 15 Rn. 85.

784 Entgegen *Wybitul/Brams*, NZA 2019, 672 (675).

wurde im Vergleich zu Art. 12 lit. a RL 95/46/EG eine Regelung eingeführt, welche gerade so zuvor nicht existent gewesen ist. Auch wenn Art. 12 lit a RL 95/46/EG eine Reglung über eine „Mitteilung" enthielt, so lässt sich diese abstrakte Vorgabe nicht mit der konkreten Vorgabe „Kopie" des Art. 15 Abs. 3 DSGVO gleichstellen. So teilt offensichtlich auch der EuGH die Auffassung, dass die Kopie eine konkrete Form einer Mitteilung darstelle.[785]

(3) Kein genereller Ausschluss der Datenkopie durch den EuGH

Darüber hinaus ist richtig zu stellen, dass der EuGH in seiner Entscheidung, auch wenn diese zu Art. 12 lit. a RL 95/46/EG erging, ein Recht auf Kopie zu den streitigen personenbezogenen Daten nicht generell ausschließt. In seinen Erwägungen stellt der EuGH vielmehr fest, dass ein Recht auf Kopie dann nicht gegeben sei, wenn das mit Art. 12 lit. a RL/95/46/EG verfolgte Ziel (Rechtmäßigkeitsprüfung der Datenverarbeitung) bereits durch eine „andere Form der Mitteilung" erreicht worden sei.[786] Hieraus lässt sich ableiten, dass nach Ansicht des EuGHs die Kopie eine Form der „Mitteilung" i.S.v. Art. 12 RL 95/46/EG dargestellt hat, diese jedoch durch andere Formen verdrängt werden kann. Entscheidend sei insofern die gesetzliche Vorgabe der Verständlichkeit.[787] Hierdurch ist eine unterschiedliche Ausgangssituation gegeben. Der EuGH lehnte die Notwendigkeit der Erteilung einer Kopie als eines von vielen Mitteilungsarten in dem konkreten Fall ab. Hieraus lässt sich jedoch nicht ableiten, dass die Notwendigkeit einer Kopie auch dann abzulehnen sei, wenn diese das einzige Mitteilungsmittel ist. Der Wortlaut von Art. 15 Abs. 3 DSGVO wurde auf eine „Kopie" konkretisiert. Andere Formen, welche nach Art. 12 RL 95/46/EG noch als Unterformen der „Mitteilung" neben der Kopie möglich waren, fallen nach der neuen Rechtslage weg. Die Folge der Erwägungen des EuGHs in Bezug auf Art. 12 lit. a RL 95/46/EG sind daher gänzlich andere, als sie es in Bezug auf Art. 15 Abs. 3 DSGVO wären. Auch aus diesem Grund scheidet eine Übertragbarkeit aus.

(4) Rechtscharakter der Vorschriften

Letztlich lässt sich einer Übertragbarkeit der Erwägungen des EuGHs der unterschiedliche Rechtscharakter der beiden Normen entgegenhalten. Während es sich bei der RL 95/46/EG um eine Richtlinie handelt, ist mit der DSGVO eine Verordnung gegeben.

---

785 EuGH v. 17.07.2014 – C-141/12 und C-372/12, ZD 2014, 515 (517), Rn. 58.
786 EuGH v. 17.07.2014 – C-141/12 und C-372/12, ZD 2014, 515 (517), Rn. 58.
787 EuGH v. 17.07.2014 – C-141/12 und C-372/12, ZD 2014, 515 (517), Rn. 58.

(a) Rechtscharakter einer europäischen Richtlinie

Richtlinien gelten gem. Art. 288 Abs. 3 AEUV grundsätzlich nicht unmittelbar, sondern bedürfen zu ihrer Wirksamkeit eines staatlichen Umsetzungsaktes.[788] Im Rahmen der Richtlinienumsetzung besteht die Verpflichtung zur vollständigen Umsetzung des Richtlinienziels sowie die Verpflichtung zur Gewährleistung der vollständigen Anwendung der Richtlinie auch nach der Umsetzung auf nationaler Ebene.[789] Nach ständiger Rechtsprechung des EuGH trifft die Verpflichtung, das Richtlinienziel zu erreichen, sowie der Pflicht nach Art. 4 Abs. 3 EUV, alle zur Erfüllung dieser Verpflichtung geeigneten Maßnahmen allgemeiner und besonderer Art zu treffen, alle Träger öffentlicher Gewalt der Mitgliedstaaten, hierunter die zuständigen Gerichte.[790] Die Gerichte sind verpflichtet, das nationale Recht unter Anwendung aller im nationalen Recht anerkannten Auslegungsmethoden so auszulegen, dass es den Vorgaben (insbesondere den Zielen) der einschlägigen Richtlinie entspricht.[791]

(b) Rechtscharakter einer europäischen Verordnung

Im Gegensatz hierzu kommen Verordnungen gem. Art. 288 Abs. 2 AEUV eine unmittelbare und zwingende Wirkung zu.[792] Einer Umsetzung durch die Mitgliedstaaten bedarf es nicht.[793] Verordnungen gelten funktional wie nationale Gesetze.[794] Durch Verordnungen soll eine Rechtsvereinheitlichung der Rechtslage in der Europäischen Union bewirkt werden.[795] Außerdem sind Verordnungen nicht wie Richtlinien nur in Bezug auf das zu erreichende Ziel, sondern in ihrer Gesamtheit verbindlich.[796] Die verbindliche Wirkung einer Verordnung erstreckt sich auch auf zu ergreifende Formen und Mittel.[797]

Insofern lässt sich feststellen, dass die durch den EuGH angestellten Erwägungen mit dem Rechtscharakter einer Richtlinie vereinbar sind und als Wegweiser

788 EuArbR/*Höpfner* AEUV Art. 288 Rn. 22.

789 EuGH v. 11.07.2002 – C-62/00, Slg. 2002, I-6325 Rn. 26 f.

790 EuGH v. 19.04.2016 – C-441/14, EU:C:2016:278, Rn. 30; EuGH v. 13.12.2018 – C-385/17, EU:C:2018:1018, Rn. 49; EuGH v. 14.05.2019 – C-55/18, EU:C:2019:402, Rn. 68.

791 EuGH v. 19.04.2016 – C-441/12, EU:C:2014:2226, Rn. 31.

792 EuArbRK/*Höpfner* AEUV Art. 288 Rn. 10.

793 EuArbRK/*Höpfner* AEUV Art. 288 Rn. 11.

794 EuArbRK/*Höpfner* AEUV Art. 288 Rn. 10.

795 Schwarze/Becker/Hatje/Schoo/*Biervert* Art. 288 AEUV Rn. 18.

796 Calliess/Ruffert/*Ruffert* AEUV Art. 288 Rn. 19.

797 Streinz/*W. Schroeder* AEUV Art. 288 Rn. 41.

zur Umsetzung dienen. In diesem Kontext ist die Zielsetzung der Richtlinie von besonderer Bedeutung. Hieraus ergibt sich jedoch nicht, dass diese Erwägungen auch mit dem Rechtscharakter einer Verordnung (der DSGVO) vereinbar sind. Gerade weil dieser eine unmittelbare Geltung zukommt, sind Erwägungen zur möglichen Umsetzung einer Richtlinie nicht übertragbar. Erforderlich wären insofern Erwägungen hinsichtlich des Verständnisses der unmittelbar geltenden Norm (Art. 15 DSGVO). Diese lassen sich dem angeführten Urteil des EuGHs jedoch nicht entnehmen.

dd) Zwischenergebnis

Aus den genannten Gründen lässt sich aus dem Urteil des EuGHs vom 17.07.2014 (C-141/12 und C-372/12) zur Auslegung von Art. 12 lit. a RL 95/46/EG kein verwertbarer Rückschluss auf den Umfang der Datenkopie nach Art. 15 Abs. 3 DSGVO ziehen. Die hierzu in der juristischen Literatur angeführten Argumente überzeugen nicht. Vielmehr lassen sich weitere Argumente gegen eine Übertragbarkeit anführen.

c) Rechtsprechung der deutschen Gerichte

Wie im Zusammenhang der Frage nach dem Umfang der Auskunft (Abs. 1) bereits dargestellt, haben sich die deutschen Gerichte auch mit der Frage nach dem Umfang der Datenkopie gem. Art. 15 Abs. 3 DSGVO beschäftigt.

aa) LAG Baden-Württemberg v. 20.12.2018 – 17 Sa 11/18

Die 17. Kammer des LAG Baden-Württemberg vertritt ein extensives Verständnis hinsichtlich des Umfanges der Datenkopie i.S.v. Art. 15 Abs. 3 DSGVO.[798]

Aus den Erwägungen der Kammer lässt sich ableiten, dass diese den Umfang der Datenkopie nach Art. 15 Abs. 3 DSGVO von dem Umfang der Auskunft nach Art. 15 Abs. 1 DSGVO abhängig machen.[799] Art. 15 Abs. 3 DSGVO sei insofern als Anspruch auf „Herausgabe einer Kopie der Daten", welche von der Auskunft nach Art. 15 Abs. 1 DSGVO umfasst sind zu sehen.[800]

Da die Kammer in Bezug auf den Umfang der Auskunft nach Art. 15 Abs. 1 DSGVO ein extensives Verständnis vertritt,[801] schlägt sich dies insofern auf den

798 LAG Baden-Württemberg v. 20.12.2018 – 17 Sa 11/18, BeckRS 2018, 39584.
799 LAG Baden-Württemberg v. 20.12.2018 – 17 Sa 11/18, BeckRS 2018, 39584 (Rn. 176 f.).
800 LAG Baden-Württemberg v. 20.12.2018 – 17 Sa 11/18, BeckRS 2018, 39584 (Rn. 177).
801 Siehe S. 119 f.

Umfang der Kopie nach Art. 15 Abs. 3 DSGVO durch. Ein Anspruch auf Herausgabe einer Kopie von personenbezogenen Leistungs- und Verhaltensdaten sei daher von Art. 15 Abs. 3 DSGVO umfasst.[802]

bb) LAG Niedersachsen v. 09.06.2020 – 9 Sa 608/19

Die neunte Kammer des LAG Niedersachen vertritt hingegen ein restriktives Verständnis hinsichtlich des Umfanges der Datenkopie nach Art. 15 Abs. 3 DSGVO.[803] Nach Ansicht der Kammer besteht gem. Art. 15 Abs. 3 DSGVO kein „weitergehender" Anspruch auf Erhalt von Datenkopien. Insbesondere eine Kopie des „vollständigen E-Mail-Verkehrs" sei nicht umfasst.[804]

Der Umfang der Kopie im Sinne von Art. 15 Abs. 3 DSGVO gehe nicht weiter als der Umfang der Auskunft im Sinne von Art. 15 Abs. 1 DSGVO.[805] Die Regelung des Art. 15 Abs. 3 DSGVO beziehe sich insofern auf Abs. 1.[806] Dies lasse sich bereits aus dem Wortlaut von Art. 15 Abs. 3 DSGVO („Gegenstand der Verarbeitung") ableiten.[807] Da die Kammer des LAG Niedersachsen bereits im Kontext des Umfanges der Auskunft die Ansicht vertritt, dass gesamte Inhalte nicht als personenbezogene Daten i.S.v. Art. 15 DSGVO seien,[808] besteht insoweit auch kein Anspruch auf eine Kopie über diese Daten. Auch die im Rahmen des Umfanges der Auskunft festgestellte Beschränkung durch die (dem Verantwortlichen eingeräumte) Möglichkeit eine Präzisierung des Auskunftsantrages verlangen zu können, schlage insofern auf den Umfang der Kopie durch.[809]

cc) ArbG Bonn v. 16.07.2020 – 3 Ca 2026/19

Auch das Arbeitsgericht Bonn teilt in seinem Urteil vom 16.07.2020 ein restriktives Verständnis hinsichtlich des Umfanges einer Datenkopie i.S.v. Art. 15 Abs. 3 DSGVO.[810] Inhalt einer Datenkopie sei lediglich eine „Liste der gespeicherten Daten"[811]

---

802 LAG Baden-Württemberg v. 20.12.2018 – 17 Sa 11/18, BeckRS 2018, 39584 (Rn. 177).
803 Zum Umfang der Auskunft siehe S. 118 f.
804 LAG Niedersachsen v. 09.06.2020 – 9 Sa 608/19, NZA-RR 2020, 571 (574).
805 LAG Niedersachsen v. 09.06.2020 – 9 Sa 608/19, NZA-RR 2020, 571 (574).
806 LAG Niedersachsen v. 09.06.2020 – 9 Sa 608/19, NZA-RR 2020, 571 (574).
807 LAG Niedersachsen v. 09.06.2020 – 9 Sa 608/19, NZA-RR 2020, 571 (574).
808 Siehe S. 118 f.
809 LAG Niedersachsen v. 09.06.2020 – 9 Sa 608/19, NZA-RR 2020, 571 (574).
810 ArbG Bonn v. 16.07.2020 – 3 Ca 2026/19, BeckRS 2020, 22546.
811 ArbG Bonn v. 16.07.2020 – 3 Ca 2026/19, BeckRS 2020, 22546 (Rn. 56).

(1) Wortlaut

Dies ergebe sich zunächst aus dem Wortlaut der Norm.[812] Der verwendete Begriff „Kopie“ sei als ein „Exemplar“ zu verstehen.[813] Dies lasse sich auch mit dem Wortlaut der englischen und französischen Sprachfassungen belegen, welche die Begriffe „copy“ und „copie“ beinhalten.[814] Eine Übersetzung in die deutsche Sprache ergebe „auch“ den Begriff „Exemplar“.[815]

(2) Sinn und Zweck

Zudem lasse sich aus dem Sinn und Zweck der Norm nicht entnehmen, dass eine über die Auskunft hinausgehende Herausgabepflicht von Unterlagen anzunehmen sei.[816] Eine Pflicht zur Herausgabe lasse sich aus der Verpflichtung zur Verfügungstellung einer Kopie nicht entnehmen.[817] Hieraus ergebe sich vielmehr nur die Pflicht zur Offenlegung der Daten.[818] Letztlich sei aber auch diese Pflicht nur dann gegeben, wenn (wie im Rahmen der Auskunft nach Art. 15 Abs. 1 DSGVO) ein hinreichend konkretisierter Antrag seitens der betroffenen Person gestellt worden sei.[819]

dd) LG Köln v. 18.03.2019 – 26 O 25/19

Mit der 26. Kammer des LG vertritt auch ein ordentliches Gericht ein restriktives Verständnis hinsichtlich des Umfanges der Datenkopie nach Art. 15 Abs. 3 DSGVO.[820] Die Kammer vertritt bereits im Rahmen des Umfanges der Auskunft i.S.v. Art. 15 Abs. 1 DSGVO ein restriktives Verständnis.[821] Dem Wortlaut von Art. 15 Abs. 3 DSGVO lasse sich nach Ansicht der Kammer entnehmen, dass sich der Inhalt der Datenkopie „lediglich“ auf den Inhalt der Auskunft beziehe.[822] Insofern sei folgerichtig auch im Rahmen des Umfanges der Datenkopie gem. Art. 15 Abs. 3 DSGVO ein restriktives Verständnis geboten.[823]

---

812 ArbG Bonn v. 16.07.2020 – 3 Ca 2026/19, BeckRS 2020, 22546 (Rn. 56).
813 ArbG Bonn v. 16.07.2020 – 3 Ca 2026/19, BeckRS 2020, 22546 (Rn. 56).
814 ArbG Bonn v. 16.07.2020 – 3 Ca 2026/19, BeckRS 2020, 22546 (Rn. 56).
815 ArbG Bonn v. 16.07.2020 – 3 Ca 2026/19, BeckRS 2020, 22546 (Rn. 56).
816 ArbG Bonn v. 16.07.2020 – 3 Ca 2026/19, BeckRS 2020, 22546 (Rn. 57).
817 ArbG Bonn v. 16.07.2020 – 3 Ca 2026/19, BeckRS 2020, 22546 (Rn. 57).
818 ArbG Bonn v. 16.07.2020 – 3 Ca 2026/19, BeckRS 2020, 22546 (Rn. 57).
819 ArbG Bonn v. 16.07.2020 – 3 Ca 2026/19, BeckRS 2020, 22546 (Rn. 57).
820 LG Köln v. 18.03.2019 – 26 O 25/18, BeckRS 2019, 5634.
821 Siehe S. 114 ff.
822 LG Köln v. 18.03.2019 – 26 O 25/18, BeckRS 2019, 5634 (Rn. 15).
823 LG Köln v. 18.03.2019 – 26 O 25/18, BeckRS 2019, 5634 (Rn. 15).

d) Zwischenergebnis

Auch innerhalb der Rechtsprechung der deutschen Gerichte herrscht noch keine Einigkeit hinsichtlich des Umfanges der Kopie i.S.v. Art. 15 Abs. 3 DSGVO. Die Gerichte, welche bereits im Rahmen der Auskunft ein restriktives Verständnis vertreten, führen dies systematisch bzgl. der Kopie fort.

Nach der hier vertretenen Ansicht sollte die materiell rechtliche Frage des Umfanges aus Gründen der Übersichtlichkeit getrennt von der systematischen Frage des Verständnisses von Art. 15 Abs. 3 DSGVO beantwortet werden. Bevor demnach eine Stellungnahme hinsichtlich des Umfanges der Datenkopie nach Art. 15 Abs. 3 DSGVO erfolgen kann, ist zunächst die Problematik des Verhältnisses zwischen Art. 15 Abs. 1 DSGVO und Art. 15 Abs. 3 DSGVO zu klären.

4. Verhältnis Art. 15 Abs. 1 Hs. 2 (Auskunft)/ Art. 15 Abs. 3 S. 1 (Kopie)

Das Verhältnis zwischen Auskunftsanspruch nach Art. 15 Abs. 1 Hs. 2 DSGVO sowie Anspruch auf erhalt einer Datenkopie nach Art. 15 Abs. 3 S. 1 DSGVO ist höchst umstritten. Dies liegt nicht zuletzt daran, dass die Beantwortung dieser Streitfrage weitreichende Folgen hinsichtlich des Umfanges und der Reichweite der jeweiligen Ansprüche mit sich bringt. Auch die Anforderungen an die Erfüllungshandlung von Auskunft und Datenkopie sind unmittelbar betroffen. Folgen der praktischen Abwicklung, wie die Notwendigkeit einer ausdrücklichen Antragsstellung hinsichtlich der Geltendmachung des Anspruchs auf Datenkopie nach Art. 15 Abs. 3 DSGVO,[824] werden ebenfalls unmittelbar beeinflusst. Die Meinungen innerhalb der juristischen Literatur hinsichtlich des Verhältnisses von Art. 15 Abs. 1 Hs. 2 DSGVO zu Art. 15 Abs. 3 S. 1 DSGVO sind gespalten.

a) Einheitlicher Anspruch

In weiten Teilen wird vertreten, dass es sich bei dem Anspruch auf Auskunft nach Art. 15 Abs. 1 Hs. 2 DSGVO sowie bei dem Anspruch auf Auskunft nach Art. 15 Abs. 3 DSGVO um einen einheitlichen Anspruch handele.[825] Die Kopie nach Abs. 3 sei als

---

824 Hierzu S. 87 ff.

825 *Dausend,* ZD 2019, 103 (106 f.); Gola/*Franck* DSGVO Art. 15 Rn. 27; Plath/*Kamlah* DSGVO Art. 15 Rn. 16; *Laoutoumai/Hoppe*, K&R 2019, 296 ff.; Paal/Pauly/*Paal* Art. 15 Rn. 33; Paschke/Berlit/Meyer/Kröner/*Kramer* MedienR 9. Teil 2. Kapitel Rn. 7; Simitis/Hornung/Spiecker/*Dix* DSGVO Art. 15 Rn. 27; Spindler/Schuster/*Nink* DSGVO

„Grundtatbestand“[826] des Abs. 1 zu verstehen.[827]

Dies lasse sich zunächst aus der Systematik des Art. 15 Abs. 4 DSGVO ableiten.[828] Die hierin enthaltene Beschränkung beziehe sich nicht nur auf Art. 15 Abs. 3 DSGVO sondern auf das Auskunftsrecht nach Art. 15 DSGVO im Ganzen.[829] Auch die gewählte Überschrift von Art. 15 DSGVO (spricht einheitlich von „Auskunftsrecht“) spreche für eine derartige Ansicht.[830]

Für ein derartiges systematisches Verständnis werden die folgenden Argumente angeführt.

Zunächst ergebe sich bereits aus dem Wortlaut von Art. 15 Abs. 3 DSGVO, nach welchem die in Abs. 1 genannten Daten in Bezug genommen werde, ein einheitliches Verständnis.[831] Auch der Wortlaut von Erwägungsgrund 63 lasse sich insofern anführen, welcher einheitlich den Begriff „Auskunft“ verwende.[832]

Darüber hinaus spreche die historische Entwicklung von Art. 15 DSGVO für ein restriktives Verständnis.[833] Während Art. 15 DSGVO im ursprünglichen Entwurf der Kommission noch als Auskunftsrecht vorgesehen gewesen sei, änderte sich dies mit dem Beschluss des Europäischen Parlaments zu einem Auskunfts- und Herausgaberecht.[834] Zu diesem Zeitpunkt enthielt die Norm das Recht auf Datenportabilität (heute Art. 20 DSGVO). Nachdem das Recht auf Datenportabilität separat normiert wurde, entfiel der Begriff Herausgaberecht ebenfalls aus der Überschrift der Norm.[835] Hieraus lasse sich ableiten, dass der Gesetzgeber mit Art. 15 ein einheitliches Auskunftsrecht beabsichtigte, ein weitereichendes Herausgaberecht mit Art. 15 Abs. 3 DSGVO somit nicht gewollt gewesen sei.[836] Hinzu komme, dass das oben genannte Urteil des EuGHs zwischenzeitlich ergangen sei, der Gesetzgeber folglich mit dem Wissen hinsichtlich der Problematik eines umfassenden Herausgaberechts gehandelt habe.[837]

Art. 15 Rn. 11; Sydow/Specht HK-DSGVO 2. Aufl. Art. 15 Rn. 18; *Wybitul/Brams,* NZA 2019, 672 (675 f.); *Zikesch/Sörup,* ZD 2019, 239 (240).

826 Gola/*Franck* DSGVO Art. 15 Rn. 27.

827 Gola/*Franck* DSGVO Art. 15 Rn. 27.

828 So noch BeckOK DatenschutzR/*Schmidt-Wudy* DSGVO **25. Ed.**, Art. 15 Rn. 87.1.

829 So noch BeckOK DatenschutzR/*Schmidt-Wudy* DSGVO **25. Ed.**, Art. 15 Rn. 87.1.

830 So noch BeckOK DatenschutzR/*Schmidt-Wudy* DSGVO **25. Ed.**, Art. 15 Rn. 87.1.

831 *Wybitul/Neu/Strauch,* ZD 2018, 202 (203).

832 *Wybitul/Brams,* NZA 2019, 672 (676).

833 *Dausend,* ZD 2019, 103 (106).

834 *Dausend,* ZD 2019, 103 (106).

835 *Dausend,* ZD 2019, 103 (106).

836 *Dausend,* ZD 2019, 103 (106); *Wybitul/Brams,* NZA 2019, 672 (676).

837 *Dausend,* ZD 2019, 103 (106); *Wybitul/Brams,* NZA 2019, 672 (676).

b) Zwei eigenständige Ansprüche

Weiterhin wird vertreten, dass es sich bei dem Anspruch auf Auskunft nach Art. 15 Abs. 1 Hs. 2 DSGVO sowie dem Anspruch auf Kopie nach Art. 15 Abs. 3 S. 1 DSGVO um zwei eigenständige Ansprüche handele, welche nebeneinander existieren.[838]

Dies sei damit zu begründen, dass Art. 15 DSGVO in der Fassung des Beschlusses des Europäischen Parlaments von 2014 (s.o.) noch die Überschrift „Auskunfts- und Herausgabeanspruch“ enthalten habe.[839] Darüber hinaus sei Art. 15 Abs. 3 DSGVO bereits deshalb als eigenständiger Anspruch zu sehen, da dieser von seinem Inhalt und Umfang weiter gehen müsse als die Auskunft nach Abs. 1.[840] Nur so könne eine betroffene Person einen vollständigen Überblick über die Datenverarbeitung erhalten.[841]

c) Stellungnahme

Vorliegend wird der ersten Ansicht gefolgt, nach welcher die Auskunft gemäß Art. 15 Abs. 1 DSGVO sowie die Kopie gemäß Art. 15 Abs. 3 DSGVO als einheitlicher Anspruch zu werten ist. Neben den von dieser Ansicht überzeugenderen Argumenten spricht auch die weitere Auslegung der Norm für die Annahme eines solchen einheitlichen Anspruchs.

aa) Historie

Zunächst ist dem Argument der historischen Entwicklung der Überschrift von Art. 15 DSGVO („Auskunftsrecht der betroffenen Person“) beizupflichten. Sofern die Gegenansicht hierzu anführt, dass die Überschrift in der Fassung des Beschlusses des Europäischen Parlaments von 2014 („Auskunfts- und Herausgabeanspruch“) ein entsprechendes Gegenargument darstelle, so überzeugt dies nicht. Betrachtet man den gesamten Verlauf des Gesetzgebungsverfahrens mit besonderem Augenmerk auf die Wahl der Überschrift, so fällt auf, dass die Überschrift „Auskunfts- und Herausgabeanspruch“ lediglich in der

---

838 *Brink/Joos*, ZD 2019, 483 (484); Ehmann/Selmayr/*Ehmann* DSGVO Art. 15 Rn. 4; *Härting*, CR 2019, 219 (220 f.); Kühling/Buchner/*Bäcker* DSGVO Art. 15 Rn. 39; *Schulte/Welge*, NZA 2019, 1110 (1111); *Spindler*, DB 2016, 937 (944); Taeger/Gabel/*Mester* DSGVO Art. 15 Rn. 18.

839 *Dausend*, ZD 2019, 103 (106 f.).

840 Kühling/Buchner/*Bäcker* DSGVO Art. 15 Rn. 39.

841 Kühling/Buchner/*Bäcker* DSGVO Art. 15 Rn. 39.

Fassung des Beschlusses des Europäischen Parlaments von 2014 Bestand hatte. Bereits ursprünglich, im ersten Vorschlag der europäischen Kommission vom 25.01.2012, trug Art. 15 DSGVO die Überschrift „Auskunftsrecht der betroffenen Person". Sodann wurde diese zwar 2014 geändert, jedoch unmittelbar darauf in der allgemeinen Ausrichtung des europäischen Rats vom 11.06.2015 wieder zurück in die ursprüngliche Ausgestaltung geändert. Dies deutet darauf hin, dass sich der europäische Gesetzgeber im Laufe des Gesetzgebungsverfahrens bewusst gegen eine Überschrift entschieden hat, aus der eine systematische Trennung von Auskunft (Abs. 1) und Kopie (Abs. 3) abzuleiten ist.

Neben der historischen Entwicklung der Normüberschrift, spricht auch die Entwicklung des Art. 15 Abs. 3 S. 1 DSGVO für Annahme eines einheitlichen Anspruchs. Noch in der Fassung der allgemeinen Ausrichtung des europäischen Rats vom 11.06.2015 war die Erteilung einer Kopie antragsgebunden („Auf Antrag [...]"). Diese Bindung an einen Antrag wurde jedoch ausdrücklich (sofern es sich nicht um „weitere Kopien" handelt) gestrichen. Dies deutet darauf hin, dass sich der Gesetzgeber bewusst dafür entschieden hat, die Separierung der Kopie (von der Auskunft) aufzuheben. Darüber hinaus fällt bei der Analyse der genetischen Entwicklung von Art. 15 DSGVO auf, dass die Kopie ursprünglich ausschließlich im Rahmen des ausgegliederten (heute in Art. 20 DSGVO geregelten) Rechts auf Datenportabilität vorgesehen war. Dennoch entschied sich der Europäische Gesetzgeber auch im Rahmen der Auskunft das Mittel der Kopie zu normieren. Die Kombination aus zeitgleicher Änderung der Überschrift in „Recht der betroffenen Person auf Auskunft" und Einfügung des Mittels der Kopie spricht für die Annahme eines einheitlichen Verständnisses von Auskunft und Kopie.

bb) Systematik

Das von der ersten Ansicht genannte systematische Verständnis von Art. 15 Abs. 4 DSGVO überzeugt, ist jedoch wie folgt klarstellend zu ergänzen. Rechtsdogmatisch kann Art. 15 Abs. 4 DS-DVO nur effektiv angewendet werden, wenn von einem einheitlichen Anspruch ausgegangen wird. Nach Art. 15 Abs. 4 DSGVO darf „der Erhalt einer Kopie die Rechte und Freiheiten anderer Personen nicht beeinträchtigen". Geht man davon aus, dass Auskunft und Kopie selbständig zu betrachten sind, droht die Möglichkeit, diese drittschützende Beschränkung umgehen zu können. Das Recht auf Kopie wäre sodann dort, wo Abs. 4 greift über die Auskunft nach Abs. 1 ersetzbar. Ein derartiges Ergebnis ist systemwidrig und kann dem Willen des europäischen Gesetzgebers nicht entsprechen.

cc) Wortlaut

Darüber hinaus lässt sich Art. 15 Abs. 3 S. 1 DSGVO mit seinem ausdrücklichen Wortlaut nur als Ergänzung zu Abs. 1 verstehen. Zum einen spricht hierfür der obligatorische Charakter, welchen die Norm vermittelt („[…] stellt […] zur Verfügung.“), ohne dass es weiterer Voraussetzungen bedarf (bspw. eines Antrages). Eine Auslösung dieser Pflicht kann daher nur einheitlich mit Abs. 1 anzunehmen sein. Zum anderen steht der Wortlaut in einem direkten Bezug zu Abs. 1, welcher ebenfalls die personenbezogenen Daten, die verarbeitet werden zum Gegenstand hat. Dies spiegelt sich auch in EWG 63 S. 5 und 6 DSGVO wider, welcher ebenfalls einheitlich von Auskunft spricht.

Der oben angesprochene obligatorische Charakter von Art. 15 Abs. 3 S. 1 DSGVO findet sich auch in anderen Sprachfassungen wieder. So beinhaltet die französische Sprachfassung den Wortlaut „Le responsable du traitement doit […]“ („doit“ = muss) oder die italienische Sprachfassung „Il responsabile del trattamento dei dati deve […]“ („deve“ = muss). Auch hier wird die Verpflichtung nicht an weitere Voraussetzungen gebunden.

dd) Auslegungsergebnis: Einheitliches Auskunftsrecht

Die von der zweiten Ansicht angeführte Argumentation, Art. 15 Abs. 1 DSGVO und Art. 15 Abs. 3 DSGVO seien deshalb als selbständige Ansprüche zu sehen, da die Reichweiten zur Wahrung des Sinns und Zwecks unterschiedlichen sein müssen überzeugt nicht.

Eine Auslegung der Norm ergibt vielmehr, dass nur die Annahme eines einheitlichen Anspruchs dem Willen des europäischen Gesetzgebers entsprechen kann. Bereits die historische Entwicklung der Normüberschrift zu Art. 15 DSGVO lässt auf einen entsprechenden Willen des europäischen Gesetzgebers schließen. Aber auch die Entwicklung von Art. 15 Abs. 3 DSGVO, nach welcher ursprünglich noch ein separater Antrag auf Erhalt einer Kopie notwendig war, unterstützt diese Annahme ebenfalls deutlich. Dieser gesetzgeberische Wille wird im Ergebnis ebenfalls durch eine systematische Auslegung sowie die Auslegung des Wortlautes der Norm untermauert.

5. Umfang der Kopie

Nachdem nun feststeht, dass Auskunft i.S.v. Art. 15 Abs. 1 DSGVO sowie Kopie i.S.v. Art. 15 Abs. 3 DSGVO als einheitliches Recht anzusehen sind, bleibt der Umfang der Kopie i.S.v. Art. 15 Abs. 3 DSGVO zu bestimmen.

a) Genese und Historie

Sofern teilweise angeführt wird, dass Art. 15 DSGVO in seiner finalen Fassung zeitlich nach der o.g. Rechtsprechung des EuGHs fertiggestellt wurde und der Europäische Gesetzgeber insofern Kenntnis von einer restriktiven Auslegung des EuGHs hatte,[842] ist dem folgendes entgegenzuhalten. Bereits die Annahme, dass der EuGH eine generell restriktive Auslegung hinsichtlich einer Datenkopie vertrete, ist falsch. Abgesehen davon, dass sich die Rechtsprechung nicht auf Art. 15 DSGVO übertragen lässt,[843] lässt sich dem Urteil keine generell restriktive Haltung hinsichtlich einer Datenkopie erkennen.[844] Darüber hinaus ergibt sich die Wertigkeit dieses Argumentes nicht. Der europäische Gesetzgeber ist im Rahmen seiner Kompetenzen in seiner Entscheidung über die verfolgten Zwecke und die Umsetzung eines Gesetzes frei und nicht an Ansichten des EuGH gebunden.

Darüber hinaus lässt sich auch aus der Entwicklung der Überschrift von Art. 15 DSGVO nicht ableiten, dass von einem restriktiven Verständnis der Kopie i.S.v. Art. 15 Abs. 3 DSGVO auszugehen sei.[845] Die Überschrift von Art. 15 DSGVO änderte sich mehrfach.[846] Die Änderung der Überschrift von „Recht der betroffenen Person auf Auskunft und Herausgabe der Daten“[847] zu „Auskunftsrecht der betroffenen Person“[848] lässt im Kontext gesehen nicht den Rückschluss zu, dass die Kopie nach Art. 15 Abs. 3 DSGVO nicht zur Herausgabe von Daten führen dürfe. Die Änderung der Überschrift resultiert aus der Ausgliederung des Rechts auf Datenportabilität, welches in einem separaten Artikel (Art. 20 DSGVO) gefasst wurde. Trotz der Ausnahme des (damals in Art. 15 Abs. 2a) vorgesehenen Rechts auf Datenportabilität entschied sich der Europäische Gesetzgeber dazu, auch im Rahmen des Auskunftsanspruchs eine Datenkopie vorzusehen. Mit der Herausnahme der Regelung zum Recht auf Datenportabilität wurde parallel das Recht auf Erhalt einer Kopie (damals noch antragsgebunden)[849] eingefügt. Aus der Änderung der Überschrift lässt sich

842 So *Dausend,* ZD 2019, 103 (106); *Wybitul/Brams,* NZA 2019, 672 (676).

843 Siehe S. 174 ff.

844 Siehe S. 176.

845 So jedoch *Dausend,* ZD 2019, 103 (106).

846 Siehe S. 67 ff.

847 Legislativ Entschließung des Europäischen Parlaments vom 12 März 2014, COM(2012)0011 – C7-0025/2012 – 2012/0011(COD).

848 Vorbereitung einer allgemeinen Ausrichtung vom 11.06.2015, 9565/15.

849 Siehe S. 72.

insofern entnehmen, dass der Gesetzgeber ein einheitliches Recht auf Auskunft entwickelt hat, dessen Bestandteil auch der Erhalt einer Datenkopie ist;[850] nicht hingegen, dass der Gesetzgeber nur ein im Umfang begrenztes Recht auf Erhalt einer Kopie regeln wollte. Aus dem Umstand, dass der Gesetzgeber sich dafür entschieden hat das Recht auf Kopie nicht mehr antragsabhängig auszugestalten, lässt sich außerdem darauf schließen, dass es dem gesetzgeberischen Willen entspricht den Umfang der Kopie an den der Auskunft anzugleichen.

Insofern lässt sich ebenso wie im Rahmen des Umfangs der Auskunft nach Art. 15 Abs. 1 DSGVO EWG 63 S. 1 DSGVO anführen. Demnach entspricht es dem niedergeschriebenen Willen des europäischen Gesetzgebers, eine Rechtmäßigkeitskontrolle der Datenverarbeitung durch die Auskunft nach Art. 15 DSGVO zu ermöglichen. Die Ansicht, dass eine Kopie aller personenbezogenen Daten zur Kontrolle der Rechtmäßigkeit nicht notwendig sei, ist nicht nachvollziehbar. Sobald ein personenbezogenes Datum verarbeitet wird, sollte eine Rechtmäßigkeitskontrolle vorgenommen werden können. Eine Kopie fördert die Möglichkeit der Prüfung. Der betroffenen Person wird die tatsächliche Verarbeitungssituation „an die Hand gegeben". Nur so können in der Folge weitere Betroffenenrechte durchgesetzt werden. Ferner kann nur so nach einer Durchsetzung von Betroffenenrechten (bspw. Löschung) kontrolliert werden, ob diese tatsächlich auch umgesetzt werden. Insofern ergibt sich auch im Rahmen der Kopie, dass der gesetzgeberische Wille eines intensiven Schutzes betroffener Personen nur dann erreicht werden kann, wenn ein extensiver Umfang angekommen wird.

b) Systematische Auslegung

aa) Auskunft und Kopie als einheitliches Recht

Hinsichtlich der systematischen Auslegung von Art. 15 Abs. 3 DSGVO ist auf den herausgearbeiteten Umfang der Auskunft gem. Art. 15 Abs. 1 DSGVO sowie auf das Ergebnis der Systematik zwischen Art. 15 Abs. 1 DSGVO und Art. 15 Abs. 3 DSGVO zu verweisen.[851] Im Rahmen der Auskunft i.S.v. Art. 15 Abs. 1 DSGVO ist ein grds. weites Verständnis hinsichtlich des Umfanges zu Grunde zu legen.[852] Weiterhin sind Auskunft (Abs. 1) und Kopie (Abs. 3) als einheitliches Recht zu qualifizieren. Konsequenterweise ist auch der Kopie i.S.v. Art. 15

---

850 Siehe S. 183.
851 Siehe S. 181 ff.
852 Siehe S. 133 ff.

Abs. 3 DSGVO ein weites Verständnis zu Grunde zu legen ist. Es kann nicht dem Willen des europäischen Gesetzgebers entsprechen an dieser Stelle eine insoweit systemwidrige Abweichung hinsichtlich des Umfanges der Datenkopie vorzunehmen. Eine Restriktion wird i.S.v. EWG 63 S. 7 DSGVO – wie im Rahmen der Auskunft – jedoch durch die Möglichkeit des Verantwortlichen bei der Verarbeitung großer Mengen von personenbezogenen Daten, eine Präzisierung des Auskunftsersuchens verlangen zu können.

bb) Gesamtsystematik der DSGVO

Darüber hinaus lässt sich, wie bereits im Rahmen des Umfanges der Auskunft nach Art. 15 Abs. 1 DSGVO,[853] die Gesamtsystematik der DSGVO anführen. Zur Erreichung des Schutzes der Rechte und Freiheiten natürlicher Personen, insbesondere dem Schutz der personenbezogenen Daten hat der europäische Gesetzgeber mit der DSGVO ein grundsätzliches hohes Schutzniveau zu Gunsten der betroffenen Personen eingeführt. Dies kommt in der Existenz der zwingenden Grundsätze des Datenschutzrechts[854], den hohen Anforderungen an eine rechtlich zulässige Datenverarbeitung sowie der Existenz eines autonomen Abschnittes mit normierten Betroffenenrechten[855] zum Ausdruck. In Anbetracht dieses gesamtsystematischen Verständnisses der DSGVO widerspricht ein restriktives Verständnis der Datenkopie i.S.v. Art. 15 Abs. 3 DSGVO dem gesetzgeberischen Willen.

cc) Verhältnis zum Recht auf Datenportabilität nach Art. 20 DSGVO

Im Rahmen der systematischen Auslegung könnte sich ein restriktives Verständnis, der von einer Datenkopie umfassten personenbezogenen Daten, ferner aus dem Verhältnis von Art. 15 Abs. 3 DSGVO zum Recht auf Datenportabilität nach Art. 20 DSGVO ergeben.[856] Der Ansicht, dass das Recht auf Datenportabilität bei der Annahme eines weiten Umfanges der Datenkopie nach Art. 15 Abs. 3 DSGVO überflüssig werde,[857] ist im Ergebnis zu widersprechen.[858]

Bereits dem Wortlaut nach bezieht sich das Recht auf Datenportabilität gem. Art. 20 DSGVO nur auf die personenbezogenen Daten, welche die betroffene

853 Siehe S. 126 ff.

854 Siehe S. 40 ff.

855 Siehe S. 55 ff.

856 So etwa *Zikisch/Sörup*, ZD 2019, 239, (241).

857 So etwa *Zikesch/Sörup*, ZD 2019, 239 (241).

858 Wie auch *Brink/Joos*, ZD 2019, 483 (484).

Person selbst „bereitgestellt“ hat. Art. 15 Abs. 3 DSGVO enthält eine derartige Restriktion hingegen nicht.[859] Darüber hinaus bezieht sich Art. 20 DSGVO lediglich auf solche personenbezogenen Daten, deren Verarbeitung auf Grundlage einer Einwilligung oder eines Vertrages mithilfe eines automatisierten Verfahrens erfolgt. Bereits aus diesem Umstand spricht die Systematik zwischen Art. 15 Abs. 3 DSGVO und Art. 20 DSGVO vielmehr dafür, dass Art. 15 Abs. 3 DSGVO weiter reichen muss.

Dies lässt sich auch auf die divergierenden Normzwecke zurückführen.[860] Im Gegensatz zum Auskunftsrecht nach Art. 15 DSGVO bezweckt das Recht auf Datenportabilität nach Art. 20 DSGVO, der betroffenen Person einen unkomplizierten Wechsel von einem Verantwortlichen zu einem anderen zu ermöglichen.[861] Ziel ist es, den Datenbestand derart portabel zu machen, dass eine Übertragung der Daten – bspw. zwischen sozialen Netzwerken – möglich wird.[862]

Folglich lässt sich das systematische Verhältnis zwischen Art. 15 DSGVO und Art. 20 DSGVO nicht überzeugend zur Begründung eines restriktiven Verständnisses des Umfanges der Datenkopie nach Art. 15 Abs. 3 DSGVO anführen. Im Gegenteil spricht das Verhältnis vielmehr dafür, dass die Datenkopie nach Art. 15 Abs. 3 DSGVO weitreichender sein muss als die nach Art. 20 DSGVO bereitzustellenden Daten.

dd) Aufwand für den Verantwortlichen

Darüber hinaus stellt die Erkenntnis, dass dem Verantwortlichen nur bei der Annahme eines restriktiven Verständnisses hinsichtlich Umfangs der Kopie ein enormer Arbeitsaufwand erspart bleibe,[863] kein überzeugendes Argument dar. Der Aufwand, welcher für einen Verantwortlichen zur Erfüllung von Betroffenenrechten entsteht, ist für den europäischen Gesetzgeber grds. irrelevant. Nach Art. 1 Abs. 1 DSGVO verfolgt der Gesetzgeber vielmehr vorrangig den Schutz der betroffenen Personen. Schutzmechanismen zu Gunsten des Verantwortlichen (etwa die Möglichkeit eine Präzisierung des Auskunftsbegehrens zu verlangen oder Einschränkungen der Auskunft nach Art. 15 Abs. 4 DSGVO vornehmen zu können) hat der Gesetzgeber in der DSGVO ausdrücklich vorgesehen. Der

---

859 Wie auch *Brink/Joos,* ZD 2019, 483 (484).

860 Wie auch *Brink/Joos,* ZD 2019, 483 (484).

861 Paal/Pauly/*Paal* DSGVO Art. 20 Rn. 4.

862 EuArbRK/*Franzen* DSGVO Art. 20 Rn. 1.

863 Spindler/Schuster/*Nink* DSGVO Art. 15 Rn. 8.

qualitative sowie quantitative Aufwand einer Auskunftserteilung für einen Verantwortlichen ist als Restriktion hingegen nicht normiert. Ferner relativiert sich der Aufwand zur Erfüllung der Betroffenenrechte, sofern die Verantwortlichen anfangen Strukturen hinsichtlich des Umganges mit Betroffenenrechten einzuführen (bspw. durch IT-Tools[864]).

ee) Wertungswiderspruch zum deutschen Prozessrecht

Hinsichtlich der zum Teil angeführten Argumentation, dass ein weites Verständnis der Datenkopie i.S.v. Art. 15 Abs. 3 DSGVO nicht mit den Wertungen des deutschen Prozessrechts vereinbar sei,[865] lässt sich vollumfänglich auf die bereits im Rahmen des Umfanges der Auskunft nach Art. 15 Abs. 1 DSGVO getätigten Erwägungen verweisen.[866] Selbst wenn Wertungswidersprüche zum deutschen Prozessrecht bestehen sollten, sind diese nicht durch Auslegung der DSGVO aufzulösen, sondern durch entsprechende nationale gesetzliche Regelungen, die im Rahmen der eröffneten Spielräume (Öffnungsklauseln) zulässig sind. Eine Auslegung von Art. 15 DSGVO der Art, dass die Vereinbarkeit mit den jeweils geltenden nationalen Regelungen der Mitgliedstaaten gegeben ist, widerspricht der gebotenen autonomen Auslegung sowie dem Gedanken der Rechtsvereinheitlichung innerhalb der Europäischen Union. Außerdem stellt Auslegungsziel nach wie vor die Ermittlung des Willens des europäischen Gesetzgebers dar. Nicht hingegen die Ermittlung des Willens etwaiger Gesetzgeber von Mitgliedstaaten.

c) Wortlaut

Weiterhin ist der Wortlaut von Art. 15 Abs. 3 DSGVO auszulegen. Nach diesem stellt der Verantwortliche „eine Kopie der personenbezogenen Daten, die Gegenstand der Verarbeitung sind, zur Verfügung."

aa) „Verarbeitung" von „personenbezogenen Daten"

Hinsichtlich des Verständnisses der Begriffe „personenbezogene Daten" und „Verarbeitung" kann vollumfänglich auf die bereits im Rahmen des Umfanges der Auskunft i.S.v. Art. 15 Abs. 1 DSGVO getätigten Ausführungen verwiesen werden.[867] Bereits der Umstand, dass es sich bei den Begriffen um unionsrechtliche

---

864 So auch *Wybitul/Baus,* CR 2019, 495 (500).

865 Paal/Pauly/*Paal* DSGVO Art. 15 Rn. 33a; *Wybitul/Brams,* NZA 2019, 672 (676).

866 Siehe S. 126 f.

867 Siehe S. 128 ff.

Begriffe handelt, verbietet sich eine hiervon abweichende Auslegung. Auch im Rahmen der Kopie nach Art. 15 Abs. 3 DSGVO liegt den Begriffen „personenbezogene Daten“ und „Verarbeitung“ somit ein weites Verständnis zu Grunde, welches sich aus den vom europäischen Gesetzgeber normierten Legaldefinitionen nach Art. 4 Nr. 1 und Nr. 2 DSGVO ergibt.

bb) „Gegenstand der Verarbeitung“

Ein (im Gegensatz zur Auskunft) enges Verständnis der von der Kopie erfassten personenbezogenen Daten könnte sich jedoch daraus ergeben, dass eine Kopie dem Wortlaut nach lediglich über personenbezogene Daten, die *„Gegenstand“* der Verarbeitung sind, zur Verfügung zu stellen sei.[868] Hierzu ist die sprachliche Bedeutung von „Gegenstand (von etwas sein)“ zu interpretieren. Nach der Definition des Duden kann „Gegenstand von etwas sein“ als „dasjenige, worum es in einem Gespräch, einer Abhandlung, Untersuchung o.ä. jeweils geht, was den jeweiligen gedanklichen Mittelpunkt bildet“ verstanden werden.[869] Ferner kann es als „etwas Bestimmtes, auf das jemandes Handeln, Denken, Fühlen gerichtet ist; Objekt“[870] verstanden werden.

Übertragen auf Art. 15 Abs. 3 DSGVO führt die erste Bedeutung zu dem Verständnis, dass eine Kopie derjenigen personenbezogenen Daten zur Verfügung zu stellen ist, um welche es bei der Verarbeitung geht, bzw. welche den Mittelpunkt der Verarbeitung darstellen. Die zweite Bedeutung führt zu dem Verständnis, dass eine Kopie der personenbezogenen Daten zur Verfügung zu stellen ist, auf dessen „Handeln jemandes“ sich bezogen wird. Das „Handeln jemandes“ stellt dabei die Verarbeitung durch den Verantwortlichen dar.

Aus beiden Auslegungsmöglichkeiten des Wortlautes lässt sich keine Restriktion entnehmen. Auch wenn die erste Bedeutung (personenbezogene Daten, um welche es bei der Verarbeitung geht) diesen Eindruck auf den ersten Blick vermittelt, so lässt sich dies bei genauerer Betrachtung nicht bestätigen. Denn sobald personenbezogene Daten verarbeitet werden, „geht es“ um diese. Hierbei spielen bestimmte personenbezogene Daten keine vorrangige Rolle gegenüber anderen. Dies lässt sich auch auf das weite Verständnis des Begriffs „Verarbeitung“ sowie „personenbezogene Daten“ zurückführen. Bei der Verarbeitung

---

868 So *Wybitul/Baus,* CR 2019, 495.

869 „Gegenstand“ auf Duden online URL: https://www.duden.de/node/54522/revision/54558 (Abrufdatum: 05.06.2021).

870 „Gegenstand“ auf Duden online URL: https://www.duden.de/node/54522/revision/54558 (Abrufdatum: 05.06.2021).

personenbezogener Daten „geht es" um jedes einzelne personenbezogene Datum in gleicher Weise. Eine Auslegung dahingehend, dass nur gewisse personenbezogene Daten (bspw. Stammdaten) im Mittelpunkt stünden, widerspricht dem weiten Verständnis, welches dem Begriff „personenbezogene Daten" zu Grunde zu legen ist. Dies wird auch aus der zweiten möglichen Bedeutung ersichtlich. Sofern eine Kopie der personenbezogenen Daten zur Verfügung zu stellen ist, auf dessen „Handeln jemandes" sich diese beziehen (die Verarbeitung), ist ebenfalls keine Restriktion gegeben.

Ein derartiges Verständnis ist auch Ergebnis der gebotenen autonomen Auslegung des Wortlauts von Art. 15 Abs. 3 DSGVO. So beinhaltet bspw. die englische Sprachfassung den Wortlaut *„a copy of the personal data* ***undergoing processing***", die französische Sprachfassung den Wortlaut *„une copie des données à caractère personnel faisant* ***l'objet d'un traitement***". Aus der Auslegung dieser Sprachfassungen ergibt sich ebenfalls, dass eine Kopie der verarbeiteten personenbezogenen Daten zur Verfügung zu stellen ist. Restriktionen lässt eine Wortlautauslegung hingegen nicht erkennen.

Im Ergebnis bleibt es dabei, dass eine Kopie der personenbezogenen Daten, welche verarbeitet werden, zur Verfügung zu stellen ist.

cc) „Eine Kopie"

Zuletzt ist die Norm hinsichtlich des verwendeten Wortlauts „eine Kopie" auszulegen.

Eine Restriktion des Umfanges von Art. 15 Abs. 3 DSGVO könnte sich aus dem Wort „eine" (Kopie) ergeben.[871] Dies wäre anzunehmen, sofern „eine Kopie" als „eine einzige Kopie" oder „eine einzelne Kopie" zu interpretieren wäre.[872] Eine Auslegung von „eine" dahingehend, dass hierin eine quantitative Beschränkung zu sehen sei, überzeugt jedoch nicht. Im Satzgefüge von Art. 15 Abs. 3 S. 1 DSGVO stellt das Wort „eine" grammatikalisch einen unbestimmten Artikel dar, welcher notwendigerweise verwendet werden muss. Die Interpretation von „eine" im Sinne eines Adjektivs überzeugt nicht und ergibt auch grammatikalisch keinen Sinn. Alternativ zu dem unbestimmten Artikel „eine" hätte auch der bestimmte Artikel „die" verwendet werden können. Auf Grund der Tatsache, dass zuvor an keiner Stelle der Norm die „Kopie" erwähnt oder definiert wurde, fiel die logische Wortwahl auf den unbestimmten Artikel „eine".

---

871 So *Wybitul/Baus,* CR 2019, 495.
872 So *Wybitul/Baus,* CR 2019, 495.

Ein derartiges Verständnis entspricht ferner einem im Einklang mit den weiteren Sprachfassungen stehendem einheitlichen Verständnis. Demnach enthält bspw. die englische Sprachfassung den Wortlaut *„**a** copy“* (ungleich one copy), die französische Sprachfassung *„**une** copie“* (*„une“* = unbestimmter Artikel; ungleich *„une seule copie“*) oder die italienische Sprachfassung *„**una** copia“* (*„una“* = unbestimmter Artikel; ungleich „una singola copia“).

Letztlich würde jedoch auch das Verständnis von „eine Kopie“ als „eine einzige Kopie“ zu keiner Restriktion des Umfanges führen. Auch bei einem solchen (abzulehnendem) Verständnis bleibt Bezugspunkt das personenbezogene Datum. Sofern viele personenbezogene Daten gegeben sind, ist jeweils eine Kopie zur Verfügung zu stellen. Eine mengenmäßige Reduzierung auf eine einzelne Kopie wäre auch dann weiterhin abzulehnen.

Die zum Teil vertretene Ansicht, dass sich eine Restriktion des Umfanges von Art. 15 Abs. 3 DSGVO aus der Auslegung des Wortes „Kopie“ ergebe,[873] ist ebenfalls abzulehnen. Nach der Definition des Dudens komm dem Wort Kopie die Bedeutung „Abschrift, Durchschrift oder sonstige original getreue Reproduktion, Doppel eines Schriftstücks o.Ä., besonders Fotokopie“[874] zu. Hieraus ergibt sich eindeutig, dass die personenbezogenen Daten in ihrer, bei dem Verantwortlichen, vorliegenden Gestalt zur Verfügung zu stellen sind, ohne dass das Original herauszugeben ist. Eine Restriktion lässt sich dem Begriff nicht entnehmen. Insbesondere lässt sich hieraus nicht ableiten, dass Kopie lediglich eine schematische Darstellung bedeute.[875] Insofern sind auch in diesem Kontext die weiteren Sprachfassungen heranzuziehen, aus welchen sich einheitlich dieselbe Bedeutung ableiten lässt.[876]

Eine Auslegung des Wortlautes von Art. 15 Abs. 3 DSGVO ergibt ein weites Verständnis des Umfanges der Datenkopie.

d) Auslegungsergebnis: Weiter Umfang der Datenkopie

Die Auslegung von Art. 15 Abs. 3 DSGVO hat zum Ergebnis, dass die Annahme eines grundsätzlich weiten Umfanges der Datenkopie dem Willen des europäischen Gesetzgebers entspricht. Wie auch im Rahmen der Auskunft, kann das

873 So im 47. Tätigkeitsbericht (2018) des HBDI, S. 78 ff., welcher Kopie als „strukturierte Zusammenfassung“ versteht.

874 „Kopie“ auf Duden online URL: https://www.duden.de/node/82864/revision/82900 (Abrufdatum: 10.06.2021).

875 So im 47. Tätigkeitsbericht (2018) des HBDI, S. 77 ff.

876 EN: *„copy“*, FR: *„copie“*, IT *„copia“*.

Gesetzgeberische Ziel eines hohen Schutzes von betroffenen Personen sowie die Ermöglichung einer Rechtmäßigkeitsprüfung von Datenverarbeitungsvorgängen nur unter Zugrundelegung dieser Annahme erreicht werden. Darüber hinaus wäre es systemwidrig, wenn innerhalb eines einheitlichen Anspruchs unterschiedliche Maßstäbe hinsichtlich des Umfanges angelegt werden würden. Auch dies lässt sich nicht in Einklang mit dem gesetzgeberischen Willen bringen.

Ferner wäre aus den gleichen Erwägungen[877] wie im Rahmen der Auskunft i.S.v. Art. 15 Abs. 1 DSGVO eine teleologische Reduktion nicht geboten.[878] Der aus dem ausgelegten Wortlaut der Norm resultierende Anwendungsbereich überschreitet bereits den Zweck nicht.[879] Letztlich widerspricht eine (nicht gebotene) teleologische Reduktion auch dem „effet utile".

6. Gesamtergebnis zum Umfang der Datenkopie nach Art. 15 Abs. 3 DSGVO

Im Ergebnis stellt das Recht auf Auskunft nach Art. 15 Abs. 1 DSGVO sowie die in Art. 15 Abs. 3 DSGVO enthaltene Regelung hinsichtlich der durch den Verantwortlichen zur Verfügung zu stellender Kopie ein einheitliches Recht dar. Wie auch im Rahmen der Auskunft, hängt der Umfang der zur Verfügung zu stellender Kopie allein von den Voraussetzungen ab, dass personenbezogene Daten vorliegen und diese durch den Verantwortlichen verarbeitet werden. Ist dies der Fall, besteht ein grundsätzlicher Anspruch auf zur Verfügungstellung einer Kopie. Auch der Umfang der Kopie i.S.v. Art. 15 Abs. 3 DSGVO unterliegt somit einem weiten Verständnis. Eine Restriktion erfolgt auf tatbestandlicher Ebene allenfalls durch die Möglichkeit des Verantwortlichen, eine Präzisierung des Auskunftsbegehrens verlangen zu können, sofern eine große Menge an personenbezogenen Daten verarbeitet wird.

---

877 Siehe S. 135 ff.

878 So auch *Schulte/Welge*, NZA 2019, 1110 (1111).

879 So auch *Schulte/Welge*, NZA 2019, 1110 (1111).

G. Einschränkungen des Auskunftsrechts

Nachdem der tatbestandliche Umfang des Auskunftsrechts gem. Art. 15 DSGVO definiert wurde, stellt sich im Weiteren die Frage, welchen Einschränkungen dieser auf der Rechtsfolgenseite unterliegt. Hierzu bestehen sowohl einschränkende Regelungen innerhalb der DSGVO als auch innerhalb des nationalen Rechts (legitimiert durch die Öffnungsklauseln der DSGVO).

I. Einschränkung innerhalb der DSGVO

Im nachfolgenden werden die Einschränkungen nach Art. 15 Abs. 4 DSGVO sowie Art. 12 Abs. 5 S. 2 DSGVO thematisiert.

1. Beeinträchtigung der Rechte und Freiheiten von Dritten, Art. 15 Abs. 4 DSGVO

Gemäß Art. 15 Abs. 4 DSGVO darf das Recht auf Erhalt einer Kopie die Rechte und Freiheiten anderer Personen nicht beeinträchtigen. Im Kontext der zu erteilenden Auskunft stellt sich die Frage, ob Art. 15 Abs. 4 DSGVO lediglich auf die Datenkopie i.S.v. Art. 15 Abs. 1 DSGVO oder auch auf die Auskunft i.S.v. Art. 15 Abs. 1 DSGVO bezieht.[880]

a) Rechte und Freiheiten anderer Personen

Welche Rechte und Freiheiten konkret zur Einschränkung führen, ergibt sich aus dem Wortlaut von Art. 15 Abs. 4 DSGVO nicht. EWG 63 S. 5 DSGVO nennt hierzu die Rechte an Geschäftsgeheimnissen, an geistigem Eigentum sowie Urheberrechte (insbesondere an Software). Bereits aus dem Wortlaut von EWG 63 S. 5 DSGVO („etwa“) lässt sich entnehmen, dass der europäische Gesetzgeber hier lediglich Beispiele aufzählt, welche nicht abschließend sind.[881]

Im arbeitsrechtlichen Kontext dürfte der Einschränkung durch Rechte an Geschäftsgeheimnissen eine besondere Bedeutung zukommen. Zur Definition

---

880 Eine Beantwortung der Frage, wie die jeweiligen (einschränkenden) Rechte Dritter zu im Detail zu verstehen sind, soll nachfolgend nicht Schwerpunkt der Bearbeitung sein und erfolgt daher nur überblicksartig.

881 So auch *Schulte/Welge,* NZA 2019, 1110 (1112); Sydow/Marsch/*Bienemann* HK-DSGVO Art. 15 Rn. 61.

des Begriffs Geschäftsgeheimnis ist die in Art. 2 Nr. 1 der Richtlinie 2016/943/EU enthaltene Definition heranzuziehen.[882] Da der Begriff unionseinheitlich definiert ist, ist eine autonome Auslegung des Wortlautes notwendig. Gemäß Art. 2 Nr. 1 RL 2016/943/EU sind vom Geschäftsgeheimnis die Informationen umfasst, welche geheim sind, kommerziellen Wert haben und Gegenstand von angemessenen Geheimhaltungsmaßnahmen sind. Geheim sind Informationen gem. Art. 2 Nr. 1a RL 2016/943/EU, wenn diese weder in ihrer Gesamtheit noch der genauen Anordnung und Zusammensetzung ihrer Bestandteile, den Personen, die üblicherweise mit diesen Informationen umgehen, allgemein bekannt oder ohne weiteres zugänglich sind.

Innerhalb des Auskunftsrecht nach Art. 15 DSGVO im arbeitsrechtlichen Kontext könnten folgende Daten einbegriffen sein: „Kunden- und Lieferantendaten, Preisinformationen, Rezepturen, Informationen über interne Unternehmensabläufe, Werbekonzepte, Entwürfe, Kalkulationen, Bilanzen und Marktanalysen“[883]. Sofern die Voraussetzungen für die Qualifizierung als Geschäftsgeheimnis erfüllt sind, kann dem Verantwortlichen die Verweigerung der Kopie (ggf. Auskunft im Gesamten)[884] bzgl. dieser Informationen zustehen.[885]

Eine weitere mögliche Information, welche im Rahmen des Auskunftsrechts der Einschränkung des Art. 15 Abs. 4 DSGVO unterliegt, könnte die „Prozessstrategie in einem anhängigen arbeitsgerichtlichen Verfahren“[886] darstellen.[887] Dies erfordert jedoch, dass die Prozessstrategie als Geschäftsgeheimnis zu bewerten ist.[888] Für die Annahme, dass die dargestellten Voraussetzungen erfüllt sind, sprechen überzeugende Argumente.[889] Eine Prozessstrategie ist grds. als geheim zu bewerten und wird regelmäßig durch angemessene Geheimhaltungsmaßnahmen geschützt (bereits durch die berufsrechtliche Verschwiegenheitspflicht eines Rechtsanwalts). Ferner ist anzunehmen, dass einer Prozessstrategie auch ein wirtschaftlicher Wert zukommen kann.[890] Gerade in arbeitsgerichtlichen

---

882 Kühling/Buchner/*Bäcker* DSGVO Art. 15 Rn. 42; *Schulte/Welge,* NZA 2019, 1110 (1112).

883 *Schulte/Welge,* NZA 2019, 1110 (1112).

884 Zur Frage der Reichweite von Art. 15 Abs. 4 DSGVO, siehe S. 199 ff.

885 *Schulte/Welge,* NZA 2019, 1110.

886 *Schulte/Welge,* NZA 2019, 1110 (1113).

887 So *Schulte/Welge,* NZA 2019, 1110 (1113); Kühling/Buchner/*Bäcker* DSGVO Art. 15 Rn. 42e.

888 So *Schulte/Welge,* NZA 2019, 1110 (1113).

889 Siehe *Schulte/Welge,* NZA 2019, 1110 (1113).

890 So auch *Schulte/Welge,* NZA 2019, 1110 (1113).

Verfahren, bei denen oftmals wirtschaftliche Faktoren eine große Rolle spielen, stellt die Prozessstrategie ein Mittel dar, um die für die jeweilige Partei bestmöglichen wirtschaftlichen Ergebnisse zu erzielen. Sofern eine erarbeite Prozessstrategie also personenbezogene Daten enthält, ist eine Kopie (ggf. Auskunft im Gesamten)[891] über diese einzuschränken.

b) Folge einer Drittbeeinträchtigung

Soweit die Beeinträchtigung von Rechten und Freiheiten Dritter durch die Überlassung einer Kopie (ggf. Auskunft im Gesamten) angenommen werden kann, führt dies dazu, dass die Kopie (ggf. Auskunft im Gesamten) durch den Verantwortlichen zu modifizieren ist. Den Verantwortlichen trifft insofern die Pflicht, die betroffenen Daten unkenntlich zu machen (bspw. durch Schwärzen oder Entfernen).[892] Nach dem ausdrücklichen Wortlaut von EWG 63 S. 6 DSGVO darf die Einschränkung nach Art. 15 Abs. 4 DSGVO jedoch nicht dazu führen, dass der Verantwortliche jegliche Auskunft verweigert.

c) Reichweite der Einschränkungen nach Art. 15 Abs. 4 DSGVO

Hinsichtlich der Einschränkungen nach Art. 15 Abs. 4 DSGVO lässt sich grundsätzlich nach der Reichweite im Rahmen von Art. 15 DSGVO fragen. Es ist zu klären, ob sich Art. 15 Abs. 4 DSGVO lediglich auf die zur Verfügung Stellung der Kopie i.S.v. Art. 15 Abs. 3 DSGVO bezieht oder auf die Auskunft in ihrer Gesamtheit einschließlich Art. 15 Abs. 1 und 2 DSGVO.

aa) Meinungen innerhalb der juristischen Literatur

Innerhalb der juristischen Literatur gehen die Meinungen zur Reichweite, der durch Art. 15 Abs. 4 DSGVO normierten Einschränkungen auseinander.

(1) Einschränkungen lediglich bzgl. Datenkopie i.S.v. Art. 15 Abs. 3 DSGVO

Einerseits wird vertreten, dass sich die Einschränkungen nach Art. 15 Abs. 4 DSGVO ausschließlich auf die Datenkopie i.S.v. Art. 15 Abs. 3 DSGVO beziehe.[893] Dies sei auf den ausdrücklichen Wortlaut von Art. 15 Abs. 4 DSGVO

891 Frage der anzunehmenden Reichweite von Art. 15 Abs. 4 DSGVO, siehe S. 199 ff.

892 BeckOK DatenschutzR/Schmidt-Wudy DSGVO Art. 15 Rn. 98.

893 *Brink/Joos*, ZD 2019, 483 (484); *Kremer*, CR 2018, 560 (564); Kühling/Buchner/*Bäcker* DSGVO Art. 15 Rn. 33; *Spindler*, DB 2016, 937 (944); Laue/Kremer/*Kremer* DatenSchR § 4 Rn. 31.

zurückzuführen, welcher sich auf „das Recht auf Erhalt einer Kopie gemäß Absatz 3" beziehe.[894] Zur Einschränkung der Auskunft im Übrigen (Abs. 1 und Abs. 2) bedürfe es einer Gesetzgebungsmaßnahme der jeweiligen Mitgliedstaaten im Rahmen der Öffnungsklausel nach Art. 23 Abs. 1 lit. i DSGVO.[895]

(2) Einschränkungen auch bzgl. Auskunft i.S.v. Art. 15 Abs. 1 DSGVO

Andererseits wird vertreten, dass sich Art. 15 Abs. 4 DSGVO auch auf die Auskunft i.S.v. Art. 15 Abs. 1 DSGVO auswirke.[896] Auch wenn das Ergebnis das gleiche bleibt, unterscheiden sich die Herleitungen hierfür wesentlich.

(a) Direkte Anwendung von Art. 15 Abs. 4 DSGVO

Eine Variante der Herleitungen nach sei eine direkte Anwendbarkeit von Art. 15 Abs. 4 DSGVO auf die Auskunft im Übrigen anzunehmen.[897] Dies lasse sich zum einen damit begründen, dass ebenso wie die Kopie, auch die Auskunft die personenbezogenen Daten zum Gegenstand habe und deswegen die Beschränkung im Rahmen der Kopie auch innerhalb der Auskunft greifen müsse.[898] Darüber hinaus spreche EWG 63 S. 5 und 6 DSGVO einheitlich von „Auskunft" hinsichtlich der Auswirkungen etwaiger Einschränkungen.[899] Eine Beschränkung nur auf die Datenkopie enthält EWG 63 DSGVO hingegen nicht.[900] Dies sei in anderen Sprachfassungen der DSGVO ebenso der Fall, wie etwa in der englischen Sprachfassung, welche von *„that right"* spricht.[901] Weiterhin lasse sich der genetischen Auslegung von Art. 15 DSGVO entnehmen, dass sich die Einschränkungen zu Gunsten der Rechte und Freiheiten anderer auch ursprünglich

---

894 *Brink/Joos*, ZD 2019, 483 (484).

895 Kühling/Buchner/*Bäcker* DSGVO Art. 15 Rn. 33; Laue/Kremer/*Kremer* DatenSchR § 4 Rn. 4.

896 BeckOK DatenschutzR/*Schmidt-Wudy* DSGVO Art. 15 Rn. 97; *Franck* RDV 2016, 111 (117); Paal/Pauly/*Paal* DSGVO Art. 15 Rn. 41; Simitis/Hornung/Spiecker/*Dix* DatenschutzR Art. 15 Rn. 34; Sydow/Marsch/*Bienemann* HK-DSGVO Art. 15 Rn. 57; *Walter*, DSRITB 2016, 367 (385); Wybitul/*Pötters/Bausewein* HdB EU-DSGVO Art. 12–15 Rn. 52.

897 Paal/Pauly/*Paal* DSGVO Art. 15 Rn. 41; Simitis/Hornung/Spiecker/*Dix* DSGVO Art. 15 Rn. 34; Sydow/Marsch/*Bienemann* HK-DSGVO Art. 15 Rn. 57; Wybitul/*Pötters/Bausewein* HdB EU-DSGVO Art. 12–15 Rn. 52.

898 Paal/Pauly/*Paal* DSGVO Art. 15 Rn. 41.

899 Paal/Pauly/*Paal* DSGVO Art. 15 Rn. 41.

900 Sydow/Marsch/*Bienemann* HK-DSGVO Art. 15 Rn. 57.

901 Sydow/Marsch/*Bienemann* HK-DSGVO Art. 15 Rn. 58.

auf den Auskunftsanspruch bezogen habe.[902] Der in Art. 15 Abs. 3 DSGVO vorgesehene Verweis auf die Datenkopie sei im Ergebnis als Redaktionsversehen einzustufen.[903]

(b) Analoge Anwendung von Art. 15 Abs. 4 DSGVO

Einer weiteren Herleitung nach sei eine analoge Anwendung von Art. 15 Abs. 4 DSGVO im Rahmen von Art. 15 Abs. 1 DSGVO zu befürworten.[904] Der Umstand, dass Einschränkungen zum Schutze der Rechte und Freiheiten Dritter nicht hinsichtlich der Auskunft i.S.v. Art. 15 Abs. 1 DSGVO existiere, lasse sich als planwidrige Regelungslücke bewerten.[905] Ferner sei innerhalb der Auskunft bzgl. des Schutzes von Rechten und Freiheiten Dritter die gleiche Interessenlage gegeben, wie bei der Datenkopie.[906] Eine analoge Anwendung von Art. 15 Abs. 4 DSGVO hinsichtlich der Auskunft sei bereits aus dem Grund geboten, dass eine „stets unbeschränkte Auskunftserteilung […] in evidentem Widerspruch mit den Rechten Dritter“[907] stünde.[908]

bb) Stellungnahme

(1) Historie und Genese

Sofern man Art. 15 DSGVO hinsichtlich einer das Auskunftsrecht einschränkenden Regelung unter Berücksichtigung der Entstehungsgeschichte auslegt, lässt sich erkennen, dass der Gesetzgeber mehrfach wesentliche inhaltliche Änderungen von Art. 15 DSGVO vorgenommen hat. Mit Beschluss des europäischen Parlaments vom 12.03.2014 wurde mit dem Recht auf Kopie von zur Verfügung gestellten personenbezogenen Daten (Abs. 2a) eine Einschränkung in Art. 15 DSGVO eingefügt (Abs. 2c).[909] Die Einschränkung bezog sich ihrem Wortlaut nach auf die Auskunft im Gesamten *(„Das Recht auf Auskunft nach Absatz 1 und 2 besteht nicht […]“).* Aus diesem Umstand lässt sich entnehmen, dass ursprünglich eine Einschränkung der Auskunft im Gesamten vom Willen des Gesetzgebers umfasst war. Mit der Fassung der allgemeinen Ausrichtung des

---

902 Sydow/Marsch/*Bienemann* HK-DSGVO Art. 15 Rn. 58.
903 Sydow/Marsch/*Bienemann* HK-DSGVO Art. 15 Rn. 58.
904 BeckOK DatenschutzR/*Schmidt-Wudy* DSGVO Art. 15 Rn. 97.
905 BeckOK DatenschutzR/*Schmidt-Wudy* DSGVO Art. 15 Rn. 97.
906 BeckOK DatenschutzR/*Schmidt-Wudy* DSGVO Art. 15 Rn. 97.
907 BeckOK DatenschutzR/*Schmidt-Wudy* DSGVO Art. 15 Rn. 97.
908 BeckOK DatenschutzR/*Schmidt-Wudy* DSGVO Art. 15 Rn. 97.
909 Siehe Beschluss des Europäischen Parlaments vom 12.03.2014, S. 69.

europäischen Rats vom 11.06.2015 wurde das Recht auf Kopie von zur Verfügung gestellten personenbezogenen Daten ausgegliedert (in Art. 20 als Recht auf Datenportabilität gefasst).[910] Mit dieser Ausgliederung wurde auch die einschränkende Regelung gestrichen. Neu eingefügt wurde im selben Zuge ein Anspruch auf Erhalt einer Datenkopie sowie eine neue Einschränkungsregelung diesbezüglich. In der finalen Fassung der DSGVO vom 27.04.2016 wurde die Formulierung weitgehend beibehalten (die Einschränkung bezog sich weiterhin nur auf die Datenkopie).[911] Die Entwicklung von Art. 15 DSGVO deutet darauf, dass der ursprüngliche Wille des Gesetzgebers in der Regelung einer Einschränkung der Auskunft im Gesamten gelegen hat. Die wesentliche Neukonzeptionierung von Art. 15 DSGVO (insbes. Ausgliederung des Rechts auf Datenportabilität) sowie die notwendige Neugliederung der Absätze deutet auf ein Redaktionsversehen. Problematisch bleibt jedoch der ausdrückliche Wortlaut von Art. 15 Abs. 4 DSGVO, welcher eben nicht nur auf „Absatz 3“ verweist, sondern ausdrücklich auch auf die „Kopie“. Mangels Einsehbarkeit weiterer Gesetzesmaterialien lässt sich im Rahmen der genetischen Auslegung von Art. 15 DSGVO nicht abschließend klären, ob es sich bei der finalen Ausgestaltung um einen redaktionellen Fehler handelt.

Für die Annahme einer Einschränkung, welche sich auf den gesamten Art. 15 DSGVO bezieht, spricht EWG 63 S. 5 und S. 6 DSGVO. EWG 63 S. 5 DSGVO nimmt Bezug auf „dieses Recht“. Hiermit ist das einheitliche Auskunftsrecht gemeint ist, welches in den vorherigen Sätzen erläutert wurde. Auch EWG 63 S. 6 DSGVO, nach welchem die Einschränkung nicht dazu führen darf, dass „jegliche Auskunft“ verweigert wird, bezieht sich ausdrücklich nicht nur auf die Datenkopie. Folglich spricht die Historie im Ergebnis dafür, dass der Gesetzgeber mit Art. 15 Abs. 4 DSGVO eine Einschränkung hinsichtlich Art. 15 DSGVO in seiner Gesamtheit und nicht nur hinsichtlich der Datenkopie nach Art. 15 Abs. 3 DSGVO normieren will.

(2) Systematik

Auch die Systematik innerhalb von Art. 15 DSGVO deutet auf ein Redaktionsversehen. Auskunft und Datenkopie sind als einheitliches Recht zu qualifizieren.[912] Die Regelung einer Einschränkung muss sich folgerichtig daher auch auf

---

910 Siehe Allgemeine Ausrichtung des europäischen Rats vom 11.06.2015, S. 72.

911 Siehe Fassung nach Einigung zwischen Europäischem Parlament und europäischen Rat vom 27.04.2016, S. 74.

912 Siehe S. 181 ff.

das Recht als einheitliches beziehen. Eine unterschiedliche Behandlung ist als systemwidrig zu bewerten. Sowohl Auskunft i.S.v. Art. 15 Abs. 1 DSGVO als auch Datenkopie i.S.v. Art. 15 Abs. 3 DSGVO haben die personenbezogenen Daten, welche durch den Verantwortlichen verarbeitet werden, zum Gegenstand. Sofern ein effektiver Schutz der Rechte und Freiheiten Dritter durch Art. 15 Abs. 4 DSGVO erreicht werden soll, muss sich die Einschränkung des Art. 15 Abs. 4 DSGVO auf die Auskunft im Gesamten beziehen. Andernfalls bestünde das Risiko, dass die betroffene Person Informationen, welche im Rahmen der Datenkopie zum Schutze von Rechten Dritter auszunehmen sind, über die Auskunft i.S.v. Art. 15 Abs. 1 DSGVO erlangen könnte.

Im Rahmen der systematischen Betrachtung lässt sich ferner anführen, dass auch bei den übrigen Betroffenenrechten (insbesondere Art. 13, 14 und 20 DSGVO) Einschränkungen nur hinsichtlich der Rechte in ihrer Gesamtheit geregelt worden sind. Darüber hinaus beziehen sich die sonstigen gesetzlichen Einschränkungen (bspw. nach Art. 12 Abs. 5 S. 2 DSGVO) auf Art. 15 DSGVO in seiner Gesamtheit. Im Ergebnis spricht ebenfalls die Systematik argumentativ für die Annahme eines Redaktionsversehens und lässt einen gesetzgeberischen Willen derart ableiten, dass sich Art. 15 Abs. 4 DSGVO auf die gesamte Norm bezieht.

(3) Wortlaut

Nach dem Wortlaut der Norm, beziehen sich die Einschränkungen ausdrücklich auf „das Recht auf Erhalt einer Kopie gemäß Absatz 3“. Eine ausdrückliche in Bezugnahme der Kopie gemäß Absatz 3 enthalten auch die Sprachfassungen der weiteren Mitgliedstaaten. Dem ausdrücklichen Wortlaut nach ergibt sich folglich, dass sich die Einschränkungen nach Art. 15 Abs. 4 DSGVO lediglich auf die Datenkopie beziehen.[913]

(4) Auslegungsergebnis: Art. 15 Abs. 4 DSGVO gilt für die Auskunft insgesamt

Wenn auch der Wortlaut von Art. 15 Abs. 4 DSGVO dagegen spricht, die Einschränkung auf die gesamte Norm des Art. 15 DSGVO anzuwenden, so kommt den Auslegungsmitteln der Historie und Systematik vorliegend die überwiegende Bedeutung zu. Bereits aus dem Umstand der Entstehungsgeschichte von

---

913 Wie auch *Brink/Joos*, ZD 2019, 483 (484); *Kremer*, CR 2018, 560 (564); Kühling/Buchner/*Bäcker* DSGVO Art. 15 Rn. 33; *Spindler*, DB 2016, 937 (944); Laue/Kremer/*Kremer* DatenschutzR § 4 Rn. 31.

Art. 15 DSGVO, wonach die finale Ausgestaltung von Art. 15 Abs. 4 DSGVO nicht der ursprünglichen Version entspricht lässt auf den Willen des europäischen Gesetzgebers schließen, dass mit seinem Abs. 4 eine Einschränkung des gesamten Art. 15 DSGVO gegeben sein muss. Ursprünglich sah der europäische Gesetzgeber eine umfassende Einschränkung vor, welche im Wege einer komplexen Normumstellung (Ausgliederung des Rechtes auf Datenportabilität) entfiel. Anhaltspunkte dafür, dass dies bewusst geschah, sind nicht ersichtlich. Vielmehr sprechen die Formulierungen in den EWG 63 S. 5 und S. 6 DSGVO gegeben eine solche Annahme. Auch die systematische Auslegung stützt dieses Ergebnis. Eine systemwidrige Behandlung des Auskunftsrechts nach Art. 15 DSGVO derart, dass unterschiedliche Maßstäbe bei der Einschränkung der an sich einheitlichen Auskunft anzustellen sind, lässt sich nicht mit dem Willen des europäischen Gesetzgebers bzgl. der Schaffung eines einheitlichen hohen Schutzniveaus für betroffene Personen in Einklang bringen.

Insofern bleibt wünschenswert, dass der EuGH diese Umstände zukünftig berücksichtigt und sich nicht auf den Wortlaut von Art. 15 Abs. 4 DSGVO beschränkt.

(5) Alternativlösung: Analoge Anwendung von Art. 15 Abs. 4 DSGVO?

Sofern eine direkte Anwendung (unter Annahme eines Redaktionsversehens) nicht zu überzeugen vermag, bleibt weiterhin die Alternativmöglichkeit der analogen Anwendung von Art. 15 Abs. 4 DSGVO auf Art. 15 Abs. 1 DSGVO.

Zur Annahme einer analogen Anwendung von Art. 15 Abs. 4 DSGVO muss diese jedoch grds. auch zulässig sein. Hierzu bedarf es zweier Voraussetzungen: Zum einen muss das Gesetz oder die Norm eine planwidrige Regelunglücke enthalten.[914] Zum anderen muss hinsichtlich des zu regelnden Sachverhalts eine vergleichbare Interessenlage gegeben sein.[915]

(a) Planwidrige Regelungslücke

Das Vorliegen einer Regelungslücke innerhalb einer Norm oder eines Gesetzes bewertet sich aus der Sicht des Gesetzes, anhand der „zugrunde liegenden Regelungsabsicht“, der „verfolgten Zwecke“, sowie des „gesetzgeberischen Plans“.[916]

---

914 BGH v. 16.07.2003 – VIII ZR 274/02, NJW 2003, 2601 (2603); *Larenz/Canaris*, Methodenlehre S. 193 ff.

915 BGH v. 13.03.2003 – I ZR 290/00, NJW 2003, 1932.

916 BGH v. 13.11.2001 – X ZR 134/00, GRUR 2002, 238 (241); *Larenz/Canaris*, Methodenlehre S. 194.

Eine Gesetzeslücke ist als „planwidrige Unvollständigkeit des Gesetzes“ zu bezeichnen.[917]

Unter Beachtung des gesetzgeberischen Zwecks (Schutz der Rechte und Freiheiten Dritter) lässt sich das Nichtvorhandensein einer entsprechenden Einschränkungsregelung als planwidrige Regelungslücke bewerten. Das Schutzniveau punktuell (bei der Auskunft i.S.v. Art. 15 Abs. 1 DSGVO) zu reduzieren, widerspricht den Zwecken der DSGVO evident. Auch aus der ursprünglichen Ausgestaltung der einschränkenden Regelung, welche sich auf die Auskunft in ihrer Gesamtheit bezog, lässt sich der Plan des Gesetzgebers ableiten, einen vollständigen Schutz der Rechte und Freiheiten Dritter gewährleisten zu wollen.

(b) Vergleichbare Interessenlage

Weiterhin muss auch eine vergleichbare Interessenlage gegeben sein. Eine solche ist gegeben, wenn „der zu beurteilende Sachverhalt in rechtlicher Hinsicht so weit mit dem Tatbestand vergleichbar ist, den der Gesetzgeber geregelt hat, daß angenommen werden kann, der Gesetzgeber wäre bei einer Interessenabwägung, bei der er sich von den gleichen Grundsätzen hätte leiten lassen wie bei dem Erlaß der herangezogenen Gesetzesvorschrift, zu dem gleichen Abwägungsergebnis gekommen“[918]. Auch in diesem Kontext lassen sich die bereits getätigten Ausführungen heranziehen. Der Tatbestand einer zum Schutze von Rechten Dritter einschränkenden Regelung der Auskunft im Sinne von Art. 15 Abs. 1 DSGVO ist vergleichbar mit dem der Einschränkung der Datenkopie im Sinne von Art. 15 Abs. 3 DSGVO. Dies ergibt sich bereits aus dem systematischen Verständnis, nach welchem Auskunft und Datenkopie als einheitliches Recht zu qualifizieren sind. Unter Zugrundelegung dieses Verständnisses sowie der überschneidenden Umfänge der Auskunft und Datenkopie ist das Interesse nicht nur als vergleichbar, sondern vielmehr als gleichlaufend einzustufen.

(c) Zwischenergebnis

Folglich liegen die Voraussetzungen für die Annahme einer zulässigen analogen Anwendung vor. Eine analoge Anwendung von Art. 15 Abs. 4 DSGVO ist im Ergebnis jedenfalls dann geboten, sofern man ein direkte Anwendung der Norm, anders als vorliegend, ablehnt.

---

917 *Larenz/Canaris*, Methodenlehre S. 194.

918 BGH v. 13.03.2003 – I ZR 290/00, NJW 2003, 1932.

(6) Alternativlösung Schließung durch Gesetzgebung der Mitgliedstaaten?

Zuletzt kommt als mögliche Auflösung des Problems eine Schließung der Regelungslücke durch die Gesetzgebung der Mitgliedstaaten in Betracht.[919] Auch wenn davon ausgegangen werden kann, dass den Mitgliedstaaten eine entsprechende Regelungskompetenz durch die Öffnungsklausel nach Art. 23 Abs. 1 lit. i DSGVO eingeräumt wurde, überzeugt diese Lösung im Ergebnis nicht. Dagegen spricht nämlich der Zweck einer Verordnung sowie der Zweck der DSGVO. Durch Verordnungen soll eine Rechtsvereinheitlichung in der Europäischen Union bewirkt werden.[920] Die DSGVO bezweckt ein unionseinheitliches Schutzniveau in Bezug auf den Umgang mit personenbezogenen Daten.[921] Die Regelung einer derart grundlegenden Thematik (Einschränkung der Auskunft im Übrigen zum Schutz der Rechte und Freiheiten Dritter) den Mitgliedstaaten zu überlassen stünde hierzu im Widerspruch. Zum einen besteht die Gefahr, dass die Mitgliedstaaten unterschiedliche Regelungen treffen, sodass eine Reinvereinheitlichung nicht gegeben ist. Zum anderen bleibt ein Übergangszeitraum, in welchem kein Schutzniveau definiert ist.

(7) Zwischenergebnis

Im Ergebnis lässt sich festhalten, dass die mit Art. 15 Abs. 4 DSGVO vorgesehene Einschränkung (Schutz der Rechte und Freiheiten Dritter) Wirkung für das Auskunftsrecht nach Art. 15 DSGVO in seiner Gesamtheit entfaltet. Eine direkte Anwendung von Art. 15 Abs. 4 DSGVO auf Art. 15 Abs. 1 und Abs. 2 DSGVO lässt sich über den Wortlaut der Norm begründen, da von ein Redaktionsversehen des Europäischen Gesetzgebers hinsichtlich der ausschließlichen Bezugnahme von Abs. 3 auszugehen ist. Hierfür spricht neben der Systematik auch die Entwicklung der Norm im Gesetzgebungsverfahren. Alternativ bleibt der Weg über eine analoge Anwendung von Art. 15 Abs. 4 DSGVO. Eine Lösung über Gesetzgebung der Mitgliedstaaten (im Rahmen der, durch die Öffnungsklausel, eingeräumten Kompetenz) überzeugt indes nicht.

---

919 So Kühling/Buchner/*Bäcker* DSGVO Art. 15 Rn. 33; Laue/Kremer/*Kremer* DatenschutzR § 4 Rn. 4.

920 Schwarze/Becker/Hatje/Schoo/*Biervert* Art. 288 AEUV Rn. 18.

921 Ehmann/Selmayr/*Zerdick* DSGVO Art. 1 Rn. 1 ff.

cc) *Ergebnis*

Das tatbestandlich grundsätzlich weitgefasste Auskunftsrecht nach Art. 15 DSGVO erfährt seine Einschränkungen dort, wo Rechte und Freiheiten Dritter durch die Auskunft beeinträchtigt werden würden. Übertragen auf das Beispiel der Auskunft über die E-Mail-Korrespondenz, sind Modifikationen (durch Schwärzung oder Entfernung) dort vorzunehmen, wo andernfalls Beeinträchtigungen der Rechte und Freiheiten Dritter gegeben wären. Sofern einzelne E-Mails Informationen enthalten, welche sich als Geschäftsgeheimnisse qualifizieren lassen, sind diese nicht von der Auskunft nach Art. 15 DSGVO umfasst.

2. Einschränkung nach Art. 12 Abs. 5 S. 2 DSGVO

Gemäß Art. 12 Abs. 5 S. 2 DSGVO erfährt das Auskunftsrechts nach Art. 15 DSGVO eine Einschränkung weiterhin dann, wenn die Anträge der betroffenen Person als offenkundig unbegründet oder exzessiv einzustufen sind. Sofern eine dieser Voraussetzungen gegeben ist, steht es dem Verantwortlichen zu wahlweise ein angemessenes Entgelt für die Erfüllung des Auskunftsbegehrens zu verlangen oder die Erfüllung gänzlich zu verweigern.[922] Art. 12 Abs. 5 DSGVO verfolgt den Zweck, den Schutz des Verantwortlichen vor rechtsmissbräuchlichen Anträgen von betroffenen Personen zu gewährleisten.[923] Art. 12 Abs. 5 S. 2 DSGVO stellt eine Einrede des Verantwortlichen gegenüber der antragsstellenden Person dar.[924] Die Beweislast der Einrede nach Art. 12 Abs. 5 DSGVO liegt bei dem Verantwortlichen.[925]

a) *Exzessiver Antrag*

Von einem exzessiven Antrag ist nach dem Wortlaut der Norm dann auszugehen, wenn dieser „von häufiger Wiederholung" ist. Eine Konkretisierung (etwa in Form der Anzahl innerhalb einer Zeitspanne) nennt die DSGVO hingegen nicht. Zum Teil wird insofern eine Anfrage pro Quartal, unter Zugrundelegung der Wertung von Art. 12 Abs. 3 S. 2 DSGVO, als zulässig beurteilt.[926]

---

922 Paal/Pauly/*Paal/Hennemann* DSGVO Art. 12 Rn. 63.

923 Paal/Pauly/*Paal/Hennemann* DSGVO Art. 12 Rn. 63.

924 BeckOK DatenschutzR/*Quaas* DSGVO Art. 12 Rn. 46; Gola/*Franck* DSGVO Art. 12 Rn. 33; Paal/Pauly/*Paal/Hennemann* DSGVO Art. 12 Rn. 63.

925 BeckOK DatenschutzR/*Quaas* DSGVO Art. 12 Rn. 47; Gola/*Franck* DSGVO Art. 12 Rn. 33; Paal/Pauly/*Paal/Hennemann* DSGVO Art. 12 Rn. 63.

926 Gola/*Franck* DSGVO Art. 12 Rn. 35.

Aus dem ausdrücklichen Wortlaut, welcher den zeitlichen Aspekt lediglich beispielhaft nennt, können weitere Aspekte zur Annahme eines exzessiven Antrages führen.[927] Mit Blick auf den Umfang der Auskunft ist an Auskunftsbegehren zu denken, welche inhaltliche Forderungen aufstellen, die über den gesetzlichen Umfang hinaus gehen.[928] Denkbar wäre die Situation, in welcher eine betroffene Person trotz zulässigen Präzisierungsverlangens des Verantwortlichen, an einer umfänglichen Auskunft festhält. Allein das Argument des hohen Aufwandes für den Verantwortlichen genügt jedoch nicht den Anforderungen zur Annahme eines exzessiven Antrages.[929] Eine solche Annahme widerspricht den grundlegenden Prinzipien der DSGVO sowie Sinn und Zweck des Auskunftsrechts nach Art. 15 DSGVO.

b) Offenkundig unbegründeter Antrag

Neben der Fallgruppe der exzessiven Anträge schließt die Einschränkung des Art. 12 Abs. 5 S. 2 DSGVO ferner solche Anträge ein, welche offenkundig unbegründet sind. Offenkundig unbegründet ist ein Antrag, wenn die tatbestandlichen Voraussetzungen eines Betroffenenrechts nicht gegeben sind.[930] Im Kontext des Auskunftsanspruchs nach Art. 15 DSGVO wird sich der Erstantrag regelmäßig nicht als unbegründet qualifizieren lassen können.[931] Dies lässt sich auf den Umstand zurückführen, dass von dem Auskunftsanspruch nach Art. 15 DSGVO auch die sog. Negativauskunft[932] umfasst ist. Selbst wenn eine Person, mangels Verarbeitung personenbezogener Daten durch den vermeintlichen Verantwortlichen, keine betroffene Person i.S.v. Art. 15 DSGVO ist, hat eine Negativauskunft zu erfolgen. Sobald die antragsstellende Person jedoch Kenntnis davon erlangt hat, dass keine personenbezogenen Daten von ihr verarbeitet werden, dürfte ein dennoch geäußertes Auskunftsbegehren als offenkundig unbegründet zu bewerten sein.[933]

---

927 So auch Gola/*Franck* DSGVO Art. 12 Rn. 35; *Korch/Chatard*, CR 2020, 439 (443).
928 So wohl auch Gola/*Franck* DSGVO Art. 12 Rn. 35.
929 So auch *Korch/Chatard*, CR 2020, 439 (443).
930 Gola/*Franck* DSGVO Art. 12 Rn. 34.
931 So auch Gola/*Franck* DSGVO Art. 12 Rn. 34.
932 Siehe S. 91.
933 So auch *Kremer*, CR 2018, 561 (566).

II. Einschränkungen im deutschen Recht

Neben den in der DSGVO normierten Einschränkungen des Auskunftsanspruchs nach Art. 15 DSGVO wird den Mitgliedstaaten durch Öffnungsklauseln die Kompetenz eingeräumt, nationale Regelungen zwecks einer Einschränkung zu treffen. In diesem Zusammenhang kommt der Öffnungsklausel nach Art. 23 Abs. 1 DSGVO wesentliche Bedeutung zu. Diese ermöglicht es den Mitgliedstaaten, Ausnahmeregelungen (durch Gesetz) hinsichtlich der Betroffenenrechte einzuführen.[934] Voraussetzung hierfür ist die Achtung des Wesensgehalts der Grundrechte und Grundfreiheiten, die Notwendigkeit und Verhältnismäßigkeit der jeweiligen Einschränkung sowie die Sicherstellung eines der in Art. 23 Abs. 1 lit. a bis j DSGVO genannten Ziele. Neben Art. 23 DSGVO ist in Bezug auf nationale Ausnahmeregelungen zu den Betroffenenrechten auch die Öffnungsklausel nach Art. 89 Abs. 2 DSGVO zu nennen.[935] Der deutsche Gesetzgeber hat im Rahmen des BDSG bereits eine Reihe an Ausnahmeregelungen zu Art. 15 DSGVO getroffen.

1. Ausschluss zu wissenschaftlichen, historischen oder statistischen Forschungszwecken, § 27 Abs. 2 BDSG

Nach der Vorschrift des § 27 Abs. 2 S. 1 BDSG werden die Betroffenenrechte (auch das Auskunftsrecht nach Art. 15 DSGVO) im Rahmen der Verarbeitung personenbezogener Daten zu wissenschaftlichen oder historischen Forschungszwecken sowie statistischen Zwecken eingeschränkt.[936] Die Beschränkung der Betroffenenrechte muss hierzu zum einen zur Erfüllung der Forschungs- oder Statistikzwecke notwendig sein.[937] Zum anderen müsste eine durch den Verantwortlichen anzustellende Prognoseentscheidung ergeben, dass die Erfüllung der Betroffenenrechte die Verwirklichung der Forschungs- und Statistikzwecke vereiteln oder beeinträchtigen würde.[938] Darüber hinaus enthält § 27 Abs. 2 S. 2 BDSG eine Beschränkung, welche sich explizit auf Art. 15 DSGVO bezieht. Demnach ist das Recht auf Auskunft ausgeschlossen, wenn die personenbezogenen Daten der wissenschaftlichen Forschung dienen und eine Auskunftserteilung mit einem unverhältnismäßigen Aufwand verbunden ist.[939] Umfasst sind

934 BeckOK DatenschutzR/*Stender-Vorwachs* DSGVO Art. 23 Rn. 4.
935 *Kühling*, ZD 2021, 74 (75).
936 Gola/Heckmann/*Krohm* BDSG § 27 Rn. 35.
937 Gola/Heckmann/*Krohm* BDSG § 27 Rn. 36.
938 Gola/Heckmann/*Krohm* BDSG § 27 Rn. 36 f.
939 Gola/Heckmann/*Krohm* BDSG § 27 Rn. 38.

hiervon insbesondere Forschungsprojekte, in denen eine große Menge an Daten verarbeitet werden.[940]

2. Ausschluss bei Archivgut, § 28 Abs. 2 BDSG

Darüber hinaus wird das Auskunftsrecht nach Art. 15 DSGVO gem. § 28 Abs. 2 BDSG ausgeschlossen, wenn sich das Auskunftsbegehren auf ein Archivgut bezieht, welches nicht durch den Namen der antragstellenden Person erschlossen ist oder die antragstellende Person keine Angaben macht, welche das Auffinden innerhalb des Archivguts ermöglichen.[941]

3. Ausschluss wegen Geheimhaltungspflichten, § 29 Abs. 1 S. 2 BDSG

Mit der Regelung des § 29 Abs. 1 S. 2 BDSG wird das Auskunftsrecht nach Art. 15 DSGVO im Umfang derart eingeschränkt, dass Informationen, welche nach einer Rechtsvorschrift oder ihrem Wesen nach einer Geheimhaltungspflicht unterliegen von der Auskunft ausgenommen sind.[942] Eine Rechtsvorschrift umfasst jegliche materiellen Rechtsnormen mit unmittelbarer Auswirkung.[943] Im Kontext der Öffnungsklausel des Art. 23 Abs. 1 lit. i DSGVO gilt es jedoch zu beachten, dass nur solche Rechtsvorschriften gemeint sein können, welche dem Schutz der betroffenen Person oder der Rechte und Freiheiten anderer Personen dienen.[944] Ferner sind Informationen als ihrem Wesen nach geheim zu bewerten, wenn ein von der Rechtsordnung anerkannter Geheimhaltungszweck verfolgt wird, welcher durch eine Auskunftserteilung beeinträchtigt werden würde.[945] Auch hier bedarf es der Konkretisierung vor dem Hintergrund der Öffnungsklausel (Art. 23 Abs. 1 lit. i DSGVO) insoweit, dass von den Geheimhaltungszwecken lediglich der Schutz der betroffenen Person sowie der Schutz anderer Personen erfasst ist.[946] Sofern ein solcher Geheimhaltungszweck angenommen werden kann, bedarf es im Weiteren einer Abwägung des berechtigten Interesses der Geheimhaltung und des Interesses der betroffenen Person an der Auskunft.[947]

---

940 Gola/Heckmann/*Krohm* BDSG § 27 Rn. 38.
941 BeckOK DatenschutzR/*Schlösser-Rost/Koch* BDSG § 28 Rn. 16.
942 Kühling/Buchner/*Herbst* BDSG § 29 Rn. 13.
943 Kühling/Buchner/*Herbst* BDSG § 29 Rn. 6.
944 Kühling/Buchner/*Herbst* BDSG § 29 Rn. 6.
945 Kühling/Buchner/*Herbst* BDSG § 29 Rn. 7.
946 Gola/Heckmann/*Lapp* BDSG § 29 Rn. 12; Kühling/Buchner/*Herbst* BDSG § 29 Rn. 8.
947 Kühling/Buchner/*Herbst* BDSG § 29 Rn. 9.

4. Datenspeicherung wegen gesetzlicher oder satzungsmäßiger Aufbewahrungspflicht, § 34 Abs. 1 BDSG

Als weitere nationale Ausnahmevorschrift zur Auskunft nach Art. 15 DSGVO ist § 34 BDSG zu nennen, dessen Vereinbarkeit mit Art. 23 DSGVO zum Teil in der juristischen Literatur angezweifelt wird.[948] Besondere Aufmerksamkeit verdient die Einschränkung nach § 34 Abs. 1 Nr. 2 BDSG. Hiernach ist das Recht auf Auskunft nach Art. 15 DSGVO ausgeschlossen, wenn die Daten nur wegen einer gesetzlichen oder satzungsmäßigen Aufbewahrungspflicht gespeichert sind (Nr. 2a) oder ausschließlich den Zwecken der Datensicherung oder Datenschutzkontrolle dienen (Nr. 2b). In beiden Fällen muss die Auskunftserteilung weiterhin einen unverhältnismäßigen Aufwand bewirken. Ferner muss die Verarbeitung zu anderen als den genannten Zwecken durch technische oder organisatorische Maßnahmen ausgeschlossen sein.

Als Beispielfälle, in denen Daten nur deshalb gespeichert sind, weil diese von Gesetzes oder Satzung wegen nicht gelöscht werden dürfen, lassen sich die Aufbewahrungspflichten nach § 257 HGB oder § 147 Abs. 3 AO anführen.[949] Erfolgt die Datenverarbeitung hingegen auch aus anderen Gründen, findet § 34 Abs. 1 Nr. 2 lit. a BDSG keine Anwendung.[950]

Unter der Speicherung zur Datensicherung versteht sich eine Speicherung zum Zwecke der Wiederherstellung eines Datenbestandes (z.B. Backup-Dateien).[951] Datenschutzkontrolle umfasst hingegen eine Speicherung zum Zwecke der Kontrolle der Datenverarbeitung durch den Verantwortlichen.[952] Auch in diesem Kontext gilt, dass eine Verarbeitung auch zu anderen Zwecken dazu führt, dass § 34 Abs. 1 Nr. 2 lit. b BDSG keine Anwendung findet.[953]

5. Einschränkung des Auskunftsrechts innerhalb des deutschen Prozessrechts

Mit Blick auf die Grundsätze des deutschen Prozessrechts – insbesondere den Darlegungs- und Beweisregeln in zivilrechtlichen Verfahren – stellt sich die

948 So Simitis/Hornung/Spiecker/*Dix* Art. 15 Rn. 36; a.A. hingegen ErfK/*Franzen* BDSG § 34 Rn. 2; Gola/Heckmann/*Werkmeister* BDSG § 34 Rn. 5.
949 BeckOK DatenschutzR/*Schmidt-Wudy* BDSG § 34 Rn. 26.
950 BeckOK DatenschutzR/*Schmidt-Wudy* BDSG § 34 Rn. 27.
951 BeckOK DatenschutzR/*Schmidt-Wudy* BDSG § 34 Rn. 34.
952 BeckOK DatenschutzR/*Schmidt-Wudy* BDSG § 34 Rn. 35.
953 BeckOK DatenschutzR/*Schmidt-Wudy* BDSG § 34 Rn. 32.

Frage nach der Notwendigkeit einer nationalen Regelung zur Einschränkung des Auskunftsanspruchs bei laufenden gerichtlichen Auseinandersetzungen. Eine derartige gesetzliche Regelung kann auf Grundlage der Öffnungsklausel des Art. 23 Abs. 1 lit. f DSGVO ergehen.[954]

a) *Voraussetzungen der Öffnungsklausel des Art. 23 Abs. 1 lit. f DSGVO*

Die Öffnungsklausel des Art. 23 Abs. 1 lit. f DSGVO eröffnet für die Mitgliedstaaten einen Regelungsspielraum zur Einschränkung der Betroffenenrechte (Art. 12 bis 22 DSGVO, Art. 34 DSGVO, Art. 5 DSGVO), sofern der Schutz der Unabhängigkeit der Justiz und Schutz von Gerichtsverfahren hierdurch sichergestellt wird. Im Falle einer nationalen Regelung, welche das Auskunftsrecht nach Art. 15 DSGVO in laufenden gerichtlichen Auseinandersetzungen einschränkt, lässt sich auf den Zweck des Schutzes von Gerichtsverfahren abstellen.

Als weit gefasster Begriff ist „Gerichtsverfahren“ derart zu verstehen, dass auch die geltenden Grundsätze des Prozessrechts, welche ein Gerichtsverfahren maßgeblich prägen, umfasst sind. Eine Beschränkung des Auskunftsrechts, zur Wahrung der deutschen Prozessgrundsätze (bspw. zur Wahrung der Chancengleichheit der beteiligten Parteien)[955], unterliegt demzufolge dem Schutzzweck von Art. 23 Abs. 1 lit. f DSGVO. Eine entsprechende Umsetzung Bedarf weiterhin die Wahrung der weiteren Voraussetzungen von Art. 23 DSGVO. Die durch Art. 23 Abs. 1 DSGVO vorausgesetzte Verhältnismäßigkeit einer einschränkenden Regelung gebietet bspw. die zeitliche Beschränkung auf die Dauer des Gerichtsprozesses.[956]

b) *Notwendigkeit einer entsprechenden gesetzlichen Regelung?*

Unterstellt man die Regelungskompetenz der Mitgliedstaaten stellt sich weiterhin die Frage nach der Notwendigkeit einer etwaigen Regelung. Hierzu lassen sich unter anderem die folgenden Erwägungen anführen.

---

954 So auch *Deutschmann* ZD 2021, 414 (418); Kühling/Buchner/*Bäcker* DSGVO Art. 23 Rn. 24; Paal/Pauly/*Paal* DSGVO Art. 23 Rn. 32; Taeger/Gabel/*Koreng* DSGVO Art. 23 Rn. 38.

955 Kühling/Buchner/*Bäcker* DSGVO Art. 23 Rn. 24; Paal/Pauly/*Paal* DSGVO Art. 23 Rn. 32; Taeger/Gabel/*Koreng* DSGVO Art. 23 Rn. 38.

956 So auch Kühling/Buchner/*Bäcker* DSGVO Art. 23 Rn. 24.

aa) Treu und Glauben i.S.v. § 242 BGB

Zunächst spricht der Grundsatz von Treu und Glauben i.S.v. § 242 BGB für die Notwendigkeit einer nationalen Regelung zur Einschränkung des Auskunftsrechts nach Art. 15 DSGVO in Prozessen vor den deutschen Zivilgerichten. Insbesondere innerhalb von arbeitsgerichtlichen Kündigungsschutzprozessen kann in der Geltendmachung des Auskunftsrechts, lediglich zur Schaffung von Verhandlungsmasse hinsichtlich einer auszuhandelnden Vergleichszahlung, ein Widerspruch zu § 242 BGB gegeben sein.[957] Für einen Verantwortlichen dürfte es unmöglich sein zu beweisen, dass das in dieser Situation geltend gemachte Auskunftsverlangen nicht auch anderen Zwecken dient. Denkbar wäre insofern die Einführung einer Art sekundärer Darlegungslast / gesteigerter Substantiierungspflicht der betroffenen Person hinsichtlich der Zwecke des Auskunftsbegehrens.

bb) Darlegungs- und Beweislast im Zivilprozess

Weiterhin sprechen die Grundsätze der Darlegungs- und Beweislast für die Notwendigkeit einer nationalen Einschränkung des Auskunftsrechts nach Art. 15 DSGVO. Im deutschen Zivilprozess trifft grds. jede Partei die Darlegungs- und Beweislast für die ihr günstigen Tatsachen einer Norm.[958] Nur in Ausnahmefällen wird hiervon abgewichen (bspw. Erfordernis des qualifizierten Bestreitens).[959] Sofern das Auskunftsrecht dazu genutzt werden kann, um Grundsätze der Verteilung der Darlegungs- und Beweislast zu umgehen, steht dies in einem Widerspruch zum deutschen Prozessrecht. In Anbetracht dieser Situation ist eine Regelung zur Verhinderung der Umgehung von Darlegungs- und Beweisregeln als notwendig einzustufen.

cc) Rechtsprechung des BAG zur Auskunftserteilung im Arbeitsverhältnis

Darüber hinaus lässt sich auch die Rechtsprechung des BAG[960] hinsichtlich der aus § 242 BGB abgeleiteten Nebenpflicht zu Auskunftserteilung im Arbeitsverhältnis anführen. Hiernach besteht eine „aus § 242 BGB abgeleitete Nebenpflicht zur Auskunftserteilung, wenn die Auskunft zur Geltendmachung eines Leistungsanspruchs erforderlich ist, für den Vertragspartner keine übermäßige Belastung bedeutet und die gesetzliche Verteilung der Darlegungs- und

---

957 So auch *König*, CR 2019, 295 (297).
958 *Anders/Gehle* A. Rn. 104.
959 *Anders/Gehle* A. Rn. 104.
960 BAG v. 01.12.2004 – 5 AZR 664/03, NZA 2005, 289.

Beweislast im Prozess gewahrt bleibt." Auch das BAG betont neben dem Grundsatz von Treu und Glauben die Wahrung der Darlegung- und Beweislast im Prozess.

dd) Umgehung durch den Zeitpunkt der Geltendmachung

Gegen die Notwendigkeit einer entsprechenden Regelung lässt sich anführen, dass eine Umgehung durch die betroffene Person dadurch erfolgen kann, dass das Auskunftsrecht vor oder nach dem Prozess erst geltend gemacht werden kann. Insofern ist die Effektivität einer etwaigen Regelung fraglich. Dies stellt streng genommen jedoch kein Argument gegen die Notwendigkeit einer Regelung zur Einschränkung des Art. 15 DSGVO innerhalb des deutschen Prozessrechts dar. Die Geltendmachung des Auskunftsrechts einer betroffenen Person soll in der Normalsituation nicht verhindert werden. Es geht lediglich um die Prozesssituation (insbes. Kündigungsschutzprozess).

ee) Rechtsvereinheitlichung innerhalb durch DSGVO

Letztlich könnte angeführt werden, dass eine Regelung im deutschen Prozessrecht zur Einschränkung von Art. 15 DSGVO dem Zweck der Rechtsvereinheitlichung des Datenschutzrechts innerhalb der EU zuwiderläuft. Hierbei darf jedoch nicht ignoriert werden, dass der Europäische Gesetzgeber mit den vorgesehenen Öffnungsklauseln entsprechend einen Regelungsspielraum der Mitgliedstaaten vorgesehen hat und wollte. Dies dürfte mit unter darauf zurückzuführen sein, dass in bestimmten Bereichen (wie hier dem Prozessrecht) die Mitgliedstaaten unterschiedliche Konzeptionen haben. Außerdem unterliegt das nationale Prozessrecht nicht der Regelungskompetenz des Europäischen Gesetzgebers.[961]

ff) Ergebnis

Im Ergebnis sprechen überzeugende Argumente für die Notwendigkeit einer nationalen Regelung im Prozessrecht, um Situationen, in denen das Auskunftsrecht nach Art. 15 DSGVO zu grundsätzlichen Widersprüchen führt, zu verhindern. Eine entsprechende Reaktion des deutschen Gesetzgebers ist aktuell nicht ersichtlich und bleibt abzuwarten.

---

961 Wie sich aus den Regelungen der AEUV ergibt.

III. Fazit

In der DSGVO lassen sich im Ergebnis nur wenige Normen finden, welche zu einer inhaltlichen Einschränkung der Auskunft nach Art. 15 DSGVO führen. Zentrale Norm ist in diesem Kontext Art. 15 Abs. 4 DSGVO. Der europäische Gesetzgeber hat sich dazu entschieden die Norm weit auszugestalten. „Rechte und Freiheiten anderer Personen" sind die einzigen Voraussetzungen. Voraussetzungen, welche wohl bewusst sehr abstrakt gehalten worden sind und auch nicht abschließend konkretisiert wurden. So zeigt sich das Potential der Einschränkung nach Art. 15 Abs. 4 DSGVO anhand der vom europäischen Gesetzgeber aufgestellten Anwendungsbeispiele (Geschäftsgeheimnisse, Rechte des geistigen Eigentums, Urheberrecht an Software). Diese Beispiele füllen nur einen kleinen Bereich des angelegten Anwendungsbereichs. Alle weiteren Bereiche werden sich durch die Rechtspraxis in der Realität entwickeln müssen. Die Annahme eines extensiven Umfanges des Auskunftsrechts auf der einen Seite bedarf auch eines entsprechend gewichtigen Korrektivs. Nur so kann sichergestellt sein, dass es durch das hohe Schutzniveau für betroffene Personen nicht zu Rechtsverletzungen bei Dritten kommt.

Neben der Einschränkungsmöglichkeit des Art. 15 Abs. 4 DSGVO hat sich der europäische Gesetzgeber dafür entschieden, den Mitgliedstaaten Handlungsspielraum für weiterer Einschränkungen der Betroffenenrechte zur Verfügung zu stellen. Durch die Normierung der Öffnungsklausel des Art. 23 Abs. 1 DSGVO steht den Mitgliedstaaten ein wichtiges Mittel zur Verfügung, um auf etwaige Konfliktsituationen, welche durch Betroffenenrechte ausgelöst werden, zu reagieren. In diesem Kontext hat der deutsche Gesetzgeber bereits einige Einschränkungen innerhalb des BDSG geschaffen. Auch hier werden durch die Rechtspraxis in Zukunft weitere Konfliktfelder aufkommen, auf welche der deutsche Gesetzgeber regieren werden muss.

H. Abschließende Thesen

Abschließend lassen sich die aus dieser Dissertation gewonnenen wichtigsten Ergebnisse und Grundsätze in den nachfolgenden Thesen zusammenfassen:

1. Mit Art. 15 DSGVO wurde ein einheitliches Auskunftsrecht für betroffene Personen durch den Europäischen Gesetzgeber eingeführt. Sowohl die Auskunft i.S.v. Art. 15 Abs. 1 und Abs. 2 DSGVO als auch die Kopie i.S.v. Art. 15 Abs. 3 DSGVO sind Bestandteile dieses Rechts. Eine Trennung von Auskunft und Kopie in einzelne Rechte der betroffenen Person ist abzulehnen. Den betroffenen Personen soll ein intensives Recht zur Verfügung gestellt werden, um die Rechtmäßigkeit der Verarbeitung ihrer personenbezogenen Daten effektiv überprüfen zu können.
2. Das einheitliche Auskunftsrecht nach Art. 15 DSGVO weist einen weiten Umfang hinsichtlich der tatbestandlich umfassten Informationen auf. Ausschlaggebend für die Auskunftspflicht hinsichtlich einer Information ist die Qualifizierung als personenbezogenes Datum nach Art. 4 Nr. 1 DSGVO sowie das Vorliegen einer Verarbeitung dieser Informationen nach Art. 4 Nr. 2 DSGVO durch den Verantwortlichen. Die Schwelle zur Bewertung von Informationen als personenbezogene Daten ist nach den Legaldefinitionen der DGSVO sehr gering. Dieses weite Verständnis wirkt sich unmittelbar auf die Auskunft i.S.v. Art. 15 Abs. 1 DSGVO und auf die Kopie i.S.v. Art. 15 Abs. 3 DSGVO aus. Im Zuge einer immer weiter voranschreitenden Digitalisierung werden tagtäglich personenbezogene Daten verarbeitet. Es gibt nahezu keinen Lebensbereich mehr, in dem keine Verarbeitung personenbezogener Daten stattfindet. Vor diesem Hintergrund ist es umso wichtiger betroffenen Personen eine effektive Möglichkeit zur Überprüfung der Rechtmäßigkeit der einzelnen Datenverarbeitungsvorgänge zu gewährleisten. Insofern ist ein weiter Umfang des Auskunftsrechts, durch welchen die betroffene Person erst in die Lage versetzt wird erste Prüfungen vorzunehmen essentiell für einen funktionierenden Datenschutz. Demnach ist im Kontext des Arbeitsverhältnisses grds. auch der E-Mail-Verlauf eines Arbeitnehmers vom Tatbestand des Art. 15 DSGVO eingeschlossen. Auch der Arbeitnehmer ist in diesem Verhältnis eine betroffene Person, welche besonderen Schutzes bedarf.
3. Eine teleologische Reduktion von Art. 15 DSGVO derart, dass bestimmte personenbezogene Daten nicht vom Umfang der Auskunft umfasst sind, ist nicht zulässig. Die Annahme eines weiten tatbestandlichen Umfanges

der Auskunft nach Art. 15 DSGVO fördert die vom europäischen Gesetzgeber vorgesehenen Zwecke der Rechtmäßigkeitskontrolle, Transparenz sowie einen intensiven Schutz betroffener Personen und personenbezogener Daten. Insofern übersteigt der Wortlaut von Art. 15 DSGVO bereits nicht den vom Gesetzgeber verfolgten Sinn und Zweck der Norm.

4. Trotz des anzunehmenden weiten Umfangs des Auskunftsrechts nach Art. 15 DSGVO werden die Interessen von Verantwortlichen, welche große Mengen an Daten verarbeiten, hinreichend berücksichtigt. Hierunter fallen auch Arbeitgeber. Das Auskunftsrecht nach Art. 15 DSGVO erfährt eine wichtige Restriktion dadurch, dass Verantwortlichen bei der Verarbeitung großer Mengen an Daten die Möglichkeit zusteht, von der betroffenen Person eine Präzisierung des Auskunftsantrages verlangen zu können. Mit der Möglichkeit des Präzisierungsverlangens sieht der europäische Gesetzgeber einen Schutzmechanismus zu Gunsten von Verantwortlichen vor. Ein effektiver Schutz von Verantwortlichen, welche eine große Menge an Daten verarbeiten, wird dadurch gewährleistet, dass dem Präzisierungsverlangen ein zwingender Charakter zuzusprechen ist. Sobald ein Verantwortlicher eine große Menge an Daten verarbeitet – dies ist bei Arbeitgebern regelmäßig der Fall – kann er im Rahmen der Erfüllung des geltend gemachten Auskunftsanspruchs zunächst die Präzisierung verlangen. Solange die betroffene Person dieser Aufforderung nicht nachkommt, ist der Verantwortliche nicht zur Erfüllung des Auskunftsanspruchs verpflichtet.

   Dem Verantwortlichen wird hierdurch ein effektives Mittel an die Hand gegeben, um global gestellte Auskunftsanträge von betroffenen Personen in ein praktikables Maß einzuschränken. Der Möglichkeit des Präzisierungsverlangens kommt daher eine wichtige Bedeutung zu, um einen gebotenen Ausgleich zwischen dem gesetzgeberisch bezweckten hohen Schutzinteresse bzgl. betroffener Personen und dem Interesse an einer praktikablen Abwicklung seitens Verantwortlicher gewährleisten zu können.

5. Das Auskunftsrecht nach Art. 15 DSGVO erfährt Einschränkungen gem. Art. 15 Abs. 4 DSGVO, sofern durch die Auskunft Rechte und Freiheiten Dritter beeinträchtig werden würden. Neben der Möglichkeit des Präzisierungsverlangens stellt die Einschränkung nach Art. 15 Abs. 4 DSGVO eine bedeutende Rolle für Arbeitgeber dar. Hierdurch wird der Arbeitgeber als Verantwortlicher insofern geschützt, als dass er die Auskunft über Informationen, welche bspw. Rechte an Geschäftsgeheimnissen tangieren, verweigern darf. Umfasst sind etwa Kunden- und Lieferantendaten, Entwürfe oder Werbekonzepte. Diese Einschränkungsmöglichkeit bezieht sich auf Art. 15 DSGVO in seiner Gesamtheit. Dementsprechend werden sowohl die

Auskunft i.S.v. Art. 15 Abs. 1 DSGVO als auch auf die Kopie i.S.v. Art. 15 Abs. 3 DSGVO eingeschränkt. Eine andere Interpretation von Art. 15 Abs. 4 DSGVO lässt sich nicht mit dem Willen des europäischen Gesetzgebers in Einklang bringen. Eine Anwendung von Art. 15 Abs. 4 DSGVO lediglich auf die Datenkopie nach Art. 15 Abs. 3 DSGVO führt zu einem systemwidrigen Ergebnis. Auskunft und Kopie stellen ein einheitliches Recht dar. Informationen einer Kopie, welche der Einschränkung des Art. 15 Abs. 4 DSGVO unterfallen, müssen auch im Rahmen der Auskunft eingeschränkt sein. Andernfalls entstünde eine Umgehungsmöglichkeit, welche unter keinen logischen Gesichtspunkten zu rechtfertigen ist.

6. Es bestehen überzeugende Argumente dafür, dass der deutsche Gesetzgeber im Rahmen der ihm (durch die Öffnungsklauseln) eingeräumten Kompetenzen tätig werden sollte, um etwaig auftretende Konfliktsituationen zwischen Auskunftsrecht nach Art. 15 DSGVO und dem Zivilprozess zu vermeiden. Innerhalb der Rechtsprechung deutscher Gerichte hat sich diesbezüglich bereits gezeigt, dass es zu Konfliktsituationen zwischen gerichtlich geltend gemachten Auskunftsansprüchen nach Art. 15 DSGVO und dem Bestimmtheitsgrundsatz nach § 253 Abs. 2 ZPO kommen kann.

Der Rechtspraxis rund um Art. 15 DSGVO wird in Zukunft eine besondere Rolle zukommen. Mit einer voranschreitenden Digitalisierung wird automatisch der Anstieg von Datenverarbeitungsvorgängen verbunden sein. Mehr Datenverarbeitungsvorgänge führen zu einem steigenden Potential von Rechtsstreitigkeiten über geltend gemachte Auskunftsansprüche. Daher wird wohl auch die Präsenz der Thematik des Umfanges einer Auskunft nach Art. 15 DSGVO in gerichtlichen Verfahren weiterhin zunehmen. Im Rahmen dessen bleibt zu hoffen, dass die Gerichte eine saubere juristische Methodik anwenden, um zu bestimmen, ob streitgegenständliche Informationen als personenbezogene Daten von Art. 15 DSGVO zu bewerten sind oder nicht. Eine Praxis derart, dass über die Legaldefinitionen des europäischen Gesetzgebers hinweg, bestimmte Informationen nicht als personenbezogene Daten bewertet werden darf sich nicht durchsetzen.

Eine interessengerechte Praxis nach den oben aufgestellten Thesen dürfte sich im Ergebnis bewähren. Einerseits ist so ein weites Schutzniveau für betroffene Personen gegeben. Andererseits werden Verantwortlichen ausreichend Möglichkeiten an die Hand gegeben, um gebotene Einschränkungen in Ausnahmesituationen vornehmen zu können. Im arbeitsrechtlichen Kontext etwa bestehen genügend Möglichkeiten, um Arbeitgeber vor etwaig geltend gemachten willkürlichen Auskunftsansprüchen zu schützen. Auf erster Stufe steht dem Arbeitgeber (bei der Verarbeitung einer großen Menge an Daten) die Möglichkeit des

Präzisierungsverlangens zu. Hierdurch wird die Handlungspflicht zunächst an die betroffene Person zurückgegeben. Durch die vorzunehmende Präzisierung des Arbeitnehmers als betroffene Person wird der Arbeitgeber bereits entlastet. Auf einer zweiten Stufe stehen dem Arbeitgeber sodann die übrigen Einschränkungsmöglichkeiten, insbesondere die nach Art. 15 Abs. 4 DSGVO zu. Sofern die entsprechenden Voraussetzungen vorliegen, kann sodann eine weitere Einschränkung der Auskunft erfolgen.

Hinsichtlich der Einschränkung nach Art. 15 Abs. 4 DSGVO besteht jedoch insofern Reformbedarf, als dass der europäische Gesetzgeber ausdrücklich richtigstellt, dass sich dieser auf Art. 15 in seiner Gesamtheit bezieht. Im Übrigen wird sich im Laufe der Zeit entwickeln müssen, welche Fallsituationen der Realität unter die Einschränkungen des Art. 15 Abs. 4 DSGVO fallen.

Es ist nicht von der Hand zu weisen, dass der erste Kontakt mit Auskunftsbegehren i.S.v. Art. 15 DSGVO gerade Verantwortliche vor neue Hürden stellt, da eine betriebliche Organisation und Struktur zur Abwicklung (noch) gänzlich fehlt. Ein für unerfahrene Verantwortliche zunächst unüberschaubar wirkender Aufwand bzgl. der Erfüllung von Auskunftsbegehren wird sich im Laufe der Zeit jedoch relativieren. Mit steigender Anzahl abgewickelter Auskünfte werden sich entsprechende Strukturen und eine Organisation etablieren. Um einen Einstieg in eine erste Praxis zu erleichtern, werden im nachfolgenden Kapitel Hinweise zur praktischen Umsetzung des Auskunftsanspruchs nach Art. 15 DSGVO gegeben.

I. Hinweise zur praktischen Umsetzung des Auskunftsanspruchs nach Art. 15 DSGVO

Auf Grundlage der erarbeiteten Thesen werden nachfolgend Hinweise zur praktischen Umsetzung bzw. Erfüllung eines Auskunftsbegehrens gegeben. Hierzu folgt ein Gliederungsvorschlag hinsichtlich einer möglichen Auskunftserteilung mit entsprechenden Erläuterungen, Beispielformulierungen sowie möglichem Inhalt.

I. Einleitender Teil

Bei der Erteilung der Auskunft empfiehlt sich zur Wahrung der Transparenz sowie Verständlichkeit eine möglichst übersichtliche Gliederung der Auskunft. Ein einleitender Teil, aus welchem der antragstellenden Person eine übersichtliche Zusammenfassung hinsichtlich der nachfolgenden Auskunft gegeben wird, ist empfehlenswert. Im Rahmen dieser Einleitung wird zugleich eine erste Auskunft über die Frage nach dem „ob" der Datenverarbeitung erteilt. Sofern möglich, empfiehlt sich an dieser Stelle ferner die Geltendmachung des Präzisierungsverlangens im Sinne von EWG 63 S. 7 DSGVO durchzuführen. Ein einleitender Teil könnte wie folgt formuliert werden.

> *Sehr geehrte Frau […] / Sehr geehrter Herr […],*
> *mit Schreiben vom [DATUM], begehren Sie die Erteilung einer Auskunft i.S.v. Art. 15 der Datenschutz-Grundverordnung (DSGVO). Diese möchten wir Ihnen nachfolgend erteilen.*
> *Eine Verarbeitung (i.S.v. Art. 4 Nr. 2 DSGVO) von personenbezogenen Daten (i.S.v. Art. 4 Nr. 1 DSGVO), welche Sie betreffen wurde und/oder wird von uns [NAME d. Verantwortlichen] vorgenommen.*[962]
> *(Ggf. Aussprache eines Konkretisierungsverlangens, sofern eine große Menge an Informationen verarbeitet wird und Auskunftsbegehren nicht bereits konkret gestellt wurde):*
> *Die Verarbeitung umfasst eine große Menge an Informationen. Gemäß Erwägungsgrund 63 Satz 7 der DSGVO machen wir daher von unserem Recht Gebrauch, eine Präzisierung Ihres Auskunftsbegehrens zu verlangen. Bitte teilen Sie uns mit, auf welche Informationen oder Verarbeitungsvorgänge sich Ihr Auskunftsersuchen bezieht.*
> *Zur möglichst effektiven Gewährleistung einer maximalen Transparenz erteilen wir Ihnen gerne schon jetzt Auskunft über die weiteren Informationen i.S.v. Art. 15 Abs. 1 Hs. 2 lit. a*

---

962 Auskunft über das „Ob" der Datenverarbeitung.

bis h DSGVO, wesentliche Sie betreffende personenbezogenen Daten, welche von uns verarbeitet werden sowie ggf. bestehende Garantien i.S.v. Art. 15 Abs. 2 DSGVO. In diesem Zusammenhang erhalten Sie ferner eine Kopie i.S.v. Art. 15 Abs. 3 DSGVO der wesentlichen personenbezogenen Daten in Anlage.[963]
(Ggf. Alternativformulierung, sofern keine personenbezogenen Daten des Antragsstellers verarbeitet werden (sog. Negativauskunft)):
Eine Verarbeitung (i.S.v. Art. 4 Nr. 2 DSGVO) von personenbezogenen Daten (i.S.v. Art. 4 Nr. 1 DSGVO), welche Sie betreffen wurde und wird von uns [NAME d. vermeintlichen Verantwortlichen] nicht vorgenommen.

II. Informationen i.S.v. Art. 15 Abs. 1 Hs. 2 lit. a bis h DSGVO

Im Anschluss hieran sollte eine Auskunft über die Informationen i.S.v. Art. 15 Abs. 1 Hs. 2 lit. a bis h DSGVO erfolgen. Auch hier empfiehlt sich mit Blick auf eine möglichst transparente und verständliche Ausgestaltung zunächst einen Überblick über die in gesetzlich vorgesehen Informationen zu geben. Eine Formulierung lässt sich wie folgt darstellen.

Nachfolgend möchten wir Ihnen zunächst[964] *Auskunft über die weiteren Informationen im Sinne von Art. 15 Abs. 1 Hs. 2 lit. a bis h DSGVO hinsichtlich der Sie betreffenden personenbezogenen Daten erteilen. Hiervon erfasst ist eine Auskunft über*[965]

- ***die Verarbeitungszwecke;***
- *die **Kategorien personenbezogener Daten**, die verarbeitet werden;*
- *die **Empfänger oder Kategorien von Empfängern**, gegenüber denen die personenbezogenen Daten offengelegt worden sind oder noch offengelegt werden, insbesondere bei Empfängern in Drittländern oder bei internationalen Organisationen;*

---

963 Auch wenn nach EWG 63 S. 7 DSGVO ein Präzisierungsverlangen vor Erteilung einer Auskunft verlangt werden kann, empfiehlt sich bereits vorab eine Auskunft über die sowieso mitzuteilenden Informationen i.S.v. Art. 15 Abs. 1 Hs. 2 lit. a bis h DSGVO sowie Art. 15 Abs. 2 DSGVO. Darüber hinaus empfiehlt sich eine Auskunft und Kopie über wesentliche personenbezogene Daten. Ggf. wird hierdurch bereits dem Auskunftsverlangen des Antragsstellers vollständig entsprochen.

964 Aus Gründen der Transparenz empfiehlt sich zunächst eine Auskunft über die Informationen i.S.v. Art. 15 Abs. 1 Hs. 2 lit. a bis h DSGVO.

965 Die zu beauskunftenden Informationen richten sich nach dem jeweiligen Einzelfall. Eine pauschalierte Musterauskunft kann insofern nicht erfolgen. Innerhalb der einzelnen Informationsarten wird nachfolgend ein stichpunktartiger Überblick über mögliche Informationen gegeben, welche im Kontext eines Arbeitsverhältnisses einschlägig sein könnten.

- *falls möglich die **geplante Dauer**, für welche die personenbezogenen Daten gespeichert werden,**oder**, falls dies nicht möglich ist, die **Kriterien für die Festlegung dieser Dauer**;*
- *das **Bestehen eines Rechts auf Berichtigung oder Löschung** der Sie betreffenden personenbezogenen Daten oder **auf Einschränkung der Verarbeitung** durch den Verantwortlichen oder eines **Widerspruchsrechts** gegen diese Verarbeitung;*
- *das Bestehen eines **Beschwerderechts bei einer Aufsichtsbehörde**;*
- *wenn die personenbezogenen Daten nicht bei der betroffenen Person erhoben werden, alle verfügbaren Informationen über die **Herkunft der Daten**;*
- *das **(Nicht-)Bestehen einer automatisierten Entscheidungsfindung** einschließlich **Profiling** gemäß Artikel 22 Absätze 1 und 4 DSGVO.*

Nachdem ein Überblick gegeben wurde, folgt sodann eine Auskunft über die Informationen i.S.v. Art. 15 Abs. 1 Hs. 2 lit. a bis h DSGVO im Einzelnen.

1. Verarbeitungszwecke

Hinsichtlich der Verarbeitungszwecke empfiehlt sich eine Gliederung in abstrakte Verarbeitungszwecke, welche jeweils konkretisiert werden. Die abstrakten Verarbeitungszwecke ergeben sich bereits aus der Rechtsgrundlage der Datenverarbeitung. Im Kontext eines Arbeitsverhältnisses kommen folgende abstrakte Verarbeitungszwecke mit entsprechenden Konkretisierungen beispielsweise in Betracht:[966]

- Verarbeitung zur **Begründung, Durchführung und Beendigung des Beschäftigungsverhältnisses**, Art. 6 Abs. 1 lit. b DSGVO i.V.m. § 26 Abs. 1 BDSG
  - Entgegennahme der Arbeitsleistung,
  - Kommunikation (z.B. E-Mail-Korrespondenz intern/extern),
  - Personalverwaltung,
  - Personalplanung (Urlaubsplanung und Einsatz-Disposition etc.),
  - Arbeitssicherheit und Gesundheitsschutz,
  - Zugangs-, Zutritts- und Zugriffskontrolle,
  - Terminplanung (z.B. Outlooktermine),
  - innerbetriebliche Verwaltungs- und Organisationszwecke,
  - Gehaltsabrechnung,
  - Reise- und Veranstaltungsmanagement, Reisebuchung und Reisekostenabrechnung,
  - Erstellung Firmenausweis, Ausweisverwaltung,

966 Neben den genannten Verarbeitungszwecken kommt eine Vielzahl weiterer Zwecke in Betracht. Die Auflistung verfolgt keinen Anspruch auf Vollständigkeit, sondern dient lediglich der schematischen Verdeutlichung.

  - Notfall-Management,
  - Bereitstellung eines Dienstwagens und entsprechende administrative Abläufe (Fahrzeugmanagement einschließlich Führerscheinkontrolle),
  - Materialausgabe und Geräteverwaltung,
  - Mitarbeiterführung,
  - arbeitsrechtliche Maßnahmen.
- Verarbeitung zur **Erfüllung gesetzlicher Pflichten,** Art. 6 Abs. 1 lit. c DSGVO
  - Meldepflicht gegenüber Finanzbehörden und Sozialversicherungsträgern,
  - Aufbewahrungspflichten aus dem Sozialversicherungs-, Handels- und Steuerrecht,
  - Archivierung von Daten für Zwecke der Prüfung durch Steuerberater und Wirtschaftsprüfer, Steuer- und andere Behörden,
  - Informationspflichten gegenüber Arbeitnehmervertretungen,
  - Dokumentations-, Melde- und Aufzeichnungspflichten nach Mindestlohngesetz (MiLoG),
  - Dokumentationspflichten nach dem Arbeitszeitgesetz (ArbZG),
  - Umsetzung von Compliance-Pflichten bei (internen) Ermittlungen,
  - Erfüllung von Pflichten gemäß der europäischen Antiterrorverordnungen 2580/2001 und 881/2002 (Abgleich von Beschäftigtendaten mit sog. „EU-Terrorlisten", um sicherzustellen, dass keine Gelder oder sonstigen wirtschaftlichen Ressourcen für terroristische Zwecke bereitgestellt werden).
- Verarbeitung auf Grundlage **berechtigter Interessen**, Art. 6 Abs. 1 lit. f DSGVO
  - Schutz von Eigentum und Vermögen,
  - Erfüllung von rechtlichen Compliance-Pflichten (z.B. durch Überwachungsmaßnahmen wie Videokameraanlagen zur Prävention von Straftaten oder sonstigen Rechtsverletzungen),
  - effektive Zusammenarbeit mit anderen Konzernunternehmen und Vereinfachung von Verwaltungsabläufen im Konzern, insbesondere für Zwecke der zentralisierten Verwaltung (Shared Services),
  - Maßnahmen zur Weiterentwicklung von Arbeitsabläufen, Dienstleistungen und/oder Produkten,
  - Offenlegung im Rahmen einer Due Diligence bei Unternehmensverkaufsverhandlungen,
  - Gebäude- und Anlagensicherheit (z.B. durch Zutrittskontrollen und Videoüberwachung),
  - Weiterentwicklung und Wartung von (IT-)Systemen und Prozessen,
  - Gratulation und Aufmerksamkeiten zu besonderen Anlässen,
  - Kommunikation im Intranet/Mitarbeiter-Zeitschrift/Mitarbeiter-Rundmails.

2. Kategorien der verarbeiteten personenbezogenen Daten

Hinsichtlich der zu beauskunftenden Kategorien der verarbeiteten personenbezogenen Daten lassen sich typischerweise nachfolgende nennen.[967]

- Stammdaten und Kontaktdaten (z.B. Vorname, Nachname, Namenszusätze, Geburtsdatum, Staatsangehörigkeit, Familienstand und Personalnummer, Anschrift, Telefonnummer, E-Mail-Adresse),
- Vertragsdaten,
- Zeiterfassungsdaten,
- Urlaubszeiten,
- Arbeitsunfähigkeitszeiten,
- Abrechnungsdaten wie Informationen zur Vergütung und andere Gehaltsdaten sowie Bankverbindung, Steueridentifikationsnummer,
- Sozialdaten wie Sozialversicherungsnummer / Rentenversicherungsnummer,
- E-Mail-Korrespondenz, Dokumenten und sonstigen Arbeitsergebnissen und -unterlagen,
- ggf. Bild- und Tondaten,
- besondere Kategorien personenbezogener Daten, namentlich Gesundheitsdaten und Informationen zu der Konfession.

3. Empfänger oder Kategorien von Empfängern

Hinsichtlich der zu erteilenden Information der Empfänger oder Kategorien von Empfängern lässt sich eine Aufteilung in Empfänger bzw. Empfängerkategorien innerhalb des Unternehmens (bspw. Personalabteilung, Arbeitnehmervertretung etc.) sowie in solche außerhalb des Unternehmens (insbesondere Dienstleistungsunternehmen, Kunden, Lieferanten etc.) vornehmen.

4. Speicherdauer

Weiterhin ist ein Überblick über die konkreten Speicherdauern oder Kriterien anhand derer sich diese bemessen zu geben.

---

967 Neben den genannten Datenkategorien kommt eine Vielzahl weiterer Kategorien in Betracht. Die Auflistung verfolgt keinen Anspruch auf Vollständigkeit, sondern dient lediglich der schematischen Verdeutlichung.

5. Herkunft der personenbezogenen Daten

Hinsichtlich verarbeiteter personenbezogener Daten, welche nicht bei der betroffenen Person selbst erhoben werden, sind ferner Informationen der Herkunft zu beauskunften. Im Rahmen eines Arbeitsverhältnisses kommen als mögliche Herkünfte personenbezogener Daten beispielsweise die nachfolgenden in Betracht.[968]

- Betriebliche Prozesse (Feedback durch Vorgesetzte, Mitarbeiter etc.)
- Vorherige Arbeitgeber
- Kunden
- Behörden (bspw. Finanzamt)
- Dienstleistungsunternehmen (bspw. Recruiting Dienstleister)
- Öffentliche Quellen (soziale Netzwerke)

6. (Nicht-)Bestehen einer automatisierten Entscheidungsfindung

Weiterhin hat eine Auskunft über das (Nicht-)Bestehen einer automatisierten Entscheidungsfindung sowie Profiling zu erfolgen.

7. Weitergehende Rechte der betroffenen Person

Im Rahmen der Auskunft ist die betroffene Person ferner auf die etwaig bestehenden weiteren Betroffenenrechte (Berichtigung nach Art. 16 DSGVO, Löschung nach Art. 17 DSGVO, Einschränkung nach Art. 18 DSGVO) sowie auf das Widerspruchsrecht nach Art. 21 DSGVO und das Beschwerderecht nach Art. 77 DSGVO hinzuweisen. Im Rahmen dessen sollte auch eine Auskunft über die Adresse der jeweiligen Stelle ergehen, gegenüber welcher die jeweiligen Rechte geltend zu machen sind.

Hinsichtlich der Betroffenenrechte und des Widerspruchsrechts ist dies der Verantwortliche. Hier besteht die Möglichkeit der Nennung einer E-Mail-Adresse, an welche die Geltendmachung etwaiger Betroffenenrechte zu richten ist. Hinsichtlich des Beschwerderechts ist dies die Adresse der zuständigen Datenschutzaufsichtsbehörde.[969]

---

968 Neben den genannten Herkünften kommt eine Vielzahl weiterer Herkünfte in Betracht. Die Auflistung verfolgt keinen Anspruch auf Vollständigkeit, sondern dient lediglich der schematischen Verdeutlichung.

969 Beispielsweise für NRW: *Landesbeauftragte für Datenschutz und Informationsfreiheit NRW, Postfach 20 04 44, 40102 Düsseldorf, Tel.: 0211/38424-0, Fax: 0211/38424-999, E-Mail: poststelle@ldi.nrw.de.*

III. Information i.S.v. Art. 15 Abs. 2 DSGVO, Übermittlung in Drittstaaten

Nachdem eine Auskunft über die weiteren Informationen nach Art. 15 Abs. 1 Hs. 2 lit. a bis h DSGVO erfolgt ist, empfiehlt sich eine Auskunft über die Informationen der etwaigen Übermittlung in Drittstaaten gem. Art. 15 Abs. 2 DSGVO. Auch wenn keine Übermittlung der personenbezogenen Daten in Drittstaaten stattfindet, sollte hilfsweise eine (wenn auch nur kurze) Unterrichtung über geeignete Garantien i.S.v. Art. 46 DSGVO erfolgen. Dies lässt sich darauf zurückführen, dass eine Übermittlung in Drittstaaten durch eingesetzte Dienstleister nicht immer ausgeschlossen werden kann. Zu nennen sind insbesondere der Abschluss von EU-Standardvertragsklauseln und Binding Corporate Rules nach Art. 47 DSGVO.

IV. Auskunft über / Kopie von personenbezogenen Daten

Abschließend erfolgt sodann eine Auskunft über die personenbezogenen Daten als solches. Auf Grund der Tatsache, dass Kopie und Auskunft als einheitliches Recht zu bewerten sind, die Zielsetzung die Möglichkeit der Kenntnisnahme der verarbeiteten Personenbezogenen Daten ist sowie Kopie und Auskunft gegenständlich gleichzustellen sind, wird durch die Erteilung der Kopie zugleich die Auskunft erfüllt. Im arbeitsrechtlichen Kontext ist diesbezüglich regelmäßig die Präzisierung durch die betroffene Person abzuwarten. Sofern bereits zuvor Auskunft / Kopie erfolgen soll, kommen insbesondere nachfolgende Informationen, sofern diese als personenbezogene Daten i.S.v. Art. 4 Nr. 2 DSGVO zu bewerten sind, in Betracht.

- Vorhandene Datensammlungen mit personenbezogenen Daten der betroffenen Person (z.B. Personalakte)
- Auszug aus Programmen zur Abwicklung von Geschäftsprozessen (z.B. SAP)
- Übersicht interner Vermerke
- Übersicht erfolgter Kommunikation

V. Beachtung möglicher Einschränkungen

Im Rahmen der gesamten Auskunft gilt es notwendige Einschränkungen unter anderem gem. Art. 15 Abs. 4 DSGVO zum Schutz der Rechte und Freiheiten Dritter zu wahren. Dies kann durch Entfernung, Schwärzung oder Anonymisierung an entsprechender Stelle erfolgen. Zur Wahrung einer möglichst großen

Transparenz und Übersicht, sollte stets ein Hinweis auf die Grundlage entsprechender Modifikationen erfolgen.[970]

970 Dies kann bspw. durch folgenden Zusatz erfolgen: *Soweit zur Verhinderung der Beeinträchtigung von Rechten und Freiheiten Dritter notwendig, werden Informationen entfernt, geschwärzt oder anonymisiert.*

www.ingramcontent.com/pod-product-compliance
Ingram Content Group UK Ltd.
Pitfield, Milton Keynes, MK11 3LW, UK
UKHW021936290926
8980IPUK00016B/1651

9 783631 914069